本书获成都师范学院学术专著出版基金资助

经济管理学术丛书

中国农民工工资形成机制

(1985~2016年)

彭红碧 著

Research on Wage Formation Mechanism of Rural Migrant Labour in China (1985-2016)

经济管理出版社
ECONOMY & MANAGEMENT PUBLISHING HOUSE

图书在版编目（CIP）数据

中国农民工工资形成机制（1985～2016年）/彭红碧著．—北京：经济管理出版社，2017.7

ISBN 978-7-5096-4741-7

Ⅰ.①中…　Ⅱ.①彭…　Ⅲ.①民工—工资—研究—中国　Ⅳ.①F249.24

中国版本图书馆CIP数据核字(2016)第289558号

组稿编辑：王光艳
责任编辑：许　兵
责任印制：黄章平
责任校对：超　凡

出版发行：经济管理出版社
（北京市海淀区北蜂窝8号中雅大厦A座11层　100038）
网　　址：www.E-mp.com.cn
电　　话：（010）51915602
印　　刷：玉田县昊达印刷有限公司
经　　销：新华书店
开　　本：720mm×1000mm/16
印　　张：13.5
字　　数：227千字
版　　次：2017年7月第1版　　2017年7月第1次印刷
书　　号：ISBN 978-7-5096-4741-7
定　　价：58.00元

前　言

农民工是在中国的工业化、城市化、现代化进程中逐渐从农民中分化出来并与城市工人接近的，但既区别于农民也区别于城市工人的特殊群体。其是指户籍身份是农村居民，但职业身份是工人，以工资为主要收入来源的劳动者。城市改革以来，随着农民工群体的壮大及其作用的日益突出，其窘困的生活状况逐渐引起社会各界的注意，农民工工资水平问题作为其生活窘困的主要原因受到了广泛的关注。21 世纪初，“民工荒”的发生透露出农民工劳动力供给的短缺问题。农民工工资水平作为引致“民工荒”的主要原因受到了更为广泛而深刻的关注。由于农民工工资水平离不开具体的形成机制，对前者的关注进而演变为对其工资形成机制的关注。而解释和解决包含其形成问题和水平问题的农民工工资问题既具有积极的现实意义，也具有重要的理论意义，因而成为农民工问题、工资问题和民生问题研究的一大热点。

近年来，随着“民工荒”的发生及其蔓延，特别是 2006 年《国务院关于解决农民工问题的若干意见》发布以来，国内外关于农民工工资问题的研究逐渐增多，但研究对象多集中于工资拖欠问题，对工资形成问题和水平问题的关注相对较少。在对其工资形成问题的研究中，已有的研究成果往往侧重于单一因素的农民工工资形成，缺乏其形成机制的系统构建，更缺乏关于其形成机制及其水平的历史考察；在对其工资决定因素的研究中，现有文献对农民工个人微观因素，特别是对其人力资本禀赋的决定作用关注较多，对外部宏观因素的关注则相对不足；在对其工资水平问题的研究中，现有文献对农民工劳动力价值构成、农民工市场属性及其供求状况、人力资本禀赋等表层原因关注较多，缺乏对上述因素的根源即中国城乡关系决定作用的具体考察。有鉴于此，本书拟在充分总结、借鉴和吸收已有研究成果的基础上，试图以农民工工资形成机制为切入点，探求农民工工资形成与城乡关系的相关性；以考察城市改革以来农民工工资形成机制的历史演变为深入点，分析城乡关系的演变对农民工工资形成机制及其工资水平变动的具体影响，从而从外部宏观因素解释和解决农民工工资问题。

本书围绕中国农民工工资形成机制这一主题，在对已有研究文献进行梳理与评述的基础上，通过规范分析与实证分析，运用经济学与历史学相结合的分析框架探讨我国城乡关系对农民工工资形成机制的具体影响，以回答农民工工资水平高低的决定问题，并就此提出政策建议。

第1章为导论，主要介绍农民工工资问题研究的背景和意义，在文献综述的基础上说明研究的目标、主要内容、方法和思路等。

第2章是关于农民工工资形成的基本问题分析，建立本书的一般分析框架。主要探讨农民工工资形成的前提和起点，即农民工的产生，分析其一般决定因素和特殊决定因素，说明城乡关系的根本决定作用；进而探讨农民工工资形成的结果，即生成工资的水平，说明农民工工资水平高低的重要性及判断视角。

第3～5章是关于农民工工资形成的历史考察，建立本书的历史分析框架。首先，阐述城市改革时期的农民工工资形成，分析城乡关系的基本格局及其决定作用，阐释由城乡关系决定的其他制度因素和市场因素的基本状况和具体作用，考察该时期农民工工资水平的整体情况，并做出基本判断；其次，在此基础上，分析市场化改革时期和统筹城乡时期的农民工工资形成，分析城乡关系的演变以及由此决定的其他制度因素、市场因素和农民工工资水平的变动情况，以此说明城乡关系的演变对农民工工资形成机制及其工资水平的具体影响。

第6章是关于农民工工资形成的总体分析。主要是归纳城乡关系的特殊性以及由此决定的农民工工资形成机制的扭曲性、农民工工资水平的扭曲性和非公平性，说明后者带来的负面效应，以此深化对农民工工资问题的认识，强调完善农民工工资形成机制、解决农民工工资问题的重要性及紧迫性。

第7章为结论、政策建议与新的研究方向。

通过上述分析，本书关于农民工工资问题研究的创新之处主要包括以下六个方面：

第一，从城乡关系视角研究农民工工资问题，其具有研究视角的创新。现有相关研究多从劳动力供求关系、劳动力市场分割、具体的制度安排、人力资本禀赋等视角探讨农民工工资问题，缺乏从上述因素的根源即城乡关系视角的考察。本书主要从城乡关系的视角探讨农民工工资形成机制及其工资水平，详细考察城乡关系的演变对后者变动的影响，具有研究视角的创新性。

第二，通过各种渠道收集和整理农民工工资资料，其具有研究资料的创新。

农民工作为与农村居民和城市居民相区别的特殊群体，其工资资料相对较少且非常分散，这是研究农民工工资问题的主要障碍。本书通过查阅报纸、书籍、期刊等文献，对农民工工资资料进行仔细的收集和详细的梳理，以再现各个时期农民工工资水平的基本情况，分析其主要特征。这是对农民工工资资料的有益整理和农民工工资问题研究的资料突破。

第三，关于农民工工资形成机制的构建，其具有研究内容的创新。农民工工资形成机制由其市场机制和制度因素构成。在市场内，主要由其劳动力价值、机会成本、动力机制、供求机制和竞争机制等因素构成；在市场外，主要由城乡关系、农民工市场属性和最低工资标准等制度因素构成。农民工工资水平是两者共同作用的结果。这是关于农民工工资形成机制的新内容。

第四，通过历史演变的分析路径研究农民工工资问题，其具有研究思路的创新。现有相关成果主要集中于对当前农民工工资问题的描述和分析，鲜有相关的历史考察，因而难以深化其认识。本书通过考察城市改革以来的农民工工资形成机制、农民工工资水平、城乡关系的决定作用，根据三者的演变历程来阐释城乡关系与农民工工资的内在联系，从而有助于更加深入地探讨和认识农民工工资问题。

第五，关于城乡关系是农民工工资形成及其水平的决定根源的结论，其具有研究观点的创新。农民工市场是竞争性劳动力市场，其工资应由市场因素决定，但这些市场因素还有其决定根源，即城乡关系。后者通过影响其他制度因素和市场因素决定着农民工工资水平的高低，因而是农民工工资形成机制及其工资水平的决定根源。这是对农民工工资问题的新解释。

第六，关于农民工工资水平偏低的特征、实质和根源的认识，其具有研究观点的创新。关于农民工工资水平偏低的解释，现有文献对其劳动力价值、供求关系、歧视因素、农业比较收益等表层原因关注较多，缺乏更为深入的分析和认识。本书认为，农民工工资水平偏低，具有严重的扭曲性，其实质为非公平性，其根源则在于中国城乡关系的特殊性。这是对农民工工资水平偏低的新认识。

目 录

1 导论

1.1 选题背景与意义

1.1.1 选题背景

农民工是中国的一个特殊群体，是指户籍身份是农民，但职业身份是工人，以工资为主要收入来源的劳动者①。其户籍身份是根据户籍制度的安排来确定的。由于户籍制度的强制性规定，进城从事非农产业生产的农村劳动力并未能实现户籍身份的同步转换，因而依然属于农村居民。农民的户籍身份正是农民工源自农民的主要标识。其职业身份是根据农民工从事的产业来判定的。农民工从农村来到城市，实现了从农业向非农产业的转变，其职业身份因而具有与工人相似的特征，即从事的是非农产业、以工资为主要收入来源的工作。这正是农民工区别于农民、接近于工人的主要标识。但囿于城乡分割的户籍制度，我国农民工在实现就业地点转移的同时，却无法实现就业地、居住地以及户籍所在地的三者合一，从而导致其难以在异乡定居，而只能流动于本乡与异乡之间。流动性成为农民工的显著特征，是农民工区别于拥有城市户籍、以工资为主要收入来源的工人的主要标识。由此可知，农民工是一个从农民中分化出来的、与城市工人有些接

---

① 农民工实际上是在异乡务工或从事个体经营的农村居民［彭红碧．“农民工”称谓的变迁及释义［J］．农业现代化研究，2012（2）：187－190.］。由于本书的主要研究对象为农民工工资，因此，这里选择的是狭义的农民工定义，即只考虑在异乡务工的农村居民。

近，但既区别于农民也区别于城市工人的特殊群体①。

城市改革以来，随着农民工群体的壮大及其在社会经济建设中的作用日益突出，农民工的生活逐渐受到了关注，各种反映农民工生活窘困的调查报道不断见诸报端。而农民工的生活状况主要取决于其工资收入水平，因此，农民工的生活状况问题实际上反映的是其工资水平问题。对前者的关注逐渐转移到对农民工工资水平问题的关注。21世纪以来，“民工潮”向“民工荒”的转变意味着农民工劳动力供给出现了短缺，至少是局部短缺。这有悖于发展中国家农业劳动力无限供给的理论和中国农村剩余劳动力存量巨大的现实。惊愕之余，人们更为注重探讨“民工荒”产生的原因。工资作为劳动力商品的价格，既是供求状态的结果，又是调节供求关系的主要因素。“民工荒”的发生反映了农民工劳动力供求之间存在严重失衡，而其工资水平对供求的调节已经失灵。农民工工资水平问题由此作为引致“民工荒”的主要原因受到了更为广泛而深刻的关注。近年来，“富士康事件”的发生以及新生代农民工问题的凸显则进一步强化了这种关注。

农民工工资是其劳动力作为商品的价值表现形式，其水平离不开具体的形成机制。农民工的窘困生活和“民工荒”的发生所透露出的工资水平问题实际上反映的是其工资形成机制所存在的问题。那么，农民工工资形成机制具体存在哪些问题、为什么存在这些问题、农民工工资形成机制的基本情况究竟是怎样的、具体构成要素有哪些、这些构成要素的地位和作用分别是怎样的、彼此之间有怎样的联系、谁是其中的根本要素——这些都是需要深入探讨的问题。

农民工工资问题由于关系农民工和农民的收入水平和生活状况、关系农民工劳动力供给的数量和质量、关系国民经济的持续发展、关系社会的公平与效率、关系社会发展的稳定与和谐，因而备受关注。解决该问题，不仅对农民工问题和农民问题的解决具有积极意义，还对国民经济的持续发展具有重要意义，更对《中共中央关于制定“十二五”规划的建议》中所强调的保障和改善民生与经济发展同步进行的实践具有特殊意义。农民工工资问题由此成为农民工问题、农民问题、工资问题和民生问题研究的一个热点。

近年来，学术界关于农民工工资问题的研究文献逐渐增多。但就研究对象来

① 农民工的称谓有多种，如盲流、打工仔、打工妹、农民工人、农村外出劳动力、进城务工人员、农村外出从业劳动力、进城农民、城市边缘人、雇用工人、产业工人、城市社会中的农民、流动群体、弱势群体、城市外来人口、城市流动人口、城市农业外来人口、城市移民、城市“农民工”、外来建设者、外来务工者、暂住人口、新移民等［汪勇．“农民工”称谓的历史演变及其启示［J］．南京社会科学，2007（11）：89－93.］。为避免混淆，本书统一使用“农民工”一词。

看，现有研究文献多集中在农民工工资拖欠问题上，对农民工工资形成机制及其水平的关注相对较少。对于后者，现有研究文献对农民工工资水平决定因素的分析较多，但主要集中在农民工的人力资本构成、劳动力市场分割、制度安排等方面，缺乏对上述方面的根源——城乡关系的深入考察；现有文献对农民工工资形成及其水平的现状调查更为关注，缺乏对其进行历史考察。有鉴于此，本书拟在充分总结、借鉴和吸收已有研究成果的基础上，试图以农民工工资形成机制为切入点，探求农民工工资形成与城乡关系的相关性；以考察城市改革以来农民工工资形成机制的历史演变为深入点，分析城乡关系的演变对农民工工资形成机制及其水平变动的具体影响，以解释和解决农民工工资水平的高低问题。

1.1.2 研究意义

1.1.2.1 现实意义

（1）研究和解决农民工工资问题，有利于农民工收入的提高和农民增收的实现。农民工的生活状况以及后来发生的“民工荒”、“富士康事件”等引发了社会各界对农民工工资问题的广泛关注，研究和解决该问题无疑有助于提高农民工的工资水平。由于农民工工资是农民工资性收入的重要组成部分，是农民收入的重要来源，其工资水平的提高对农民具有显著的增收效应，不仅能直接增加农民收入、加快其增收速度，而且由劳动力流动所促进的农户家庭劳动力资源的优化配置还可以产生间接的增收效应。

（2）研究和解决农民工工资问题，有利于农民工劳动力的再生产及其持续供给。工资是劳动者维持基本生活需要和实现再生产的源泉，工资水平的提高有利于劳动者基本生活水平的改善和劳动力再生产数量的增加及质量的提升。农民工的户籍身份虽仍为农民，但其职业却主要是非农产业，工资收入是其主要收入来源，是维持农民工及其家属生活的主要源泉，是支撑自身培训及其子女教育费用（特别是中高等教育费用）的重要保障。农民工工资所存在的问题不仅限制了其生活水平的提高，更制约了其劳动力再生产量与质的提升，特别是劳动者素质的提升。因此，研究农民工工资问题、实现其工资水平的提高，既有利于增加农民工收入、改善其生活水平，更有利于提升其劳动力再生产的数量和质量，从而确保其劳动力的有效供给。

（3）研究和解决农民工工资问题，有利于国内需求的扩大和经济增长方式的转变。居民收入水平的高低决定着国内消费需求的程度。目前，我国总有效需求不足的重要原因就在于占人口总量多数的农民（含农民工）低下的收入水平严重制约了国内消费需求的增长。而农民工群体收入水平的提高则对扩大内需具有举足轻重的作用：不仅可以提高农民工群体本身的消费水平，也可以提高农民的消费水平；不仅能拉动城市消费需求的增长，更能推动农村消费需求的扩张。而国内消费需求的扩大则有利于经济增长方式从以国内投资和净出口为主向以国内消费为主的转变。因此，研究农民工工资水平问题、实现农民工工资水平的上升，不仅对国内需求的扩大具有积极意义，更对我国经济增长方式的转变具有促进作用。

（4）研究和解决农民工工资问题，有利于“三农”问题的解决、城乡差距的缩小和社会主义和谐社会的构建。长期以来，我国在制度安排上的工业倾斜和城市偏向所产生的“三农”问题十分严重。“三农”问题最核心的是农民问题，而农民问题解决的一个关键是如何扩大农民增收渠道，使农民收入水平低的现状得到改善①。也就是说，增加农民收入是解决农民问题的一个关键途径。提高农民工工资水平正是增加农民收入的有效途径。同时，城乡差距问题与“三农”问题相伴而生。其中，城乡居民收入差距问题作为城乡差距的核心问题尤为引人关注；城乡收入差距的扩大化更是成为社会主义和谐社会发展的桎梏。而实现城乡居民收入差距的缩小则有赖于农民收入的快速增加。农民工工资水平的提高正是农民收入快速增加的重要途径。而对“三农”问题和城乡差距问题的解决则有助于社会主义和谐社会的构建。

总之，研究农民工工资问题、寻求该问题的解决途径、实现农民工工资水平的提高，符合《中共中央关于制定“十二五”规划的建议》中关于坚持把经济结构战略性调整作为加快转变经济发展方式的主攻方向和坚持把保障和改善民生作为加快转变经济发展方式的根本出发点和落脚点的基本要求，符合其关于城乡居民收入普遍较快增加的加快转变经济发展方式的目标，符合其关于建立扩大消费需求的长效机制的坚持扩大内需的战略目标，符合其关于拓宽农民增收渠道，特别是关于促进农民转移就业、增加工资性收入的加快社会主义新农村建设目标，因而具有积极的现实意义。

1.1.2.2 理论意义

（1）为农民工工资问题的研究提供理论指导。认识和解决农民工工资问题有赖于一定的理论指导。工资问题涉及工资理论，发达国家的工资理论主要是解决工业生产部门劳动者的工资制定问题，这与我国农民工劳动力市场的内部情况

① 胡雪萍．提高农民收入的一种有效途径：外出务工［J］．农业经济问题，2004（8）：63－66.

和外部环境相去甚远；发展中国家的工资理论主要是解决流入工业部门的农业劳动者的工资制定问题，但缺乏具体劳动力市场制度环境的变量。两者都不能完全解释我国农民工工资问题。基于此，本书从劳动经济学、发展经济学、经济史等学科中寻求相关理论，结合中国经济转型中大量存量体制保留在城乡间的实际情况，形成新的理论观点，为现实中农民工工资问题的解释和解决提供一定的理论指导。

（2）为农民工问题的研究提供新思路。近年来，随着农民工群体影响力的扩大，国内外学者围绕农民工问题展开了广泛的研究，形成了丰富的研究成果。从内容来看，关于农民工问题的研究主要集中在其产生原因、群体界定及其属性和特征、权益保障、流动影响、越轨和犯罪、亲属供养等方面。其中，关于农民工劳动权益保障的研究主要集中在农民工的就业权益、工资获取保障、劳动安全保障、社会保险等问题上，关于农民工工资水平保障的研究相对较少。从视角来看，关于农民工问题的研究最早集中在社会学视角，而后向多维度视角扩展，包括经济学、政治学、城市学、人口学、法学等学科领域①；从历史学视角研究农民工问题的较少，从历史学视角考察农民工工资形成机制及其水平的则更少。因此，本书从历史学视角出发，分阶段考察城市改革以来各个历史时期的农民工工资形成机制及其水平，探讨农民工工资问题所反映的城乡关系失衡问题，考察城乡关系的演变对农民工工资形成及其水平的具体影响，揭示农民工工资形成的根本决定因素，以此为农民工问题的研究提供一种新的思路。

（3）为工资问题的研究提供新视角。不同的经济体制孕育了迥异的工资形成机制。计划经济体制下的工资形成取决于制度安排，属于制度工资，工资水平的高低与制度制定者的偏好有关。市场经济体制下的工资形成取决于市场机制，属于市场工资，工资水平的高低取决于市场因素。但以劳动力市场分割为界限，在农民工劳动力市场内，其工资形成既非单纯取决于市场机制，也非简单受制于制度安排，而是两者共同作用的结果，是在制度安排框架下市场机制发挥作用的结果。寻求市场机制背后的制度决定是工资形成研究的新视角。

① 王维，朱强．关于农民工研究综述［J］．安徽农业科学，2007，35（9）：2798－2799.

1.2 相关研究综述

1.2.1 国外研究综述

目前，国外学术界关于中国农民工工资问题的研究较少，但对迁移劳动者工资问题的研究相对较多，其研究范围主要集中在迁移劳动者的工资决定、工资水平等方面。

1.2.1.1 关于迁移劳动者工资决定问题

许多学者分析了迁移劳动者工资水平的决定因素，其中，人力资本积累受到了广泛的关注。贝克（Becker，1962）认为，个人的人力资本积累是其工资收入的重要决定因素①。麦尼舍（Mincer，1974）运用收入函数对教育投资收益率进行了估计，揭示了人力资本投资与收入之间的关系②。巴罗等（Barro et al.，1992）认为，具有较高人力资本的劳动者往往能够在城市劳动力市场上获得更好的就业机会和更高的收入③。奇西克（Chiswick，1978，1979）和博亚斯（Bojas，1987）研究了移民过程中人力资本的作用，重点关注了移民本人在原居住国所获得的教育水平、工作经验和其他劳动技能等人力资本因素。其中，奇西克（Chiswick，1978）的研究表明，这些移民在美国居留时间越长，就越可能积累相关的劳动经验、语言技能等人力资本，从而越可能取得经济成功；移民在新环境中所面临的最重要问题之一是如何将在原居住国获得的人力资本转化为在移居国家可用的人力资本④。艾伦和伊丽莎白（Alain and Elisabeth，2001）认为，教育在提高农民非农就业收入中起到了重要的作用⑤。詹姆斯和查尔斯（James and

---

① Gary Becker. Investment in Human Capital：A Theoretical Analysis［J］. *Journal of Political Economy*，1962，70（5）：9－49.

② J. Mincer. Schooling，Experience and Earnings［M］. New York：Columbia University Press，1974.

③ R. Barro，X. Sala－i－Miartin. Convergence［J］. *Journal of Political Economy*，1992，100（2）：223－251.

④ Barry Chiswick. The Effects of Americanization on the Earnings of Foreign－born Men［J］. *Journal of Political Economy*，1978，86（5）：897－921.

⑤ Alain de Janvry，Elisabeth Sadoulet. Income Strategies Among Rural Households in Mexico：The Role of Off—Farm Activities［J］. *World Development*，2001，29（3）：467－480.

Charles，2004）认为，迁移到城市的夫妻比留居本地的夫妻获得更多收入的主要原因在于其受过更高的教育、具有丰富的工作经历及其他人力资本投资①。斯特劳斯（Strauss，1986）、迪勒里卡（Deolalikar，1988）、哈达德和布伊（Haddad and Bouis，1991）均认为，营养和健康都对劳动生产率有显著的促进作用②③④。

社会资本是另一个受到广泛关注的迁移劳动者工资水平决定因素。格兰诺维特（Granovetter，1973）认为，即使在劳动力市场制度已经较为完善的欧美国家，劳动者在求职的过程中仍会更多地依靠自己的社会关系⑤。波特斯（Portes，1995）认为，移民过程中的每一步，如决定是否移民、向何处迁移、在迁居地定居下来后对当地生活的适应等，都和其拥有的社会资本与社会网络密不可分；通过利用其在社会网络中动员资源的能力，移民能够更容易找到各种信息并找到合意的工作⑥。其后，桑德斯和耐（Sanders and Nee，1996）讨论了美国移民的家庭社会资本以及人力资本对于他们获得"自雇"地位的作用⑦；马西等（Massey et al.，1994）根据历史资料与统计数据，对墨西哥移民迁移美国的过程中社会资本所发挥的作用进行了详尽分析⑧。这些研究结果均表明社会资本对国际间移民的迁移抉择、就业机会和工资水平具有重要意义。另有学者关注了中国劳动力市场上社会网络对劳动者收入的影响作用。耐特和岳（Knight and Yueh，2002）研究认为，个人层面的社会资本在城市劳动力市场中的私有部门的回报率高于国

---

① James B. Larriviere, Charles O. Kroncke. A Human Capital Approach to American Indian Earnings: The Effects of Place of Residence and Migration [J]. *The Social Science Journal*, 2004, 41 (2): 209-224.

② J. Strauss. Does Better Nutrition Raise Farm Productivity? [J]. *The Journal of Political Economy*, 1986, 41 (2): 297-320.

③ A. B. Deolalikar. Nutrition and Labor Productivity in Agriculture: Estimates for Rural South India [J]. *The Review of Economics and Statistics*, 1988, 70 (3): 406-413.

④ Lawrence J. Haddad, Howarth E. Bouis. The Impact of Nutritional Status on Agricultural Productivity: Wage Evidence from the Philippines [J]. *Oxford Bulletin of Economics and Statistics*, 1991, 53 (1): 45-68.

⑤ Mark Granovetter. The Strength of Weak Ties [J]. *American Journal of Sociology*, 1973 (78): 1360-1380.

⑥ Alejandro Portes. Economic Sociology and the Sociology of Immigration: A Conceptual Overview [A]. *in The Economic Sociology of Immigration*, Edited by Alejandro Portes [C]. New York: Russell Sage Foundation, 1995.

⑦ Jimmy Sanders and Wictor Nee. Immigrant Self-employment: The Family as Social Capital and the Value of Human Capital [J]. *American Sociological Review*, 1996 (61): 231-249.

⑧ D. S. Massey, L. P. Goldring, J. Durand. Continuities in Transnational Migration: An Analysis of 19 Mexican Communities [J]. *American Journal of Sociology*, 1994 (99): 1492-1533.

有部门[①]。佐藤宏（2004）则认为，初级社会网络可以被较高的教育程度所替代，后者在克服进入国有部门的制度障碍方面有重要作用，但对于外出流动人员收入的影响则因就业性质的不同而有所不同[②]。

其他因素对迁移劳动者工资水平的决定作用也受到了关注。胡里奥等（Julio et al.，2001）认为，农村家庭非农收入水平主要取决于经济环境、区域经济发展动力及其公路质量[③]。加拿卡杰等（Canagarajah et al.，2001）认为，非农收入的决定因素包括地理位置、受教育程度、年龄以及与市场的距离等[④]。罗波特（Roberts，2001）证明了一系列的因素影响了农民工的收入，包括所有权形式、性别、年龄、婚姻状况、受教育水平，还有原居住地，等等[⑤]。

1.2.1.2 关于迁移劳动者工资水平问题

国外学者较为一致的观点是迁移劳动者工资普遍存在不平等的现象，其工资水平与本地城市职工工资水平差距很大。万姆和莱斯特（Wim and Lester，1994）根据坦桑尼亚的调查数据证实了从农村到城市的迁移劳动者与本地城市劳动者之间存在工资差异。研究结果表明，无论是国有企业，还是私营企业，农村迁移劳动者最初的工资水平都比本地城市劳动者的工资水平低[⑥]。董和鲍尔斯（Dong and Bowles，2002）指出，所有的企业所有权形式都普遍存在对农民工在工资上的歧视，并认为企业的经营类型也是一个重要的影响指标，在一些金融机构，农民工和城市工人在工资上的差异非常明显[⑦]。斯坦尼等（Stein et al.，2004）也分析了迁移劳动者工资水平偏低的原因，认为非农工资水平偏低在于受到了就业

---

① J. Knight, L. Yueh. The Role of Social Capital in the Labor Market in China［C］. *Oxford University*, Discussion Paper of Department of Economies, 2002.

② 佐藤宏. 外出务工、谋职和城市劳动力市场——市场支撑机制的社会网络分析［C］//李实，佐藤宏. 经济转型的代价——中国城市失业、贫困、收入差距的经验分析. 北京：中国财政经济出版社，2004.

③ Julio A. Berdegué, Eduardo Ramírez, Thomas Reardon, Germán Escobar. Rural Nonfarm Employment and Incomes in Chile［J］. *World Development*, 2001, 29 (3): 411-425.

④ S. Canagarajah, C. Newman, R. Bhattamishra. Non-farm Income, Gender, and Inequality: Evidence from Rural Ghana and Uganda［J］. *Food Policy*, 2001, 26 (4): 405-420.

⑤ Kenneth Roberts. The Determinants of Occupational Choice of Labor Migrants to Shanghai［J］. *China Economic Review*, 2001, 12 (1): 15-39.

⑥ Wim P. M. Vijverberg, Lester A. Zeager. Comparing Earnings Profiles in Urban Areas of an LDC: Rural-to-Urban Migrants vs. Native Workers［J］. *Journal of Development Economics*, 1994, 45 (2): 177-199.

⑦ Dong Xiaoyuan, Bowles Paul. Segmentation and Discrimination in China's Emerging Industrial Labour Market［J］. *Chinese Economic Review*, 2002, 13 (2-3): 170-196.

机会不足的制约[①]。塞尔维等（Sylvie et al.，2009）根据对一组具有全国代表性的样本的观察认为，2002 年，本地城市居民的年均收入是外来农民工年均收入的 1.3 倍以上，并分析认为，这种差距源于行业效应、工资效应、工作时间效应和群体效应，其中群体效应的作用超过了工资效应和工作时间效应[②]。

1.2.2 国内研究综述

近年来，国内学术界对农民工工资问题的关注逐渐增多。特别是在 2006 年《国务院关于解决农民工问题的若干意见》发布以来，农民工工资问题作为关系农民工和农民切身利益的重要问题受到广泛关注。

1.2.2.1 农民工工资形成问题

（1）农民工工资形成机制。部分学者从不同的角度构建了模式各异的农民工工资形成机制，以解释农民工工资水平的形成。高峰（2005）建立并推导了农民工工资决定、项目剩余分配以及有效委托人机制设计模型[③]。冉宏伟（2006）以人力资本成本定价法为主，以预期价值折现为补充，推导出农民工人力资本定价模型[④]。高嵩等（2006）建立了农民工收入的户籍决定模型、教育水平决定模型、工作年限决定模型[⑤]。郭继强（2007）耦合了农民工在城市打工和在农村务农的工资决定机制，认为被忽视的“农村剩余劳动力与城市失业并存”这种类型将形成农民工“城乡双锁定”的工资决定模型[⑥]。王胜利（2008）根据马克思劳动力价值理论分析了外出农民工工资的形成机理，认为其工资根本上是由劳动力价值决定的，但受供求状况、户籍制度、农业生产性收入的影响而被压低[⑦]。张建武、明娟（2008）构建了地方政府和企业之间的最低工资博弈模型，以此解释农民工制度工资的形成[⑧]。何力武、罗瑞芳（2010）则阐述了雇用双方策略互

---

① Stein Holden, Bekele Shiferaw, John Pender. Non – farm Income, Household Welfare, and Sustainable Land Management in a Less – Favoured Area in the Ethiopian Highlands [J]. *Food Policy*, 2004, 37 (4): 369 – 392.

② Sylvie Démurger, Marc Gurgand, Shi Li, Ximing Yue. Migrants as Second – Class Workers in Urban China? A Decomposition Analysis [J]. *Journal of Comparative Economics*, 2009, 37 (4): 610 – 628.

③ 高峰．我国农民工工资决定、项目剩余分配与经济权力动态一致性解读——兼论有效委托人机制设计及政府“作为”[J]．数量经济技术经济研究，2005（6）：43 – 53.

④ 冉宏伟．人力资本定价与农民工工资分析［D］．西南财经大学硕士学位论文，2006.

⑤ 高嵩，焦宝松，王建．农民工收入决定的实证分析——以北京市为例［J］．经济问题，2006（10）：62 – 64.

⑥ 郭继强．中国农民工城乡双锁定工资决定模型［J］．中国农村经济，2007（10）：13 – 22.

⑦ 王胜利．基于马克思劳动力价值理论对农民工工资的分析［J］．经济问题，2008（4）：3 – 7.

⑧ 张建武，明娟．农村外出劳动力工资决定机制研究［J］．经济问题探索，2008（9）：60 – 65.

动下农民工工资决定的微观行为机制①。彭红碧（2010）构建了农民工与企业的博弈机制以说明农民工工资水平的形成过程及其工资水平偏低的原因②。李晓宁等（2012）则认为，农民工劳动力市场扭曲的劳动力价格的形成过程实际上是农民工与企业之间的不公平博弈过程，我国农民工工资形成机制因而不公平③。彭红碧（2014）认为，农民工工资决定存在一个由其自身因素、市场因素和社会环境因素共同构成的圈层结构④。

（2）农民工工资水平的决定因素。主要有以下几方面：

第一，个人微观因素。大量文献借助不同的社会调查资料、采用不同的研究方法，就农民工个体因素、人力资本及社会资本对其工资水平的决定作用进行了实证分析。

一是个体因素。一般认为，农民工个体的年龄、性别、婚姻、家庭、户籍状况、心理资本、是否签订劳动合同、求职方式、工作状况等因素对其工资形成起决定作用。栾敬东（2003）认为，在流动就业人口中，男性比女性、已婚者比未婚者年龄大、收入高；受教育年限、在本单位工作时间和年龄的增长能不同程度地提高其收入水平⑤。韩靓等（2009）认为，性别、年龄、工作性质变动、工作持续时间、求职方式变动以及刚进城时收入等因素对农民工收入增长作用显著⑥。徐建役等（2012）研究认为，心理资本对农民工工资水平产生正向的显著影响⑦。刘晓丽等（2013）认为，性别、婚姻状况、教育程度和所处职位四个因素最终影响农民工收入⑧。袁兴意（2013）认为，配偶就业状况、居住在一起的孩子数目等家庭因素也对农民工收入有影响⑨。沈洁（2015）认为，职业差异、劳动时间、流动时间是影响新生代农民工的主要因素⑩。金晓彤等（2015）认

---

① 何力武，罗瑞芳．农民工工资决定的微观行为机制研究［J］．经济纵横，2010（1）：120－122.

② 彭红碧．农民工与企业的博弈：我国农民工工资水平形成研究［J］．经济与管理研究，2010（7）：116－122.

③ 李晓宁，马启民，昝梦莹．我国农民工工资形成机制的不公平性研究［J］．西北农林科技大学学报（社会科学版），2012（9）：1－6.

④ 彭红碧．农民工工资决定的圈层结构：一般性分析框架［J］．经济论坛，2014（4）：119－122.

⑤ 栾敬东．流动人口的社会特征及其收入影响因素分析［J］．中国人口科学，2003（2）：66－71.

⑥ 韩靓，原新．我国农民工收入增长因素的实证分析［J］．人口学刊，2009（1）：37－43.

⑦ 徐建役，姜励卿，谢海江．心理资本与农民工工资收入的相互影响——以浙江省为例［J］．浙江社会科学，2012（9）：83－90，157.

⑧ 刘晓丽，邓晓云．新生代农民工收入状况及其影响因素分析［J］．南方农村，2013（9）：52－55.

⑨ 袁兴意．家庭因素与农民工职业收入：一个实证分析［J］．新疆农垦经济，2013（10）：60－64.

⑩ 沈洁．新生代农民工收入影响因素实证分析——以郑州市为例［J］．青年学报，2015（1）：43－48.

为，人口统计因素、人力资本与就业差异对新生代农民工的务工收入均有显著正向影响[①]。陈技伟等（2015）认为，求职方式中，基于关系获得工作的新生代农民工工资低于通过市场方式获得的工作者[②]。

二是人力资本。首先，现有文献较为一致地认为，农民工的受教育程度、技能水平、培训情况等人力资本变量对其工资水平具有显著的决定作用（周其仁，1997；都阳，1999；赵延东、王奋宇，2002；苏群等，2005，2007；杨金凤等，2005；严于龙等，2006；刘林平等，2007；周井娟，2008；蔡新会等，2008；张世伟等，2009；史清华等，2009；任远等，2010；谢辉，2010；王飞，2010；崔祥民，2010；栾江等，2011；明娟等，2011；刘士杰，2011；唐运舒等，2011；徐辉等，2013；张娜等，2013；陈亮等，2014；刘养卉等，2015；张俊，2015；江金启等，2016；等等[③]）。

但各文献对人力资本各个变量的具体作用观点不一。曾旭晖（2004）认为，进城农民工群体的教育收益率很低，其参加劳动的年限甚至具有负作用；城市生活本身具有人力资本再生产的意义，但务农经历可能导致消极的影响[④]。侯风云（2004）认为，农村外出劳动力的教育收益率严重偏低，低于接受培训的收益率[⑤]。李萌（2004）认为，在非正规部门内，乡城流动人口的人力资本特征对收入有显著贡献，职业培训对其经济地位获得的重要性不亚于正规教育的作用；而在正规部门里，其人力资本特征对收入的贡献被严重扭曲[⑥]。张泓骏等（2006）认为，小学教育对农民工收入影响不大，初中及以上教育增收作用明显[⑦]。高文书（2006）认为，农民工的人力资本状况对其小时工资有显著影响[⑧]。乐章等（2007）认为，文化程度普遍偏低造成农民工人力资本的劣势，工作经历、外出

---

① 金晓彤，杨潇．差异化就业的新生代农民工收入影响因素分析——基于全国31省（市）4268个样本的实证研究［J］．青年研究，2015（3）：20－29.

② 陈技伟，江金启等．社会网络、求职方式与新生代农民工的工资决定［J］．南方人口，2015（5）：25，69－80.

③ 由于有关农民工人力资本决定作用的研究文献较多，此处只列出了部分代表文献。

④ 曾旭晖．非正式劳动力市场人力资本研究——以成都市进城农民工为个案［J］．中国农村经济，2004（3）：34－38.

⑤ 侯风云．农村外出劳动力收益与人力资本状况相关性研究［J］．财经研究，2004（4）：88－100.

⑥ 李萌．劳动力市场分割下乡城流动人口的就业分布与收入的实证分析——以武汉市为例［J］．人口研究，2004（11）：70－75.

⑦ 张泓骏，施晓霞．教育、经验和农民工收入［J］．世界经济文汇，2006（1）：18－25.

⑧ 高文书．进城农民工就业状况及收入影响因素分析——以北京、石家庄、沈阳、无锡和东莞为例［J］．中国农村经济，2006（1）：28－34，80.

务工时间、更换工作、培训所投入的经费和时间均直接影响其收入水平[①]。王德文等（2008）认为，工资性收入者比自主经营者的教育回报率高，短期培训和正规培训有着重要的决定作用[②]。宗成峰等（2008）认为，建筑业农民工收入的影响因素主要有其年龄、受教育程度和技能情况[③]。王广慧等（2009）认为，培训对农民工的收入有显著的积极的影响，其中，职前培训的增收效果高于在职培训[④]。崔祥民（2010）认为，受教育年限、打工时间、技能状况和学习费用对农民工收入具有显著影响[⑤]。孟宪生等（2011）认为，就业培训有助于提高农民工收入水平[⑥]。赵亮等（2011）认为，教育、培训、技术等级和工作经验对农民工的收入产生明显促进作用[⑦]。徐文婷等（2011）认为，影响农民工工资的人力资本因素依次为拥有技术或手艺、受教育程度、职业技术培训和外出务工时间[⑧]。李强（2012）认为，在职培训和教育水平在提高女性农民工收入方面发挥了重要作用[⑨]。陈亮等（2014）认为，通过增加教育、培训和"干中学"方面的投资，可有效提高新生代农民工劳动收入与工作薪酬[⑩]。程名望等（2016）研究认为，语言是影响区域农民工收入水平的因素，地方话的熟练程度对农民工的绝对收入和相对收入均产生正向作用[⑪]。吴炜（2016）认为，在干中学习得到的技能比教

---

① 乐章，刘苹苹．人力资本与收入水平——关于外出务工农民的一个实证分析［J］．中南财经政法大学学报，2007（2）：8－13.

② 王德文，蔡昉，张国庆．农村迁移劳动力就业与工资决定：教育与培训的重要性［J］．经济学（季刊），2008（7）：1131－1148.

③ 宗成峰，李茜．农民工收入影响因素的计量分析——以北京市建筑业为例［J］．中国农业大学学报（社会科学版），2008（4）：164－169.

④ 王广慧，张世伟．基于倾向分匹配法的农民工培训收入效应实证研究——以吉林省为例［J］．统计与信息论坛，2009（9）：81－85.

⑤ 崔祥民．农民工人力资本对收入影响的实证研究［J］．企业经济，2010（7）：68－70.

⑥ 孟宪生，关凤利，唐哲一．农民工参与就业培训的决定因素及对收入影响的实证分析［J］．东北师大学报（哲学社会科学版），2011（4）：52－55.

⑦ 赵亮，张世伟．人力资本对农民工就业、收入和社会保险参与的影响［J］．重庆大学学报（社会科学版），2011，17（5）：48－52.

⑧ 徐文婷，张广胜．人力资本对农民工工资性收入决定的影响：代际差异的视角［J］．农业经济，2011（8）：60－61.

⑨ 李强．"双重迁移"女性的就业决策和工资收入的影响因素分析——基于北京市农民工的调查［J］．中国人口科学，2012（5）：104－110.

⑩ 陈亮，苏建宁，张然．新生代农民工人力资本投资与工资收入研究——基于劳动力市场分割的调节作用［J］．调研世界，2014（5）：34－37.

⑪ 程名望，王娜，史清华．语言对外来农民工收入的影响——基于对上海外来农民工情况的调查［J］．经济与管理研究，2016（8）：70－77.

育培训所获得技能的收入回报率更高[①]。

其次，与工作经历有关的人力资本因素，如工作时间、工作经验、当前工作的持续时间、就业流动或工作转换、就业稳定性等对农民工工资水平也具有决定作用。王子等（2009）认为，随经验增长的农民工工资呈速度递减的上升态势，其工资内部差异随经验增长而扩大，接受更好教育的农民工工资增速较快[②]。谢勇（2009，2015）认为，农民工工资水平与不同城市之间的流动次数和本单位工作时间的长短正相关，与城市内部的流动次数负相关；就业流动在总体上可以显著提高农民工的工资水平及其增长率[③④]。李长安（2010）认为，总体上职业流动对农民工的收入具有正效应，但只针对蓝领农民工[⑤]。陈媛媛（2013）认为，工作转换只对一代农民工收入产生显著影响[⑥]。吕晓兰（2013）认为，城市流动方向决定农民工收入增长效应，从西部城市、中部城市流动到东部城市均可显著提升其收入增长，而反向流动则不利于其收入增长[⑦]。杜妍冬等（2015）认为，职业流动对农民工收入有着重要影响，且职业流动频次与新生代农民工的收入水平呈现倒“U”型非线性关系[⑧]。田明（2016）研究认为，更换工作对农民工工资收入具有正向影响，但工作时间与收入呈“倒U型”，工作稳定性和流动性需要保持平衡[⑨]。

黄乾（2009）认为，就业稳定性是影响农民工工资收入的重要因素；稳定就业者工资收入高于非稳定就业者，且非稳定就业者的收入差距大于稳定就业者[⑩]。谌新民等（2012）认为，稳定的就业关系对新生代农民工工资水平有正向

① 吴炜．干中学：农民工人力资本获得路径及其对收入的影响［J］．农业经济问题，2016（9）：53－60.

② 王子，叶静怡．农民工工作经验和工资相互关系的人力资本理论解释——基于北京市农民工样本的研究［J］．经济科学，2009（1）：112－125.

③ 谢勇．农民工就业流动的工资效应研究——以南京市为例［J］．人口与发展，2009（4）：12，32－36.

④ 谢勇．就业流动、人力资本与农民工工资［J］．中南财经政法大学学报，2015（5）：142－149.

⑤ 李长安．农民工职业流动歧视及对收入影响的实证分析［J］．人口与经济，2010（6）：27－32，46.

⑥ 陈媛媛．工作转换对农民工收入的影响——基于珠三角两代农民工的调查［J］．南方经济，2013（3）：1－12.

⑦ 吕晓兰．工作转换、流动与农民工收入增长［J］．农业经济问题，2013（12）：40－49.

⑧ 杜妍冬，刘一伟．职业流动对农民工收入的影响及其代际差异——基于我国七城市的调查数据［J］．南京农业大学学报（社会科学版），2015（4）：43－52.

⑨ 田明．农民工工作更换及更换方式对其工资变化的影响［J］．山东社会科学，2016（4）：39－46.

⑩ 黄乾．城市农民工的就业稳定性及其工资效应［J］．人口研究，2009（5）：52－62.

效应[①]。李睿等（2013）认为，工作稳定性只对中高收入者具有正向作用[②]。陈技伟等（2016）也认为，就业稳定性对农民工工资有正向显著影响，特别是对女性农民工工资的提升效果更大[③]。

最后，关于农民工的营养、健康等人力资本因素对其工资水平的决定作用则观点不一。魏众（2004）认为，健康是人力资本的重要构成，对于农民获得非农就业机会具有重要的作用，但对工资决定没有显著影响[④]。侯风云（2004）认为，身体健康状况是决定农村外出劳动力收入的关键因素[⑤]。王志刚等（2009）则认为，农民工收入与其营养和健康水平正相关[⑥]。苑会娜（2009）研究发现，农民工的健康与收入形成了循环作用机制：初始健康状况越好，收入越高[⑦]。周菲（2009）研究证实了城市农民工的自评健康与收入之间的正相关关系[⑧]。秦立建等（2013）认为，健康状况显著影响农民工收入，健康状况较差者年均外出打工收入仅及健康状况较好者的63%[⑨]。赵宁（2015）认为，健康因素对新生代农民工的影响更为显著[⑩]。

三是社会资本（社会网络）。中国是一个关系型社会，社会关系网络在日常生活中的作用非常重要[⑪]。许多学者研究了社会网络对农民工工资水平的决定作用，并形成了两种不同的研究观点。一种观点认为，由于农民工普遍缺乏正式的信息渠道和保障其融入城市社会的制度，进城农民工对社会资本的依赖性很强。

---

① 谌新民，袁建海．新生代农民工就业稳定性的工资效应研究——以东莞市为例［J］．华南师范大学学报（社会科学版），2012（5）：94－101.

② 李睿，田明．进城农民工工作稳定性对收入变化的影响［J］．北京师范大学学报（社会科学版），2013（5）：124－132.

③ 陈技伟，江金启等．农民工就业稳定性的收入效应及其性别差异［J］．人口与发展，2016（3）：54－62.

④ 魏众．健康对非农就业及其工资决定的影响［J］．经济研究，2004（2）：64－74.

⑤ 侯风云．农村外出劳动力收益与人力资本状况相关性研究［J］．财经研究，2004（4）：88－100.

⑥ 王志刚，金京淑，许晓源．营养健康水平对农民工工资收入影响的调查研究［J］．人口学刊，2009（3）：24－30.

⑦ 苑会娜．进城农民工的健康与收入——来自北京市农民工调查的证据［J］．管理世界，2009（5）：56－66.

⑧ 周菲．城市农民工收入与健康：职业地位的影响［J］．经济论坛，2009（11）：49－52.

⑨ 秦立建，陈波，秦雪征．健康对农民工外出务工收入的影响分析［J］．世界经济文汇，2013（6）：110－119.

⑩ 赵宁．代际差异视角下人力资本对农民工工资收入的影响分析［J］．西北人口，2015（4）：29－34.

⑪ 章元，陆铭．社会网络是否有助于提高农民工的工资水平？［J］．管理世界，2009（3）：45－54.

李树茁等（2007）研究认为，社会网络是影响农民工收入的重要因素[①]。卞智勇（2008）认为，社会资本在多数情况下对农村劳动力非农就业参与、非农工资收入有统计上显著的正效应，并且能在非农就业时帮助劳动力获得更多的工资收入[②]。叶静怡等（2010，2012）研究发现，新获得的异质性社会资本即新型的社会资本对农民工收入有正影响[③④]；社会网络层次与其工资水平存在显著正相关[⑤]。张学志等（2012）研究发现"职业网"社会资本对农民工收入有显著的正向影响[⑥]。陈云松（2012）研究认为，同村打工网的规模与农民工在城市中的收入具有正向因果关系[⑦]。张春泥等（2013）、魏万青（2016）、宋月萍等（2015）认为，以籍贯为族群基础的同乡聚集（或同乡会）对农民工收入具有正向影响[⑧⑨⑩]。王春超等（2013，2015）认为，"跨越型"和"整合型"社会资本对农民工收入均具有显著正向影响，且两者的提升效应相近；农民工个人社会网络、其最好朋友的教育程度和职业地位对其工资具有显著正向影响[⑪⑫]。卓玛草等（2016）认为，社会关系资源对农民工收入具有正向影响，其中，"人情"比

① 李树茁，杨绪松，任义科，靳小怡．农民工的社会网络与职业阶层和收入：来自深圳调查的发现［J］．当代经济科学，2007（1）：25－33.

② 卞智勇．社会资本对农村劳动力非农就业及工资决定的影响［D］．扬州大学硕士学位论文，2008.

③ 叶静怡，衣光春．农民工社会资本与经济地位之获得——基于北京市农民工样本的研究［J］．学习与探索，2010（1）：143－147.

④ 叶静怡，周晔馨．社会资本转换与农民工收入——来自北京农民工调查的证据［J］．管理世界，2010（10）：34－46.

⑤ 叶静怡，薄诗雨，刘丛，周晔馨．社会网络层次与农民工工资水平——基于身份定位模型的分析［J］．经济评论，2012（4）：31－42.

⑥ 张学志，才国伟．社会资本对农民工收入的影响研究——基于珠三角调查数据的证据［J］．中山大学学报（社会科学版），2012（5）：212－220.

⑦ 陈云松．农民工收入与村庄网络——基于多重模型识别策略的因果效应分析［J］．社会，2012（4）：68－92.

⑧ 张春泥，谢宇．同乡的力量：同乡聚集对农民工工资收入的影响［J］．社会，2013（1）：113－135.

⑨ 魏万青．自选择、职业发展与农民工同乡聚集的收入效应研究［J］．社会学研究，2016（5）：164－188.

⑩ 宋月萍，马腾．同乡会对农民工劳动收入的影响［J］．中国人民大学学报，2015（2）：107－113.

⑪ 王春超，周先波．社会资本能影响农民工收入吗？——基于有序响应收入模型的估计和检验［J］．管理世界，2013（9）：55－68，101.

⑫ 王春超，张呈磊，周先波．社会关系网、朋友圈效应与农民工收入［J］．经济社会体制比较，2015（5）：65－80.

“信息”的作用更大[①]。马宏（2016）认为，社会资本的获取有利于农民工个人收入水平的提高[②]。

另外，社会资本的不同类型或构成因素对农民工工资水平的决定作用各异。王春超等（2014）进一步研究认为，“整合型”社会资本无助于农民工整体收入的提高，且会显著缩小其群体内的收入差距；而“跨越型”社会资本则能显著提高其收入，且会显著拉大其群体内的收入差距[③]。陈技伟等（2015）认为，社会网络规模与新生代农民工工资显著负相关，但在通过关系找到工作的群体里，社会网络规模与其工资显著正相关；社会网络质量提升有助于新生代农民工工资提高，但通过关系找到工作的新生代农民工并不能从优质的关系资源中受益而得到更高工资[④]。

另一种观点则认为，社会网络对农民工工资水平并不具有明显的直接决定作用。王毅杰等（2003）研究指出，尽管网络机制可以降低流动农民的各项成本和风险，使他们更快更安全地获得工作乃至适应城市社会，但也制约着他们获得更高的经济收益[⑤]。章元等（2008，2009）认为，社区层面社会网络不能直接增加农民工的工资，家庭层面社会网络只具有间接效应[⑥]；只有非常微弱的证据表明拥有更多的社会网络能够直接提高农民工工资水平，它能够帮助其找到待遇更好的工作岗位，但并不能直接提高其工资水平[⑦]。明娟等（2011）认为，农民工的社会关系网络及政府、市场中介的搜寻行为都无助于提升农民工的工资水平[⑧]。任锋等（2011）认为，社会关系通过职业阶层对农民工收入的间接影响路径的作用比其对特定职业阶层就业者收入的直接作用更强；社会关系再构建的作用效果

---

① 卓玛草，孔祥利．农民工收入与社会关系网络——基于关系强度与资源的因果效应分析［J］．经济经纬，2016（6）：48－53.

② 马宏．社会资本、民间借贷及农民工收入的关系研究［J］．经济问题，2016（10）：67－72.

③ 王春超，何意銮．社会资本与农民工群体的收入分化［J］．经济社会体制比较，2014（4）：26－44.

④ 陈技伟，江金启等．社会网络、求职方式与新生代农民工的工资决定［J］．南方人口，2015（5）：25，69－80.

⑤ 王毅杰，童星．流动农民工职业获得途径及其影响因素［J］．江苏社会科学，2003（5）：86－91.

⑥ 章元，李锐，王后，陈亮．社会网络与工资水平——基于农民工样本的实证分析［J］．世界经济文汇，2008（6）：73－84.

⑦ 章元，陆铭．社会网络是否有助于提高农民工的工资水平？［J］．管理世界，2009（3）：45－54.

⑧ 明娟，张建武．人力资本积累、搜寻渠道与农民工工资水平——基于微观调查数据的区间回归分析［J］．西北人口，2011（3）：48－52.

对于不同职业阶层是不同的[①]。宗成峰（2012）认为，社会资本对建筑业农民工工资没有显著正向作用，而且具有负的影响[②]。

四是人力资本与社会资本的综合。赵延东等（2002）认为，人力资本具有重要影响，社会资本的作用已经超过了人力资本[③]。何国俊等（2008）认为，人力资本的积累是决定农民工收入的主要因素，而社会资本在总体中的影响则不显著，且具有性别差异[④]。刘逸（2009）认为，包括教育、打工经验和培训在内的人力资本对农民工的工资有提高作用，婚姻关系、社会网络规模和社团组织的参与也能够提高其工资水平[⑤]。张新岭（2010）认为，社会资本、人力资本对农民工工资的作用取决于劳动力市场制度的完善程度，当其处于非正式状态时，人力资本对保留工资没有多少影响，求职者更多依赖于社会网络关系等非正式因素；当其正式确立并逐步完善时，人力资本的作用开始彰显[⑥]。蒯鹏州等（2015）认为，人力资本变量和社交网络变量均对农民工工资收入产生显著正向影响，后者的影响已经从增加工作机会转移至帮助其获取工资更高的工作岗位[⑦]。王荣明（2015）认为，农民工的人力资本及相对较强的弱关系对其收入有显著影响[⑧]。

五是综合个人微观因素。张建武等（2006）认为，人力资本特征是影响农民工工资收入的主要因素[⑨]。卢志刚等（2006）在农民工收入的微观影响因素中增加了农民工的户籍状况、工作经验、企业所有权形式以及合同有效期长度等变量[⑩]。李晓峰等（2010）认为，个人工作经验和所在工作岗位是形成北京市农民

① 任锋，杜海峰．社会关系再构建、职业阶层与农民工收入［J］．人口与发展，2011（5）：14－23，64.

② 宗成峰．社会资本对农民工工资决定的调查分析——以北京市建筑业为例［J］．首都经济贸易大学学报，2012（3）：36－41.

③ 赵延东，王奋宇．城乡流动人口的经济地位获得及决定因素［J］．中国人口科学，2002（4）：8－15.

④ 何国俊，徐冲，祝成才．人力资本、社会资本与农村迁移劳动力的工资决定［J］．农业技术经济，2008（1）：57－66.

⑤ 刘逸．农民工工资的形成及应对之策［J］．中国物价，2009（12）：25－29.

⑥ 张新岭．社会资本、人力资本与农民工工作搜寻和保留工资［J］．人口与发展，2010（5）：60－69.

⑦ 蒯鹏州，王明华，张丽丽．“民工荒”视角下的农民工工资决定机制及其影响研究［J］．农业现代化研究，2015（3）：432－437.

⑧ 王荣明．农民工社会网络中的弱关系对务工收入的影响研究——基于北京市农民工的调查［J］．调研世界，2015（8）：159－163.

⑨ 张建武，李楠，王子成．农村外出劳动力工资水平影响因素研究——基于广东企业用工调查数据的实证分析［J］．中国劳动经济学，2006（4）：113－128.

⑩ 卢志刚，宋顺锋．农民工收入微观影响因素统计分析［J］．现代财经，2006（10）：77－81.

工工资差异的最主要因素[①]。黄春燕（2010）认为，择业渠道、就业经历对农民工工资的影响是正向的、显著的、稳健的[②]。赵宁（2015）认为，农民工的人力资本对其工资收入的影响比较显著，受教育水平、工作经验、健康状况都具有正向作用[③]。邓永辉（2016）认为，工作经验、隐含的技能提升等人力资本因素以及周工作时间、岗位和行业因素等职业特征因素对其影响显著[④]。

第二，外部宏观因素。农民工所处的外部宏观环境，如劳动力供求状况、歧视因素、来源地的农业发展情况、劳动力市场政策等，对其工资水平的决定作用也受到了学者的关注。王振（1999）认为，劳动力供求对乡镇企业工资变动的调节效果显著；地方农业收入水平、外地乡镇企业工资水平也具有一定的调节效果[⑤]。罗强（2005）考察了农民工输入地与输出地的外部宏观因素对农民工工资水平的影响，包括农民工输入地的非农产业发展状况、城市化水平、劳动力市场结构，输出地的农业生产发展条件，输出地与输入地之间的距离因素等[⑥]。周庆行等（2007）分析认为，企业决定农民工工资取决于其在农民工市场和产品市场所处的地位[⑦]。张旭青（2014）认为，劳动力市场供求关系在农民工工资决定中发挥着主导作用，劳动力市场政策改善则对其实际工资具有积极的正面影响[⑧]。战鸽（2014）认为，出口总额对农民工收入具有正向影响[⑨]。王建国等（2015）认为，城市规模扩张能够提高农民工工资水平[⑩]。田丰（2016）认为，社会结构和职业分层对城镇人口和农民工的收入差异存在着重要影响[⑪]。张世伟等（2016）认为，最低工资标准提升促进了男性农民工月工资和小时工资的显著增

---

① 李晓峰，王晓方，高旺盛．北京市农民工工资差异分解分析［J］．农业经济问题，2010（2）：33－37.

② 黄春燕．择业渠道、就业经历对农民工工资影响分析［J］．求索，2010（4）：58－60.

③ 赵宁．代际差异视角下人力资本对农民工工资收入的影响分析［J］．西北人口，2015（4）：29－34.

④ 邓永辉．新生代农民工工资收入影响因素的实证分析［J］．统计与决策，2016（13）：103－105.

⑤ 王振．发达地区乡镇企业的劳动力供求与工资决定［J］．中国农村观察，1999（4）：30－38.

⑥ 罗强．农民工工资水平影响因素及拖欠问题研究［D］．中国农业大学硕士学位论文，2005.

⑦ 周庆行，王莉莉，罗丛生．不完全竞争市场条件下农民工工资的决定问题［J］．经济论坛，2007（21）：49－52.

⑧ 张旭青．农民工工资决定的宏观作用机制研究［J］．商业时代，2014（25）：52－53.

⑨ 战鸽．中国出口贸易对农民工收入与农民工数量的影响研究［J］．淮海工学院学报（人文社会科学版），2014（11）：99－101.

⑩ 王建国，李实．大城市的农民工工资水平高吗？［J］．管理世界，2015（1）：51－62.

⑪ 田丰．职业分层视野下的城镇人口与农民工收入差距研究［J］．河北学刊，2016（3）：152－158.

长，但导致其工作时间显著延长①。

第三，综合因素。许多学者综合研究了农民工的个人微观因素与外部宏观因素对其工资水平的决定作用。杨金风等（2005）认为，人力资本、家庭拥有资源的数量及其质量、当地工业化程度对农户工资和收入决定具有显著影响②。刘林平等（2007）认为，人力资本和企业制度是决定农民工工资水平的基本因素③。程名望等（2009）认为，年龄、性别、学历、收入水平、区位等因素的差异对农民工收入有一定的影响④。张永丽等（2009）认为，年龄、文化程度、年外出时间、务工行业和流动区域等因素对农民工收入的影响比较显著⑤。张丹丹等（2011）认为，经济水平的提高、务工行业、务工地区、个人特征等因素都对外来劳动力工资有显著影响⑥。赵显洲（2012）认为，教育和培训对农民工工资收入具有显著的正影响，行业分割对其具有显著的负影响⑦。周小刚等（2012）研究认为，农民工工资收入不仅受到受教育程度、工作经验和性别等个体微观层面的显著影响，同时也受到区域发展行业差异和户籍特征的显著影响⑧。吴伟东（2015）认为，地区生产总值、受教育程度、职务岗位的重要程度与新生代农民工收入正相关，劳动合同的签订和劳动力资源的供不应求也有助其提高工资，而单位工龄和工作更换次数则存在“倒 U 型”效应⑨。刘养卉等（2015）认为性别、年龄、职业技能等人力资本因素及单位性质与新生代农民工收入正相关⑩。

---

① 张世伟，杨正雄．最低工资标准提升是否影响农民工就业与工资［J］．财经科学，2016（10）：100－109.

② 杨金风，史江涛．外出劳动力工资及收入决定的实证分析——基于山西省的调查［J］．中国农业大学学报（社会科学版），2005（4）：20－25.

③ 刘林平，张春泥．农民工工资：人力资本、社会资本、企业制度还是社会环境？——珠江三角洲农民工工资的决定模型［J］．社会学研究，2007（6）：114－137.

④ 程名望，王莉．我国农民工进城务工收入的调查分析：2000～2008［J］．当代经济管理，2009（2）：54－57.

⑤ 张永丽，杨志权．影响农村外出劳动力收入水平的因素分析［J］．甘肃社会科学，2009（3）：9－12.

⑥ 张丹丹，徐敏．农民工工资水平的影响因素及对策浅析［J］．经济视角（下），2011（8）：45－48.

⑦ 赵显洲．人力资本、市场分割与农民工的工资决定［J］．农业经济问题，2012（4）：49－54.

⑧ 周小刚，李丽清．区域分割、职业背景、户籍特征与城市农民工收入水平差异分析——来自全国106个城市的证据［J］．软科学，2012（2）：52－56，64.

⑨ 吴伟东．新生代农民工的收入影响因素：基于社会交换理论的实证研究［J］．城市观察，2015（1）：155－165.

⑩ 刘养卉，龚大鑫．新生代农民工收入状况及影响因素分析——基于兰州市的调查［J］．西北人口，2015（3）：113－117.

蔡禾等（2015）认为，加班与最低工资标准共同对农民工整体工资增长起主要作用[①]。陆正芳等（2016）认为，受教育水平的提升、工作年数的增加、行业工资水平、流入地发展水平、单位性质等因素对农民工收入水平的变迁有一定的影响[②]。杨娟等（2016）认为，最低工资标准的提高对农民工收入的提高影响非常显著[③]。

1.2.2.2　农民工工资水平问题

目前，学术界对农民工工资水平的判断比较一致，认为其工资水平严重偏低。丁守海（2006）认为，当前农民工工资是处于较低水平的，应至少提高1/3[④]。臧旭恒（2006）认为，农民工工资水平低是其状况堪忧的主要表现之一[⑤]。钟卫华（2009）认为，我国农民工低水平工资是有目共睹的事实[⑥]。苟正金（2010）认为，绝大多数农民工工资偏低，工资增长缓慢，正常增长机制不健全；同岗不同酬的现象比较普遍；部分农民工在一定时期工资水平不升反降；企业几乎把最低工资标准作为农民工的工资待遇，变相地无偿占有其劳动价值[⑦]。彭红碧（2010）认为，我国农民工工资长期处于较低的水平，具有巨大的非公平性[⑧]。孙月梅（2011）认为，农民工工资偏低，大大低于城镇职工工资、没有或较少分享到经济发展的成果、接近或略高于最低工资水平、拖欠严重且数额巨大[⑨]。邹淼（2012）认为，农民工群体收入水平整体偏低，且收入结构不合理、收入的基本保障机制不健全甚至缺失[⑩]。罗正月（2013）认为，农民工工资基数偏低，实际收入呈现负增长；收入分配结构不合理，农民工相对工资扭曲性地处

① 蔡禾，李超海．农民工工资增长背后的不平等现象研究［J］．武汉大学学报（哲学社会科学版），2015（3）：108－125.

② 陆正芳，李国正，李帆．新型城镇化视阈下农民工收入变迁的实证分析及对策研究［J］．广西社会科学，2016（3）：154－160.

③ 杨娟，李实．最低工资提高会增加农民工收入吗？［J］．经济学（季刊），2016（4）：1563－1580.

④ 丁守海．农民工工资与农村劳动力转移：一项实证分析［J］．中国农村经济，2006（4）：56－62.

⑤ 臧旭恒．建设新农村与农民工工资水平问题［J］．改革，2006（7）：64－65.

⑥ 钟卫华．农民工低水平工资对和谐社会构建的负面影响［J］．湖北师范学院学报（哲学社会科学版），2009（3）：73－75.

⑦ 苟正金．农民工改革成果分享问题研究——以最低基本工资为中心［J］．中南民族大学学报（人文社会科学版），2010（1）：147－150.

⑧ 彭红碧．我国农民工工资水平非公平性的实质与根源［J］．现代经济探讨，2010（6）：77－80.

⑨ 孙月梅．当前我国农民工工资偏低问题研究［J］．河南社会科学，2011（2）：215－217.

⑩ 邹淼．农民工收入问题的形成机理［J］．学习与探索，2012（4）：102－104.

于低水平状态[①]。潘烜等（2013）认为，和城镇职工相比，农民工的收入水平较低[②]。高强等（2014）认为，农民工与城镇职工之间存在"工资剪刀差"[③]。陈珣等（2014）认为，农民工不仅初始相对工资低，而且工资同化速度慢，因而在城镇劳动力市场上将长期处于劣势地位[④]。

关于农民工工资水平偏低的原因，由于分析视角的不同而观点各异。主要有以下几点：

（1）农民工劳动力价值构成低。杨思远（2004）、孟艳春等（2004）以马克思劳动力价值论为指导分析了农民工劳动力价格的构成，认为农民工劳动力的"半商品"性质决定了其工资水平偏低[⑤⑥⑦]。

（2）农民工劳动力供过于求的状况。肖延方（2007）认为，我国的劳动力市场是典型的需求垄断型市场，完全靠劳动力市场定价的农民工工资因而远远低于劳动力价值或劳动力价格[⑧]。聂丹（2007）认为，农村剩余劳动力的存在使得农民工工资长期被锁定在生存工资水平[⑨]。

（3）劳动力市场分割。张永丽、杨志权（2008）认为，劳动力市场分割影响了市场对农村流动劳动力受教育水平的甄别，限制了农村外出劳动力的职业选择及其在职业间的流动，影响了流动劳动者的就业稳定性和流动方式，限制了农民工与城市职工同等的城市社会福利，从而影响了农民工工资水平的提高[⑩]。邓曲恒等（2013）认为，农民工无法因恶劣的工作条件而获得补偿性工资差异，其所处的城镇劳动力市场仍然具有分割特性[⑪]。

---

① 罗正月．劳动收入的最优化——农民工工资增长的新思路［J］．西北农林科技大学学报（社会科学版），2013（1）：6－11.

② 潘烜，程名望，史清华．工资收入、消费支出与农民工城镇就业——基于上海市1446个调查样本的实证分析［J］．理论导刊，2013（2）：85－88.

③ 高强，孔祥智．"工资剪刀差"及外出农民工的隐性贡献研究［J］．中州学刊，2014（9）：55－61.

④ 陈珣，徐舒．农民工与城镇职工的工资差距及动态同化［J］．经济研究，2014（10）：74－88.

⑤ 杨思远．试析农民工的廉价工资［J］．教学与研究，2004（7）：32－36.

⑥ 孟艳春．农民工工资与资本增值［J］．农村经济，2004（8）：13－15。

⑦ 孟艳春，董利群，甘玲．对农民工工资的马克思主义经济学分析［J］．河北师范大学学报（哲学社会科学版），2004（9）：16－18.

⑧ 肖延方．马克思劳动力价值理论和农民工工资［J］．当代经济研究，2007（8）：8－11.

⑨ 聂丹．农民工低工资率与国民福利损失的经济学分析［J］．财经研究，2007（10）：95－103.

⑩ 张永丽，杨志权．劳动力市场分割对农村流动劳动力收入水平的影响——来自甘肃省十个样本村的调查与分析［J］．西北人口，2008（2）：22－26.

⑪ 邓曲恒，王亚柯．农民工的工作条件与工资收入：以补偿性工资差异为视角［J］．南开经济研究，2013（6）：134－147.

（4）制度安排。逄军（2004）认为，农民工只能挣到较低工资，其根源是农民工没有城市户籍[①]。许经勇、黄焕文（2005）认为，农民工的工资和福利待遇被压到很低的水平是强制性的城乡分割的身份制度安排的结果[②]。卢志刚和宋顺峰（Zhigang Lu and Shunfeng Song，2006）认为，户口制度是城市职工工资比农民工工资更高的主要影响因素[③]。王子成（2007）、张建武等（2008）认为农民工获得的工资实际上只是制度工资（生存工资），其在实践中表现为最低工资标准，而最低工资标准主要是地方政府和企业博弈的均衡结果，劳动者本身则被排斥在工资决定规则的制订之外[④⑤]。朱秋莲等（2008）认为，各种制度设计的不合理是造成农民工在收入分配中遭遇到极不公正待遇的根本原因[⑥]。金成武（2009）认为，城镇就业人口和农村外出务工人口的收入差异反映了城镇劳动力市场上不同户籍就业人口在经济福利方面被区别对待的事实[⑦]。程业炳等（2015）从城市二元结构探究城市居民与农民工的收入差异[⑧]。

（5）歧视因素。辛萌和张君森（Xin Meng and Junsen Zhang，2001）认为，农民工与城市职工的就业和工资存在显著性差异；研究表明，城市职工受到偏爱，而农民工则受到歧视[⑨]。王美艳（2003，2005）认为，农村迁移劳动力和城市本地劳动力的工资差异中，有24%是个人特征差异引起的，而76%是歧视因素的结果；外来劳动力与城市本地劳动力的工资差异有43%是由歧视等不可解

① 逄军．城市农民工收入与就业矛盾及政策调整［J］．经济学动态，2004（5）：60－63.

② 许经勇，黄焕文．剖析制度性农民工工资福利待遇的正负效应［J］．经济纵横，2005（1）：39－41.

③ Zhigang Lu，Shunfeng Song. Rural—Urban Migration and Wage Determination：The Case of Tianjin，China.［J］. *China Economic Review*，2006，29（3）：337－345.

④ 王子成．农村外出劳动力工资决定机制及其影响因素分析［D］．华南师范大学硕士学位论文，2007.

⑤ 张建武，明娟．农村外出劳动力工资决定机制研究［J］．经济问题探索，2008（9）：60－65.

⑥ 朱秋莲，高志仁．农民工收入分配遭遇的制度困境［J］．湖南社会科学，2008（6）：135－138.

⑦ 金成武．城镇劳动力市场上不同户籍就业人口的收入差异［J］．中国人口科学，2009（4）：32－41，111.

⑧ 程业炳，张德化，沈庆荣．城市二元结构背景下城市居民与农民工收入差异探究［J］．安徽科技学院学报，2015（2）：82－86.

⑨ Xin Meng，Junsen Zhang. The Two－Tier Labor Market in Urban China：Occupational Segregation and Wage Differentials between Urban Residents and Rural Migrants in Shanghai［J］. *Journal of Comparative Economics*，2001，29（3）：485－504.

释的因素造成的[①②]。谢嗣胜等（2006）也认为，农民工和城市工工资收入差异的主要原因在于个人特征差异和歧视性因素，后者的作用占55.2%[③]。王解静（2006）认为，由于过去的歧视情感导致对劳动者的人力资本投资水平、职业构成、就业选择等的影响造成了就业机会和工资水平上的差别[④]。邓曲恒（2007）认为，城镇居民和流动人口收入差异的60%应归结于歧视[⑤]。白万平（2009）认为，农民工工资价格歧视因素严重存在，以贵州为例，其歧视系数高达87.8%[⑥]。郭凤鸣等（2011）研究认为，城镇工与农民工劳动力工资差异的14.01%和12.99%分别是由农民工进入市场前受到的教育歧视和进入市场后受到的户籍歧视导致的[⑦]。李国正（2016）认为，户籍歧视加上由户籍引起的人力资本价格低廉造成了农民工收入的低廉[⑧]。

（6）农业收入的比较效益。黄宗智（2006）认为，低收入的种植劳动和低工资的乡镇企业是离土离乡农民工工资相对低的基本原因[⑨]。郭继强（2007）认为，农民工在城市打工时工资锁定于城市次级劳动力市场上的保留工资和在农村务农时收入锁定于务农保留工资，而城市务工保留工资和农村务农保留工资之间则形成了一种稳定的互动和依赖关系，务工保留工资的低位与务农保留工资一直在低水平徘徊密切相关[⑩]。

（7）其他原因。白暴力（2007）认为，导致农民工工资偏低的一个核心机

① 王美艳．转轨时期的工资差异：工资歧视的计量分析［J］．数量经济技术经济研究，2003（5）：94－98.

② 王美艳．城市劳动力市场上的就业机会与工资差异——外来劳动力就业与报酬研究［J］．中国社会科学，2005（5）：36－46.

③ 谢嗣胜，姚先国．农民工工资歧视的计量分析［J］．中国农村经济，2006（4）：49－55.

④ 王解静．西方劳动力市场歧视理论与我国农民工就业歧视问题［J］．兰州商学院学报，2006（6）：41－44.

⑤ 邓曲恒．城镇居民与流动人口的收入差异——基于Oaxaca－Blinder和Quantile方法的分解［J］．中国人口科学，2007（2）：8－16，95.

⑥ 白万平．农民工流入地劳动市场均衡工资与价格歧视实证研究——基于贵州农民工调查数据［J］．贵州财经学院学报，2009（3）：75－79.

⑦ 郭凤鸣，张世伟．教育和户籍歧视对城镇工和农民工工资差异的影响［J］．农业经济问题，2011（6）：35－42，110.

⑧ 李国正．户籍制度对农民工工资性收入的影响机制研究［J］．广西社会科学，2016（1）：159－163.

⑨ 黄宗智．制度化了的“半工半耕”过密型农业（上）［J］．读书，2006（2）：30－37.

⑩ 郭继强．中国农民工城乡双锁定工资决定模型［J］．中国农村经济，2007（10）：13－22.

制是企业古典产权制度下的工资市场定位[①]。刘凯（2007）认为，由于社会一致性的宏观效应的存在，社会劳动总量大幅增长和实际工资率基本不变甚至下降，农民工工资水平从而难以实现提高[②]。邢春冰（2008）认为，农民工与城市职工小时收入的差异主要在于劳动者的特征差异[③]。吴义刚（2009）认为，竞争机制的不断挤压导致农民工工资低于农业劳动力价值[④]。周韵（2009）认为，教育信息不对称是决定农民工工资长期处在低水平的关键因素之一[⑤]。柏娜（2011）认为，农民工工资水平总体偏低与其数量供大于求、可接受工资水平低和组织化程度低相关[⑥]。陈培勇（2011）认为，由于信息不对称和城乡二元制度，造成农民工就业面临较高的交易成本，大大降低了其实际收入水平[⑦]。程诚等（2014）认为，社会资本影响农民工与城市职工收入差异的两条路径的综合导致农民工收入较低；社会资本是维持和固化社会不平等的微观机制[⑧]。姜励卿（2014）认为，心理资本是造成农民工与城镇职工工资差异的一个重要原因[⑨]。

（8）综合因素。姚先国等（2004）认为，城乡工人收入巨大差异缘于人力资本水平差异、就业企业差异和户籍歧视[⑩]。陶怀颖（2006）将其归结为劳动力供过于求，对劳动力低成本认识的偏颇，最低工资制度的不完善，相关法律法规的不健全[⑪]。张鉴君等（2006）认为，导致农民工工资低的因素包括其市场总体供过于求状况、农民工供求信息不对称、企业对其劳动力价格的挤压、政府监管

① 白暴力．农民工工资收入偏低分析——现实、宏观效应与原因［J］．经济经纬，2007（4）：75－78.

② 刘凯．劳动供给：一个社会性的视角——兼对农民工工资状况的解释［J］．中国劳动经济学，2007（1）：120－132.

③ 邢春冰．农民工与城市职工的收入差距［J］．管理世界，2008（5）：55－64.

④ 吴义刚．刘易斯模型、劳动力价值与农民工工资决定［J］．内蒙古社会科学（汉文版），2009（3）：102－107.

⑤ 周韵．教育信息不对称下农民工劳动力市场工资水平的研究［J］．金卡工程·经济与法，2009（7）：213.

⑥ 柏娜．劳动力价值理论视角下的农民工工资问题探析［J］．长江师范学院学报，2011（2）：101－104.

⑦ 陈培勇．信息不对称、城乡二元制度与农民工收入——基于交易成本的视角的分析［J］．山西农业大学学报（社会科学版），2011（5）：478－482.

⑧ 程诚，边燕杰．社会资本与不平等的再生产 以农民工与城市职工的收入差距为例［J］．社会，2014（4）：67－90.

⑨ 姜励卿．心理资本对农民工与城镇职工工资差异的影响——来自浙江省的调查数据［J］．特区经济，2014（11）：53－56.

⑩ 姚先国，赖普清．中国劳资关系的城乡户籍差异［J］．经济研究，2004（7）：82－90.

⑪ 陶怀颖．解决农民工工资问题的思考与对策［J］．中国农业资源与区划，2006（3）：6－8.

不力、其自我保护意识不强及其整体素质不高[1]。姜彦坤（2007）综合了歧视因素、制度因素、自身因素的影响[2]。李伟（2007）将农民工工资水平低归结为歧视观念严重、农民工整体素质不高、组织化程度低、其工资测定缺少科学方法、劳动用工管理混乱、劳动保障法制建设滞后等[3]。王胜利（2008）综合了农民工的劳动力价值、需求状况、整体素质等因素对提高其工资水平的限制[4]。戴建春（2009，2010）认为，生育观念、文化素质、职业意识、维权思想、城乡沟通等因素的缺位是影响农民工收入提高的主观因素[5]；市场调节、人才观念、生育管理、参与决策、技术培训、生产利润、宏观监管等的缺位和思维观念滞后是其客观因素[6]。赵振华（2009）将其归纳为城乡二元政策、市场经济规律的作用、供大于求的态势、农民工的文化技术素质总体比较低、政府对收入分配调控不到位、用人单位违反《劳动法》规定、农民工自身缺乏组织等[7]。林杰（2009）认为，农民工工资低的原因包括其劳动力市场供求关系失衡、制度性歧视、政府职能的缺位、工会组织的薄弱、企业价值取向的偏差、农民工自身素质偏低、歧视农民的社会文化[8]。苟正金（2010）认为，农民工工资低的原因有城乡分割的二元制度、农民工缺乏组织性、农村劳动力供大于求的状况、农民工自身素质的相对不足、农民工典型的“半城市化”特征所决定的弱势地位[9]。田丰（2010）将农民工与城市工人的工资差异归结为单位之间的收入差异、入职户籍门槛、人力资本差异[10]。孟凡新（2010）认为，农民工与城市职工工资差异缘于教育、培训等微观原因和城乡二元结构体制、农民工群体组织制度水平低下、城乡劳动力市场需求弹性与供给弹性差异等宏观原因[11]。孙月梅（2011）认为，农民工工资偏

---

① 张鉴君，桂又华，贾健．当前农民工劳动力价格问题研究分析［J］．金融与经济，2006（1）：15－19.

② 姜彦坤．“回流”背景下的农民工工资水平分析［D］．东北师范大学硕士学位论文，2007.

③ 李伟．农民工工资水平测定及保障机制研究［D］．河海大学硕士学位论文，2007.

④ 王胜利．基于马克思劳动力价值理论对农民工工资的分析［J］．经济问题，2008（4）：3－7.

⑤ 戴建春．影响农民工收入增长的主观因素探思［J］．吉林农业科技学院学报，2009（3）：39－41.

⑥ 戴建春．影响农民工收入提高的客观因素探究［J］．农业科学研究，2010（3）：74－78，90.

⑦ 赵振华．当前中国农民工收入分析［J］．党政干部学刊，2009（5）：35－38.

⑧ 林杰．新时期我国农民工工资水平偏低研究［D］．湖南师范大学硕士学位论文，2009.

⑨ 苟正金．农民工改革成果分享问题研究——以最低基本工资为中心［J］．中南民族大学学报（人文社会科学版），2010（1）：147－150.

⑩ 田丰．城市工人与农民工的收入差距研究［J］．社会学研究，2010（2）：87－105.

⑪ 孟凡新．城市职工与农民工工资收入差异及原因分析——以北京市劳动力工资收入为例［J］．价格理论与实践，2010（10）：37－38.

低在于其人力资本存量低、企业古典产权制度下的工资市场定位、劳动力供大于求的态势、政府制度保护不力、监管不到位①。万向东等（2011）分析认为，农民工工资低及增长慢是因为人力资本的低度供应与虚假需求、外部制度监管不足与内部制度不公平、劳动力使用与再生产场所的空间分离②。徐永新（2011）认为，就业歧视、农民工素质偏低、城市化滞后和产业结构不合理以及有关部门调控监管不力等造成农民工工资水平偏低③。张玲（2012）认为，新生代农民工工资水平偏低是因为其人力资本存量低、劳动力市场歧视、农业从业收入低和流动性更强等④。邹淼（2013）认为，农民工收入问题的形成有其心理、动力、制度、法律和经济基础⑤。田元甲（2014）从供过于求、自身因素、政府和社会因素三方面分析农民工工资较低的原因⑥。赵显洲（2016）认为，禀赋差异（人力资本特征）和就业歧视是农民工与城市职工的工资差异的主因⑦⑧。

1.2.2.3 国内外研究综述小结

从现有文献来看，国内外学者对农民工工资问题进行了较为广泛的研究，内容主要涉及农民工工资形成机制、农民工工资水平的决定因素、农民工工资水平问题的表现及其原因等方面。首先，就其工资形成机制来看，国内外现有文献的研究成果相对较少，且已有研究成果往往侧重于人力资本、最低工资制定、农民工与企业关系等单一因素，而忽视关于农民工工资形成机制的系统构建，更忽视关于农民工工资形成机制及其工资水平的历史考察；其次，就其工资水平的决定因素来看，现有文献对农民工个人微观因素，特别是对其人力资本和社会资本因素的决定作用关注较多，对外部宏观因素的关注则相对不足，尤其对城乡关系决定作用的考察较为欠缺；再次，就其工资水平问题的表现来看，现有文献侧重于

① 孙月梅．当前我国农民工工资偏低问题研究［J］．河南社会科学，2011（2）：215-217.

② 万向东，孙中伟．农民工工资剪刀差及其影响因素的初步探索［J］．中山大学学报（社会科学版），2011（3）：171-181.

③ 徐永新．农民工工资水平偏低的原因及对策［J］．改革与战略，2011（9）：171-174.

④ 张玲．新生代农民工工资水平的现状、原因及对策分析［J］．科学·经济·社会，2012（4）：9-12.

⑤ 邹淼．农民工收入问题的形成机理：基于博弈论的分析视角［J］．成都行政学院学报，2013（6）：24-29.

⑥ 田元甲．基于马克思劳动力价值理论探析中国农民工工资［J］．大庆社会科学，2014（1）：99-101.

⑦ 赵显洲．农民工与城市工的工资差异及其分布效应——基于CGSS2013调查数据的经验研究［J］．调研世界，2016（3）：42-46.

⑧ 赵显洲．农民工与城市职工的工资差异及其分解——人力资本与歧视的贡献［J］．商业经济与管理，2016（6）：44-52.

判断其工资水平的高低，并较为详细地描述了其偏低的表现，如偏低的程度、增速的高低、与城镇职工工资水平的差距、与最低工资标准的比较等，但对其偏低的特征或实质的归纳则相对较少，且有待深化；最后，就其工资水平问题的原因来看，已有研究成果更多集中于对农民工劳动力价值构成、农民工市场性质及其供求状况、制度安排、歧视因素、农业比较收益等原因及其综合作用的归纳，缺乏对上述因素的根源即中国城乡关系影响的具体考察。

作为中国工业化、城市化、现代化进程中的特殊产物，农民工工资同时取决于相关的市场因素和制度因素。而这些因素实际上根源于中国城乡居民利益分配关系的基本格局，即城乡关系。农民工工资从本质上是受制于中国城乡关系的。因此，在现有研究成果的基础上，从外部宏观环境考察农民工的工资形成，从城乡关系视角探讨其工资的形成及其水平问题，并探析城乡关系影响农民工工资形成机制及其工资水平的历史演变路径将是本书的主要研究方向。

1.3 研究目标和内容

1.3.1 研究目标

本书旨在以农民工工资水平的基本情况为基础，全面剖析其形成机制及其与城乡关系的相关性，探讨城乡关系的演变对农民工工资形成机制及其工资水平变动的具体影响，以揭示和把握城乡关系对农民工工资的形成及其水平的根本作用，为解决农民工工资水平问题提供新的研究思路。

第一，对农民工工资形成的基本问题进行一般性分析，探讨城乡关系与农民工工资形成机制的相关性，构筑本书的研究基础。

第二，具体分析城市改革时期（1985～1992年）、市场化改革时期（1993～2002年）、统筹城乡时期（2003～2016年）三个历史时期农民工工资形成机制的构成和农民工工资水平的基本特征，构建城乡关系与农民工工资形成机制相关性的历史分析框架。

第三，归纳出城乡关系的扭曲性以及由此决定的农民工工资形成机制的特殊性，并在两者的基础上分析农民工工资水平偏低的扭曲性和非公平性及其造成的负面效应。

第四，总结本书的研究结论，提出完善农民工工资形成机制、解决农民工工资水平问题的若干对策建议。

第五，指出农民工工资问题研究的新方向。

1.3.2 研究内容

本书围绕中国农民工工资形成机制这一主题，通过规范与实证分析，在对已有研究文献进行梳理与评述的基础上，运用经济学与历史学相结合的分析框架探讨我国城乡关系对农民工工资形成及其水平的具体影响，以回答其高低的决定问题及其偏低问题，阐述农民工工资形成机制演变对经济结构的影响作用，并就此提出政策建议。全文共7章。

第1章，导论。主要介绍农民工工资问题研究的背景和意义，在文献综述的基础上说明研究的目的、主要内容、方法和思路等。

第2章，农民工工资形成的基本问题。该章建立了本书的一般分析框架。主要是探讨了农民工工资形成的前提和起点，即农民工的产生；在梳理马克思经济学、西方经济学，特别是发展经济学的工资决定理论的基础上，分析农民工工资形成的一般决定因素和特殊决定因素，说明城乡关系是农民工工资形成的根源；进而探讨农民工工资形成的结果，即生成工资水平，阐明农民工工资水平的高低与国家、企业和农民工三方利益的关系，并说明农民工工资水平高低的判断视角。

第3章，城市改革时期的农民工工资形成（1985～1992年）。这一时期，随着以城市为重心的经济体制改革的全面展开，城乡分割重新被强化，城乡差距扩大。城乡关系、农民工市场的次级属性和农民工市场内的动力机制、供求机制和竞争机制共同构成了农民工工资形成机制，并决定了其工资水平的基本特征。

第4章，市场化改革时期的农民工工资形成（1993～2002年）。这一时期，市场化改革推动了城乡关系的演变，城乡分割更加强化、城乡差距更加扩大。农民工工资形成机制出现了新的变动，主要是城乡关系的决定作用发生了变化，最低工资标准成为新的构成要素，农民工市场内动力机制、供求机制和竞争机制均有所改变。农民工工资水平因而具有新的特征。

第5章，统筹城乡时期的农民工工资形成（2003～2016年）。这一时期，统筹城乡发展战略的提出推动着城乡关系实现历史性变革，农民工工资形成机制因而又出现了新的变动，主要是城乡关系对农民工工资的决定作用发生了根本性的转变，农民工市场内动力机制有所改变，供求机制出现扭转，竞争机制也有实质性变化。这些都推动着农民工工资水平具有与以往不同的特征。

第3~5章，分析农民工工资形成机制的历史演变，探讨城乡关系的演变对农民工工资形成机制及其工资水平的具体影响。该部分建立了城乡关系与农民工工资形成机制相关性的历史分析框架。

第6章，农民工工资形成的总体分析。主要是在上述5章的基础上总结农民工工资形成机制的演变情况，分析其演变对产业结构、分配结构、消费结构和劳动力结构变动的具体影响，以此强调完善农民工工资形成机制、解决其工资水平问题的重要性和紧迫性。

第7章，政策建议与新的研究方向。首先，总结本书的研究结论，并对农民工工资形成机制进行反思；其次，提出相应的对策建议；最后，指出新的研究方向。

1.3.3 相关说明

1.3.3.1 分期说明

由于农民工的发展和壮大开始于20世纪80年代中期，即改革重心从农村转移到城市后，因此，本书对其工资形成机制及其工资水平的历史考察主要集中在80年代中期以来的这段历史时期。又由于本书旨在考察城乡关系的演变对农民工工资形成机制及其水平变动的影响，因此，本书将以城乡关系的阶段性变动作为分期的主要依据。我国的城乡关系是在重工业优先发展战略确立以后逐渐构建起来的，并在改革开放后经历多次变革：1978年底，随着农村改革的展开，城乡关系有所改善；1985年，因改革重心向城市转移，城乡关系重新陷入僵局；1993年，随着中共十四大的召开和《中共中央关于建立社会主义市场经济体制若干问题的决定》的颁布，社会主义市场经济建设展开，以此为界限，城乡关系更加僵化；2003年，统筹城乡发展战略的提出和实施，标志着我国的城乡关系进入了新的历史时期。因此，根据20世纪80年代中期以来城乡关系的变动情况，本书分三个阶段对农民工工资形成机制进行历史考察，即城市改革时期（1985~1992年），市场化改革时期（1993~2002年），统筹城乡时期（2003~2016年）。具体说明如下：

第一阶段，城市改革时期的农民工工资形成（1985~1992年）。以城市为重心的经济体制改革的全面展开，重新强化了因农村改革而有所松动的城乡二元结构。城乡居民在国民财富的分配中分割重新严格化，城乡差距扩大，这不仅促进了农民工的产生与发展，还推动了农民工工资的形成。城乡关系的这种基本格局一直持续到建立社会主义市场经济体制目标的确立。

第二阶段，市场化改革时期的农民工工资形成（1993～2002年）。这一时期，市场化改革继续强化城乡二元结构，城乡分割更为严格，城乡差距更加扩大。城乡关系的演变推动了农民工工资形成机制的变动，农民工工资水平因而呈现出新的特征。此阶段一直持续到统筹城乡发展战略的提出，城乡关系开始实现历史性转变。

第三阶段，统筹城乡时期的农民工工资形成（2003～2016年）。以统筹城乡发展战略的提出为标志，城乡关系开始实现历史性变革。主要是增加了农村居民对国民财富的分配份额，城乡居民之间的利益分割界限有所松动。新型城乡关系推动着农民工工资形成机制的演变，其工资水平因而呈现出与前两个阶段不同的特征。

1.3.3.2　资料使用说明

农民工工资的资料收集工作存在很大难度。农民工作为城市改革以来的特殊产物，虽然与农民有着密切联系，也与城镇居民有着某些共同性，但它在本质上既不同于以农业生产为主的农民，也未真正地融入城镇居民中，而是介于两者之间的第三大群体。在我国的各种统计年鉴中，有关人口分类都是以城镇居民和农村居民为单位的，尚未涉及针对农民工的专门统计数据，因此，无法从现有的统计年鉴中去获取有关农民工工资的数据。同时，由于农民工不属于企业正式员工，没有相应的编制，与国家针对企业职工的相关工资规定没有直接联系（仅最低工资制度除外），因此，也无法从国家的相关工资制度中去寻求有关农民工工资水平的政策依据。另外，由于农民工大多就业于非正规的劳动部门，这些部门缺乏对工资资料的收集、整理和保存，因此，也难以通过企业档案资料来获取农民工工资水平的信息①。这样，通过统计年鉴、国家工资制度和企业工资档案来获取农民工工资资料的途径基本上是不可行的。有鉴于此，本书主要是借助报纸、期刊、书籍、网络中有关农民工工资资料的收集和整理来反映农民工工资水平的。

通过对报纸、期刊、书籍、网络中有关农民工及其工资资料的梳理，笔者发现，有关农民工工资水平资料的丰富完善程度与社会各界对农民工的关注方向、关注程度和关注范围有关，而后者有一个演进的过程。具体说来，在20世纪80年代农民工群体发展的早期，社会各界往往将从农村来到城市的农民工视作“洪

① 很多企业甚至根本没有关于非正式职工（主要是农民工）工资的记录资料。

水猛兽”，其关注方向主要是农民进城的负面影响、农民工的使用和管理等问题；进入20世纪90年代，随着“民工潮”的兴起与回落，其关注重点为农村剩余劳动力的产业转移或流动、农民工的管理等；进入21世纪以来，随着农民工群体的壮大及其在社会经济发展中的作用日益突出以及“民工荒”的发生，社会各界的关注方向才逐渐转向了农民工的权益保障等问题，而农民工工资水平问题则大多作为其权益保障问题的重要表现被提及。由此可知，社会各界对农民工的关注方向主要经历了从农民工管理到农村剩余劳动力转移，再到农民工权益保障的变化；关注程度经历了一个由浅入深、由表及里的过程；关注范围则是由窄到宽、由点到面。

社会各界关注农民工的上述特征决定了其工资水平资料的阶段性特征，即随着社会各界对农民工问题认识的深化，农民工工资水平资料不断丰富和完善。具体来说，20世纪80年代中后期，即农民工群体发展的早期，有关农民工工资的直接资料，特别是反映其总体水平的统计资料较为缺乏，因而很难用非常精确的数据直接描述出其工资水平的整体情况，并做出相应的分析；进入20世纪90年代，随着农民工群体的发展，有关其工资水平的资料逐渐增多，但大多局限于针对个别地区、行业、企业甚或农民工个体的个案材料，而缺乏有关农民工整体工资水平的统计资料；21世纪初，随着农民工群体的影响力日益显著，有关农民工的各种调查广泛展开，关于农民工群体整体工资水平的统计资料逐渐增多，但由于统计口径不一，统计结果有较大的差异。

鉴于此，本书将在各个阶段采用不同类型的资料来呈现农民工的工资水平，并在此基础上对其工资水平做出大致的判断：①关于城市改革时期的农民工工资水平。囿于早期资料的匮乏，本书一是利用少量有关农村劳务输出的文献资料计算出其工资水平；二是借助与之相类似的其他劳动者群体，如农民轮换工、城市流动人口和经济开发区外来人口的工资水平作为参照。②关于市场化改革时期的农民工工资水平。根据这一阶段的资料特征，这里将主要通过对部分地区、某些行业或企业和个体的农民工工资进行梳理和再现来反映其整体水平和基本特征。③关于统筹城乡时期的农民工工资水平。鉴于该阶段的资料较为丰富，这里将以各机构或课题组的统计数据为依据从总体上描述农民工的平均工资水平。

这里需要补充说明的是关于借助其他劳动者群体工资资料的理由。①农民轮换工是我国矿山企业从农村社队招用的农民工人，其社员身份不变，户粮关系不转①。其与农民工的内涵基本相同。实际上，两者都是以工资为主要收入来源的外出农村劳动力，只是在雇主类型以及工资决定上存在一定的差别，即前者的雇主主要为国有企业，而后者的雇主则包括了各种所有制性质的企业、机关事业单位以及个体工商业者；前者的工资由计划决定，后者的工资则取决于市场。概言之，前者是农村劳动力转移在计划经济体制下的产物，后者则是市场经济下的产物；前者是后者的前身，后者则是前者的延续和演变。②城市流动人口是以户籍所在地为标准划分的，是指非城市常住户口而暂住或滞留在城市的人口。也就是那些逗留在城市但没有当地城市户籍的人员，不论其逗留时间的长短。无论从其构成来看，还是从其来源来看，农民工都是城市流动人口的主体。在其构成中，劳务型流动人口占有很大的比例，而该类型流动人口是为城市提供各种劳务的人员，其劳务型活动主要是重的或较重的体力劳动，特别是“苦、脏、累、毒、险”的活儿②。这样的劳务活动只有农民工愿意承担。因此，劳务型流动人口在很大程度上就是农民工。从其来源来看，城市流动人口主要来自农村地区，农村户籍占其人口总量的绝大比例。③经济开发区外来人口无论从户籍性质来看，还是从原居住地来看，其构成主体都是农民工。就户籍而言，农村居民的比重较大。例如，在大连、秦皇岛、昆山、闵行、厦门、龙港“农民城”、漕河泾等特区或开发区的外来人口中，农村居民的比重分别为52.4%、72.9%、81.5%、86.4%、87.2%、90.8%、96.3%③。就其原居住地而言，来自乡、镇的比例非常高。上述特区或开发区外来人口中，来自乡镇的比例分别为72.4%、79.7%、85.2%、98.6%、92.6%、99.2%、98.3%④。由此可知，考察农民轮换工、城市流动人口和经济开发区外来人口的工资水平可以在很大程度上反映出同期农民工的工资水平。

---

① 国务院．关于发布《矿山企业实行农民轮换工制度试行条例》的通知［J］．中国劳动，1984（4）：5－7.

② 王建民，胡琪．中国流动人口［M］．上海：上海财经大学出版社，1996.

③ 邬沧萍．中国经济开发区外来人口研究［M］．上海：华东师范大学出版社，1996.

④ 该数据系根据“从外来流入人口的原居住地来看，来自乡、镇、城市街道的比例，大连开发区为30.8%、41.6%和26.8%（不详占0.6%），秦皇岛开发区为63.0%、16.7%、20.3%，厦门特区为67.6%、25.0%、7.4%，龙港“农民城”为68.0%、31.2%、0.8%，昆山开发区为70.4%、14.8%、14.8%，闵行开发区为84.4%、14.2%、1.4%，漕河泾开发区为92.7%、5.6%、1.7%”计算而得［邬沧萍．中国经济开发区外来人口研究［M］．上海：华东师范大学出版社，1996.］。

1.4 研究方法与技术路线

1.4.1 研究方法

本书将以劳动经济学、发展经济学、经济史等现代经济学科中的理论观点和研究方法为指导，在文献检索的基础上，采取历史与逻辑相统一、规范分析和实证分析相结合、定性分析和定量分析相结合的方法，从现实问题入手，总结一般规律，并在理论研究方面有所创新。具体的研究方法主要有以下几种：

1.4.1.1 文献检索法

本书是对农民工工资形成机制及其工资水平的历史考察，不仅要求详细了解目前的农民工工资形成机制及其工资水平，更需要再现各个历史时期的农民工工资形成机制及其工资水平。而文献检索则是还原各个时期农民工工资水平具体情况的基本方法。

1.4.1.2 历史分析法

本书旨在以我国农民工工资形成机制的历史演变为线索，具体考察我国城乡关系决定该机制的历史路径，从事物演变的角度探讨两者的内在联系，找出决定农民工工资水平高低的根本因素。因此，本书将以历史分析方法为主要研究方法。

1.4.1.3 实证分析法

本书将采用均衡分析、静态分析、比较静态分析、定性分析、定量分析等实证方法来描述研究对象或说明研究结论。如关于农民工劳动力的供求关系及其对农民工工资的决定作用将采用均衡分析；关于各历史时期农民工工资形成机制的基本构成及其变动情况、各阶段农民工工资水平的基本状况及其变动比较等将采用静态分析和比较静态分析；关于农民工的贡献与报酬将采用定量分析；而定性分析则将分布在全书大多数章节。

1.4.1.4 图表分析法

本书将多处采用图示和列表的方式来配合文字说明，直观地描述研究对象的基本情况及其演变过程，形象地表达相应的研究结论。如各历史时期农民工工资形成机制的基本构成及其变动情况，各阶段农民工工资水平的基本状况以及农民工工资水平的横、纵向比较等。

1.4.2 技术路线

关于农民工工资形成机制研究的技术路线如图 1－1 所示。

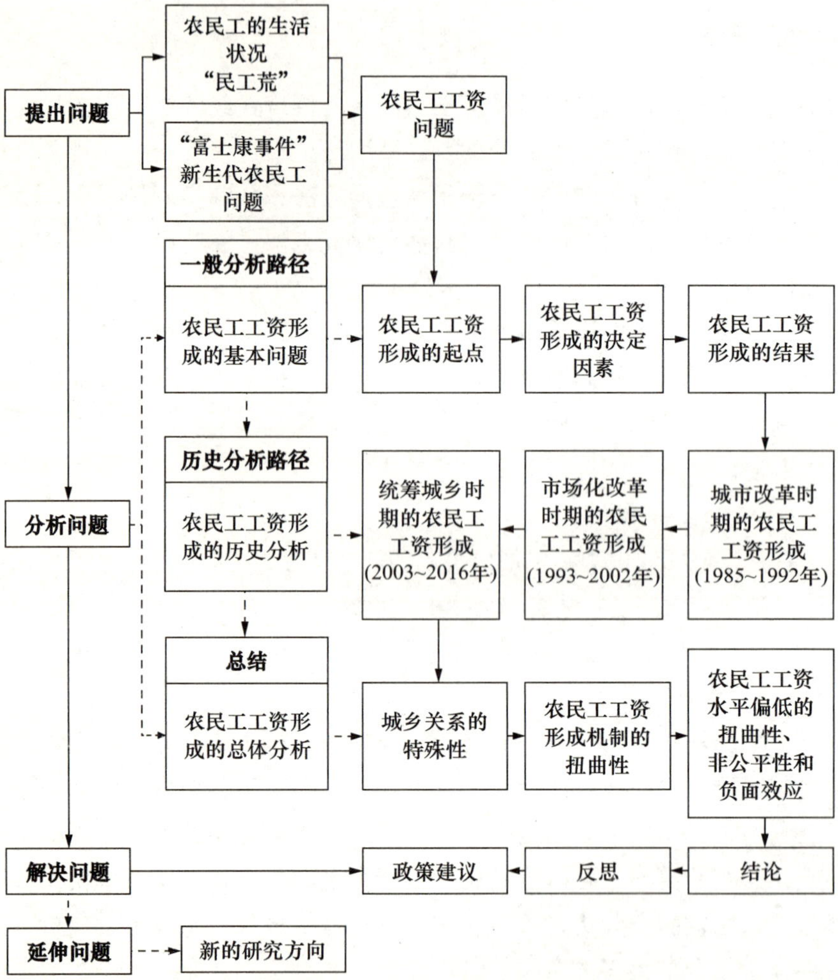

图 1－1 农民工工资形成机制研究的技术路线

1.5 研究重难点和创新点

1.5.1 重点和难点

1.5.1.1 研究重点

本书的研究重点有以下几方面：

（1）农民工工资形成机制。这是本书的主要研究对象，包括系统地构建各个历史阶段的农民工工资形成机制，阐述各阶段形成机制的具体构成要素及其具体作用，探析各构成要素与农民工工资水平和城乡关系的相关性，描述说明农民工工资形成机制及其构成要素的演变情况。

（2）农民工工资水平。这是农民工工资形成机制的作用结果，也是本书的另一个主要研究对象，包括考察各个历史阶段农民工工资水平的基本状况，分析其主要特点，阐释其基本状况与主要特点的形成原因，即说明各个阶段农民工工资形成机制对其工资水平的决定、回答其工资水平的高低问题，以及比较各阶段农民工工资水平的基本状况和主要特点的异同。

（3）城乡关系的决定作用。城乡关系是本书的主要研究视角，其决定作用也是本书的主要研究结论，包括从城乡关系视角探讨农民工工资形成机制，说明城乡关系在其中的根本地位和具体作用路径，分析城乡关系的演变对农民工工资形成机制及其工资水平变动的影响。

1.5.1.2 研究难点

本书的研究难点主要有以下两方面：

（1）有关农民工工资资料的收集。如前所述，农民工是我国工业化、城市化、现代化进程中的特殊产物，既不同于农民，也区别于工人，其工资资料相对比较分散。大部分相关资料散落在各种报纸、期刊、书籍、网络中，而并未被收录进各种统计年鉴、企业工资档案等信息较为集中的文献。因此，有关农民工工资资料的收集和整理工作量比较大。

（2）农民工工资形成机制的构建。这既是本书的重点，也是本书的难点。由于关注视角的不同，有关农民工工资形成机制具体构成的理解也有多种形式。本书拟以城乡关系为研究视角和解释依据，构建一个新的农民工工资形成机制解释框架。

1.5.2 创新点

通过分析，本书关于农民工工资问题研究可能的创新之处主要包括以下几点：

1.5.2.1 从城乡关系视角研究农民工工资问题具有研究视角的创新

从文献综述可知，现有研究农民工工资问题的文献多集中在劳动力供求关系、劳动力市场分割、具体的制度安排、人力资本禀赋等视角方面，缺乏从上述因素的根源即城乡关系这个视角对农民工工资形成机制及其工资水平进行考察。本书主要从城乡关系的视角探讨农民工工资形成机制及其工资水平，详细考察城乡关系的演变对后者变动的具体影响，具有研究视角的创新性。

1.5.2.2 通过各种渠道收集和整理农民工工资水平资料具有研究资料的创新

农民工作为与农村居民和城市居民相区别的特殊群体，其相关资料既未被各种统计年鉴所收录，也很少被企业档案所保存，有关其工资水平的资料相对较少且比较分散，这是研究农民工工资问题的一个难点。本书通过查阅报纸、书籍、期刊、网络等文献，对农民工工资资料进行仔细的收集和详细的梳理，以再现各个时期农民工工资水平的基本情况。这是对农民工工资资料的有益整理，也是研究农民工工资问题的资料突破。

1.5.2.3 关于农民工工资形成机制的构建具有研究内容的创新

农民工工资形成机制由农民工市场内外的市场机制和制度因素构成。在市场之内，主要由其劳动力价值、机会成本、动力机制、供求机制和竞争机制等因素构成；在市场之外，主要由城乡关系、农民工劳动力市场属性和最低工资标准等制度因素构成。农民工工资水平是两者共同作用的结果。这是关于农民工工资形成机制的新内容。

1.5.2.4 通过历史演变的分析路径研究农民工工资问题具有研究思路的创新

现有相关成果主要集中于对当前农民工工资问题的描述和分析，鲜有相关历史的考察，因而难以深化其认识。本书通过考察城市改革以来的农民工工资形成机制、农民工工资水平、城乡关系的决定作用三者的演变历程来阐释城乡关系与农民工工资的内在联系，从而有助于更加深入地探讨和认识农民工工资问题。这是该问题分析路径的突破。

1.5.2.5 关于城乡关系是农民工工资形成及其工资水平的决定根源的结论具有研究观点的创新

表面上，农民工市场是竞争性劳动力市场，农民工工资由市场因素决定，但实际上，农民工工资水平是其劳动力市场内外因素共同作用的结果。由于城乡关系不仅直接决定其工资水平的高低，还从根本上影响着市场机制的各构成要素及最低工资标准等制度因素，城乡关系因而是农民工工资形成机制及其工资水平的决定根源。这是关于农民工工资问题的新解释。

1.5.2.6 关于农民工工资水平偏低的特征、实质和根源的认识具有研究观点的创新

关于农民工工资水平偏低的解释，现有文献对其劳动力价值构成、农民工市场性质及其供求状况、歧视因素、农业比较收益等表层原因关注较多，缺乏更为深入的分析和认识。本书认为，农民工工资水平偏低具有严重的扭曲性，其实质为非公平性，其根源则在于中国城乡关系的特殊性。这是对农民工工资水平偏低的新认识。

1.6 不足之处

本书的不足之处在于以下两点：

1.6.1 相关描述略微不足

由于城市改革时期的农民工工资资料较少，且缺乏连贯性和系统性，本书很难从整体上对这一时期农民工工资的基本情况及演变过程做出非常精确的描述，只能根据零散的、间断的资料做出大致的推断，从而无法更为细致地阐述城市改革时期农民工工资水平的基本特征。

1.6.2 缺乏相关定量分析

由于缺乏城市改革时期全面、连续而准确的农民工工资统计数据，本书无法用某种定量的方法来具体量化城乡关系与农民工工资水平的相关度，只能宏观地描述出两者之间的大致联系，从而无法更为深入地阐述两者之间的内在逻辑联系。

2 农民工工资形成的基本问题

本章是全书的研究基础，主要是在农村人口城乡流动理论和各种工资决定理论的基础上，对农民工工资形成机制做一般性的描述，包括其形成的起点、决定因素和结果。首先，在农村人口城乡流动理论的基础上分析中国农民工工资形成的前提和起点，即农民工的产生，探析其产生的经济和制度环境背景、源泉、驱动因素，说明农民工的产生与其工资形成机制的关系；其次，结合各种工资决定理论，特别是发展经济学的工资决定理论探析农民工工资形成的一般决定因素，说明各种因素在其工资形成中的具体作用，分析一般决定因素的形成根源，即城乡关系；再次，探析农民工工资形成的特殊决定因素，说明城乡关系对农民工工资形成的根本决定作用；最后，分析农民工工资形成的结果，即生成农民工工资水平，探讨农民工工资水平的高低对于国家、企业和农民工三方面的重要性，阐明农民工工资水平高低的判断视角。

这是研究农民工工资形成机制的一般分析框架，是对其进行历史考察的研究基础。本书的第3~5章，即关于城乡关系与农民工工资形成机制及其工资水平相关性的历史考察的三章，都将以该章的分析为基础展开。

2.1 农民工工资形成的起点：农民工的产生

中国农民工是一个历史产物，其劳动力价格即工资的形成是以农民工的产生为起点和依托的。在中国工业化、城市化和现代化的进程中，农民工逐渐从农民中分化出来，其产生因而涉及农民向农民工转化的问题。农民与农民工是既有紧密联系又有本质区别的两大群体。两者都属于农村户籍，前者主要是在农村家乡务农兼务工，后者则外出进城务工。就其从事的产业来看，农民向农民工的转化主要是务农务工兼业向单纯务工的转化；从其工作的地域来看，农民向农民工的转化是从农村到城市、从欠发达地区向发达地区的迁移。因此，农民向农民工的转化实际上属于中国工业化和城市化进程中的人口流动问题范畴，即在二元经济结构中，农村剩余劳动力从农业部门向工业部门、从农村向城市、从欠发达地区向发达地区的流动，农民工的产生正是其流动的结果。这种流动是农工产业之间、乡城之间、欠发达与发达地区之间的单向流动，其前提是二元经济结构下产业差距、城乡差距和地区差距的存在，其源泉是农村剩余劳动力的大量存在，其动力则是迁移利益对农村劳动力的吸引。在城乡二元结构的差距背景下，阻碍农村人口流动的制度藩篱一旦有所松动，农村经济体制改革所释放出来的众多剩余劳动力势必如潮水般流动到城市，农民工由此产生。

2.1.1 二元经济结构特征的突出

农民工是中国城乡二元经济结构下，农村剩余劳动力城乡流动的产物。在工农产业发展、城乡发展和地区发展存在巨大差距的环境下，农村剩余劳动力必然选择向工业产业转移、向城市流动和向发达地区迁移，从而转化为农民工。

2.1.1.1 二元经济结构的形成机理

农民向农民工的转化发生在两大部门和两大区域之间，是二元经济结构下的人口流动活动。二元经济结构是发展中国家工业化过程中必然出现的经济结构。农业国工业化是发展中国家面临的主要问题。由于发展中国家的工业化是在资本积累不足、劳动力素质普遍不高、科学技术极为落后、具有创新精神的企业严重缺乏、人口数量压力极大和人均占有资源量严重约束等基础上进行的，因此，需要经历一个相当长的过程。在此过程中，发展中国家一般都会同时存在着两种性质不同的结构或部门：一种是以传统方法进行生产、劳动生产率极为低下、收入只能维持劳动者最低生活水平的农村农业部门；另一种是以现代生产方式进行生产、劳动生产率高、劳动者工资水平也相应较高的城市工业部门①。这就是农业国工业化过程中必然存在的二元经济结构。理解发展中国家的二元经济结构理论对认识中国农民工的产生具有重要的指导意义。

中国的二元经济结构是农民工产生的经济环境背景，其形成是中国经济发展战略选择重工业优先发展的必然结果，其具体的形成路径则是具有鲜明的工业倾

---

① 张培刚．新发展经济学［M］．郑州：河南人民出版社，1999.

斜和城市偏向特征的制度安排。

（1）重工业优先发展战略的导向作用。新中国成立初期所确立的重工业优先发展战略的实现需要一定的基础条件，包括生产要素的支持和市场需求的推动。就前者而言，重工业作为资本高度密集型产业与我国当时的经济现实产生了其建设周期与资本禀赋的矛盾、其设备来源与外汇支付能力的矛盾、其投资规模与资金动员能力的矛盾①。简言之，现实的资源禀赋成为实现重工业优先发展的桎梏，而消除桎梏的主要途径则是全面的资源动员，其中，资源动员的对象和方式最为关键。在当时的政治经济条件下，农业作为创造国内生产总值最多的产业理所当然地成为了资源动员的主要对象。就资源动员的方式来看，在当时对外贸易规模甚小，且出口产品毫不具有竞争优势的情况下，拉动重工业产出也只能依靠内需，而轻工业及其他产业的微弱发展严重制约了其对重工业产品的需求能力。这样，推动重工业优先发展所需的市场环境毋庸置疑地落在了农村市场。因此，重工业优先发展战略对农业和农村提出了满足其生产要素需求和市场需求的要求。具体来说，以优先发展重工业为导向，农业必须为其提供资本、农产品和其他原材料等生产要素；农村必须成为其产品销售市场。当然，在农业和农村的诸多生产要素中，工业和城市唯一不需要的是超过需求的大量农村剩余劳动力。将其稳定在农村，是重工业优先发展战略对农业和农村的另一个要求。要想让农业和农村满足重工业优先发展战略对其的要求，必须将农业和农村纳入重工业优先发展的轨道中来，使农业和农村从属于工业和城市。而纳入途径的选择则是实现农业和农村从属地位的关键。

（2）二元经济结构的形成路径。由于重工业优先发展战略是一种“赶超”战略，其产业目标与资源禀赋所要求的产业结构之间存在巨大的差异②。因此，农业为重工业发展提供资源支持和市场支持的实现途径无法通过市场机制自动调节完成；只有以制度安排的途径才能将农业和农村强制性地纳入到重工业优先发展的轨道上来。为此，我国实施了一系列具有显著工业倾斜和城市偏向的制度安排，并以此为依据实现工业和城市对农业和农村的资源剥夺，由此形成了明显的城乡二元经济结构。具体的形成路径包括以下三个：

一是统购统销制度下的农产品收购和工农业产品价格“剪刀差”。1953年11月，我国开始在农产品交换上实行具有“低价”特征的统购统销制度，其主要

①② 林毅夫，蔡昉，李周．中国的奇迹：发展战略与经济改革［M］．上海：上海人民出版社，1999.

内容是从农村低价收购和在城市低价销售农副产品。在此制度框架下，我国对农业产出实施了最大限度的攫取。1952~1978年，粮食的收购量占总产量的比例为20.0%~39.7%，棉花的收购量占总产量的比例为75.0%~96.3%，油料的收购量占总产量的比例为50.8%~96.8%[①]。对于广大农民来说，统购统销垄断了其所有的剩余农产品，而且，国家统购农产品的数量之大，持续时间之长，制度设计之完备和强制，在近代以来工业化国家中难有望其项背者[②]。这不仅阻断了农村利用农业剩余资源谋求发展的机会，甚至剥夺了广大农民的基本生活权利。不仅如此，与低价收购农产品相对应，工业产品又以大大高于其成本的价格销售给农村。这种工农业产品交换中价格与价值相背离，即农产品价格低于价值、工业品价格高于价值的不等价交换就是所谓的工农业产品价格“剪刀差”[③]。这种“剪刀差”为初始投资规模巨大的重工业提供了大量的资金积累。许多学者利用不同的统计口径对我国工农业产品价格“剪刀差”金额进行了估算。例如，发展研究所综合课题组（1988）认为，30年来，我国工农业产品价格“剪刀差”的金额为8000亿元[④]；张象枢等（1993）认为，1952~1986年，该值为5823.74亿元[⑤]；武力（2001）计算认为，1960~1978年国家获取的“剪刀差”为3405.7亿元，扣除15%的农产品收购量返销和1953~1959年间的负差94.9亿元，其结果为2800亿元[⑥]；王国华（2004）认为，1954~1978年该值为5100亿元[⑦]。虽然各位学者计算出来的工农业产品价格“剪刀差”金额差距较大，但却反映了农村被“剪刀差”方式夺去大量可用于自我积累和发展的资金的事实。

二是农业税收制度下的农业资金剥夺。这是工业攫取农业剩余资金的一个重要途径。1958年，全国人大常委会正式通过了《中华人民共和国农业税征收条例》，以法律的形式确定了对农民征收农业税，包括正税及地方附加。农业税收制度的颁布实际上是建立了农村的收费平台，因为在此制度框架下，除了向农业征收制度内的税收之外，还可以向农业收取制度外的各种杂费。不仅如此，改革

---

① 中华人民共和国农业部计划司．中国农村经济统计大全（1949~1986）［M］．北京：农业出版社，1989.

② 辛逸，高洁．从“以农补工”到“以工补农”——新中国城乡二元体制述论［J］．中共党史研究，2009（9）：15-24.

③ 李炳坤．工农业产品价格剪刀差问题［M］．北京：农业出版社，1981.

④ 发展研究所综合课题组．改革面临制度创新［M］．上海：上海三联书店，1988.

⑤ 张象枢等．中国农业巨变与战略抉择［M］．北京：中国物价出版社，1993.

⑥ 武力．1949~1978年中国“剪刀差”差额辨正［J］．中国经济史研究，2001（4）：3-12.

⑦ 王国华．农村公共产品供给与农民收入问题研究［J］．中央财经大学学报，2004（1）：1-3，39.

前，除农业税及其附加外，向农民征收的税费还包括工商统一税、工商所得税、集市交易税等农村工商各税。农业税收途径同样为工业化积累了巨额资金。1950～1985年，农牧业税和农村工商税合计的农村税收总额为1639.11亿元，分别占农业总产值和国家财政总收入的3.7%和7.0%。①

三是农村金融体系下的农民储蓄资金流出。这是工业攫取农业剩余资金的另一个重要途径。完成这一任务的主要是以信用社为主的农村信用合作组织。这些农村金融组织通过吸收农村存款和控制农村贷款，形成农村存贷款金额之间的差距，保证了农村剩余资金流向城市，为其投资建设提供了重要的资金积累。截至“六五”计划完成的1985年，农村净流出存款高达2788.3亿元②。

2.1.1.2　二元经济结构的主要表现

以重工业优先发展战略为导向，以各种具有鲜明工业倾斜和城市偏向特征的制度安排为具体路径，中国选择了一条“农业支持工业、农村支援城市”的产业、城乡发展路径。其结果自然是造成工农产业之间、城乡之间和地区之间发展的巨大差距，二元经济结构特征十分突出。

（1）工农发展差距。在一国工业化、城市化和现代化的过程中，工业在国民经济中的比重逐渐上升、农业的比重逐渐下降是其必然规律，但这并不排斥农业本身作为基础产业的发展。而在资源稀缺的条件下，我国的工业化道路却是以抑制、轻视农业发展为基础的。重工业优先发展战略的导向地位、“农业支持工业”的产业发展路径、制度安排的工业倾斜造成了工业与农业发展的极度失衡。1953～1978年，我国的工业总产值从450亿元增至4237.0亿元，增长8倍多；而同期，农业总产值从510亿元增至1397亿元，增长仅2倍多③。这种发展路径对中国的工农产业发展造成了很大的负面影响：农业的发展程度远远滞后于工业，农业的结构演化十分缓慢，农业与工业之间产业关联微弱，农村经济长期游离于工业化进程之外，等等④。

（2）城乡发展差距。为了实现农业为重工业的优先发展快速地提供资源支持和市场支持的目的，我国具有工业倾斜和城市偏向特征的制度安排，一方面保

---

① 根据《中国农民负担史》（第四卷）相关数据计算［中华人民共和国财政部《中国农民负担史》编辑委员会．中国农民负担史（第四卷）［M］．北京：中国财政经济出版社，1991：415－418.］。

② 根据中国金融年鉴编辑部《中国金融年鉴》（1989，1991）、国家统计局《中国统计年鉴》（各年）相关数据计算。

③ 国家统计局．新中国55年统计资料汇编［M］．北京：中国统计出版社，2005.

④ 完世伟．当代中国城乡关系的历史考察及思考［J］．贵州师范大学学报（社会科学版），2008（4）：14－20.

障了生产要素从农村源源不断地流向城市，另一方面却剥夺了“三农”的生产要素及发展权益，而不可避免地造成了城乡之间的巨大差距。

一是城乡居民收入消费差距。由于国家经济战略选择及制度安排的工业倾斜和城市偏向，我国的宏观收入分配格局严重失衡，农村居民的人均收入一直远低于城市居民。1978 年，两者分别为 133.6 元和 343.4 元，其比值高达 1∶2.57。城乡居民的收入差距决定了两者的消费差距。从单位消费量来看，1978 年，农村居民与城市居民人均消费支出分别为 116.1 元和 311.2 元，其比值为 1∶2.68；从消费总量来看，1985 年，占全国总人口 76.3% 的农民购买的社会消费品仅占全国消费品零售总额的 56.5%[①]；从消费结构来看，农村居民家庭恩格尔系数高于城市居民家庭，1978 年，两者分别为 67.7% 和 57.5%[②]。

二是城乡社会发展差距。重工业优先发展战略决定了国家财政投入的工业倾斜和城市偏向，农业和农村所获得的财政支持十分有限。在有限的国家财政农业支出中，用于维持农业部门运转的事业费开销占有极高的比例，而用于农村社会发展的金额则严重偏少，城乡社会事业发展因而产生了巨大的差距。从城乡教育发展来看，由于教育投入偏向城市，我国农村教育事业发展严重滞后，其教学设施、师资力量、教学水平等远逊于城市，由此导致农村人口的受教育范围、受教育年限、受教育程度及受教育质量等与城市人口存在很大的差距；从城乡医疗卫生发展来看，与城市的医疗卫生事业相比较，农村人口的医疗保障权益缺失、农村医疗卫生设施陈旧且不足、医疗水平落后；从城乡社会保障来看，城市居民大多可以享受现代社会保障制度，包括养老保险、医疗保险、失业保险等，而农民则基本上被排斥在社会保障体系之外；从城乡公共基础设施发展来看，由于公共财政在城乡基础设施投入上的城市偏向，与农村居民生产生活密切相关的基础设施建设十分落后。归纳而言，工业和城市的剥夺对城乡社会发展的影响是农村发展大大落后于城市发展，与农民基本生产和生活相关的基础设施、基本教育、基本医疗卫生保障、基本生活保障、基本社会服务体系和基本制度体系等基本没有建立，或者即使已经建立起来，但水平太低，根本无法保障农民基本生产和生活的需要[③]。

（3）地区发展差距。中国的地区发展差距主要源自地区经济发展格局的构建，其中最主要的是对外开放战略格局的形成。1978 年，中共十一届三中全会

---

① 陆学艺．统筹城乡发展，农村要进行第二次改革［J］．经济学家，2008（2）：5－10.

② 国家统计局．新中国 55 年统计资料汇编［M］．北京：中国统计出版社，2005：82.

③ 杨明洪．社会主义新农村建设：从公共产品供给角度的分析［J］．理论视野，2006（6）：23－26.

在决定对内实行经济改革的同时，决定实行对外开放政策，并将其作为长期的基本国策。以兴办经济特区、开放沿海城市和海南岛、开辟沿海经济开放区，推进到沿江、沿边、内陆开放城市为实施步骤，我国逐渐形成了多层次、多形式、全方位的对外开放战略格局。与此同时，也逐渐形成了沿海地区发达、内陆地区欠发达，东部地区发达、中西部地区欠发达的地区经济发展格局。在此格局下，东部沿海地区“三来一补”对外贸易加工企业的兴起、劳动密集型产业的发展成了吸引内地中西部农村劳动力流动的重要因素。

根据发展经济学的人口流动模型，在发展中国家，农业部门和工业部门的分离以及两部门之间的差距就是农村劳动力向工业部门迁移的首要环境条件。由于体现农业部门与工业部门地理差异性和经济差异性的载体是农村与城市①，所以农村与城市之间的差距就是农村人口向城市迁移的更为深层的环境背景。在中国，农村相对广阔的地区多为欠发达地区，城市相对集中的地区多为发达地区，地区间的发展差距是形成欠发达地区劳动力向发达地区转移更为宽广的环境因素。因此，中国工农产业之间、城乡之间和地区之间的巨大发展差距为农村剩余劳动力转移、农民向农民工转化创造了特定的经济环境条件。

2.1.2 人口流动制度壁垒的松动

为实现重工业优先发展而在农产品购销方面所实施的统购统销制度，不仅是对农业、农村和农民产出的攫取，更是对“三农”发展权益的剥夺。该制度实际上对“三农”产生了严重的非公平性，势必引起农民的不满，并将引发其采取诸如往城市流动等应对行动，从而造成农村生产、生活秩序的混乱。而农业和农村的稳定又是重工业优先发展战略实现的社会基础。因此，在实施统购统销制度的同时要保证农业生产的持续和农村的稳定，必须要有一套制度来约束农民和农村。为此，我国在人口管理上实行了城乡分割的户籍制度，在组织上实行了“一大二公”的人民公社制度，以稳定遭受剥夺的农村和农民②。户籍制度阻止了农民在逐利本性的驱使下向城市流动甚至迁移的可能，即将农民严格地排斥在了城市的大门之外，并在一个时期内起到了只要农村提供廉价剩余产品而不要超过需要的大量剩余劳动力这一两难选择中的最佳效果③；人民公社制度则严格限

① 张培刚．发展经济学教程［M］．北京：经济科学出版社，2004.

② 彭红碧，杨峰．我国农业国内支持存在的问题及对策——基于历史演变的考察［J］．前沿，2010（15）：91－94.

③ 刘应杰．中国城乡关系与中国农民工人［M］．北京：中国社会科学出版社，2000：22－23.

制了农民在农村内部的流动，即将农民牢牢地束缚在了农村既有的土地和社区这种有限的范围内，农村因而处于一种近乎静止的稳定状态。

1978 年底，农村改革全面展开后，人民公社制度的废除在很大程度上激发了农民生产和经营活动的积极性。但严格的户籍管理继续将农民牢牢地束缚在农业生产上和农村区域内，这并不符合搞活农村经济的精神。同时，解决农村剩余劳动力转移问题的紧迫性也在动摇着农村人口城乡流动的制度壁垒。这时，城市就业压力的缓解也减小了农民进城的就业阻力。在这种局面下，国家开始准许一部分农民进入集镇务工经商。1984 年 1 月 1 日，中共中央一号文件《关于 1984 年农村工作的通知》明确指出，各省、自治区、直辖市可进行试点，允许务工、经商、办服务业的农民自理口粮到集镇落户①。同年，国务院又先后颁布了《国务院关于农村个体工商业的若干规定》和《国务院关于农民进入集镇落户问题的通知》，逐渐放松了户籍制度的限制，允许农民外出经营和务工②③。1985 年 1 月 1 日，中共中央、国务院一号文件《关于进一步活跃农村经济的十项政策》再次明确指出，要进一步扩大城乡经济交往，要允许农民进城开店设坊，兴办服务业，提供各种劳务。城市要在用地和服务设施方面提供便利条件④。1986 年 7 月，国务院发布的《关于国营企业招用工人的暂行规定》指出，企业招用工人，应当公布招工简章，符合报考条件的城市行业人员和国家允许从农村招用的人员，均可报考。这就为农村人口进入城市就业打开了一条通道。

允许农民进城是对自 1958 年以来严格限制农民进城制度的一次重大突破，表明我国执行近 20 多年的城乡人口流动就业管理制度开始松动。这样，在城乡差距和地区差距的背景下，农村人口的城乡流动无疑减少了制度壁垒的阻隔。这在很大程度上促进了农民向农民工的转化。

2.1.3 农村剩余劳动力的显性化

农村剩余劳动力的产生主要源于农业和农村工业对农村劳动力的吸纳不足。首先，农业对农村劳动力的利用不足产生了农业剩余劳动力。农业剩余劳动力是

---

①④ 中共中央文献研究室．新时期经济体制改革重要文献选编（上册）［M］．北京：中央文献出版社，1999.

② 中共中央文献研究室．新时期农业和农村工作重要文献选编［M］．北京：中央文献出版社，1992：258－262.

③ 国务院办公厅法制局．中华人民共和国法规汇编（1984 年 1～12 月）［M］．北京：法律出版社，1985：88－89.

指可以从农业部门抽走，而不至于影响农业总产量的农业劳动人口①。发展中国家传统部门的小土地家庭式经营是农业剩余劳动力滋生的土壤，其特点有：①劳动的社会化程度很低，甚至可以在某种意义上被看作是一种孤立劳动；②农民劳动很艰辛，但是生产效益和经济效益却很低下；③由于农业劳动的边际收益递减，报酬刺激力不断下降，因而导致一定程度上的劳动松弛和闲散性。在这种情况下，农业劳动的边际报酬不仅低于其劳动力价值，甚至跌到零以下，因此，产生出大量的农业剩余劳动力②。其次，农村工业对农业剩余劳动力的吸收不足而产生了大量农村剩余劳动力。在发展中国家，早期农村工业的发展规模和发展层次都非常有限，这限制了其对农业剩余劳动力的吸纳能力。从农业劳动中剩余出来的劳动力由于不被农村工业所接纳而积累形成了人数众多的农村剩余劳动力。

在中国，农村剩余劳动力的存在是农民工产生的源泉。我国农村劳动力数量庞大，改革开放前，严格的户籍管理制度和人民公社制度将绝大多数农村劳动力束缚在有限的土地上。1978 年，全社会劳动者共计 40152 万人，其中，农村劳动者有 30638 万人，占总数的 76.3%；从事农业生产的劳动者共计 28373 万人，占总数的 70.7%，占农村劳动者的 92.6%③。当时，为实现重工业优先发展战略而实施的各种具有工业倾斜和城市偏向特征的制度安排极大地抑制了农民的生产积极性，特别是人民公社制度下的平均分配原则所导致的激励低效，农业产出效率极其低下。在集体劳动且共同低效的状态下，农村中因农业和农村工业利用不足而产生的剩余劳动力并未凸显成为一个问题。1978 年底开始的农村经济体制改革极大地解放了农业生产力，农业劳动生产率获得很大程度的提高，农村中释放出大量的剩余劳动力；随着经济体制改革由农村向城市的不断推进，农村的经济发展速度回落，农村对其劳动力的内部吸纳能力减弱，由此释放出更多的剩余劳动力；农村人口城乡流动制度壁垒的松动在很大程度上激励了农村剩余劳动力的转移。这样，计划经济体制下长期被“隐性化”了的农村剩余劳动力问题日益显性化、公开化④。据估计，1985 年前后，我国农村剩余劳动力在农业劳动力中的比重高达 30% 以上⑤。农村剩余劳动力的大量存在为农民工的产生及发展提供

---

① R. 纳克斯．不发达国家的资本形成问题［M］．北京：商务印书馆，1966.

② 张培刚．新发展经济学［M］．郑州：河南人民出版社，1999.

③ 国家统计局社会统计司．中国劳动工资统计资料（1978~1987）［M］．北京：中国统计出版社，1989.

④ 程连升．中国反失业政策研究［M］．北京：社会科学文献出版社，2002.

⑤ 姜渔，党晓捷，姜洪．中国就业结构研究［M］．太原：山西人民出版社；北京：中国社会科学出版社，1986.

了基本条件。

2.1.4 迁移利益的驱动

关于农村剩余劳动力转移的动机，学术界有不同的观点，如文化说、制度与结构说、生存说、理性选择说、补贴收入说等①。从经济学的角度，这些因素都可归结为迁移利益。在二元经济结构以及由此决定的工农、城乡和地区发展差距的经济背景下和在允许人口流动的制度背景下，正是迁移利益的吸引驱动着农村剩余劳动力从农业向工业、从农村向城市、从欠发达地区向发达地区转移，即农民向农民工转化。

但不同时期，农村劳动力追逐的迁移利益的内容是不尽相同的。一般认为，农村劳动力外出务工、转化为农民工的动机背后有一个理性的变化过程，其逻辑顺序为：生存理性选择—经济理性选择—社会理性选择②。以此逻辑顺序为依据，推动农村剩余劳动力转移、实现农民向农民工转化的迁移利益依次包括生存利益、经济利益和发展利益。生存利益主要源于农村的发展现实。当农村人口人均资源占有量太低、边际生产效率低至零甚至零以下、生活条件过于艰苦时，在二元经济结构下，农村人口必然为寻求生存出路而选择产业转移和地区流动。经济利益主要源于工农业部门之间、城乡之间或地区之间的比较收入，是农村劳动力在满足其生存需求基础之上对比较收入的追求。由于农村劳动力在农村家乡就业与外出在城市就业的纯收入是不同的，农村劳动力必然会在留守家乡就业与外出进城就业、务农与务工之间做出选择。一般而言，如果农村人均的农业收益较高并超过了务工收益，农民将不会产生外出务工的动机，这时候，所谓农村劳动力过剩的情况就会消失，农村可能面临的将不是劳动力向外转移，而是向内转移的问题③；如果人均农业收益略低于务工收益，农民将会产生较低程度的外出务工动机；但如果人均农业收益严重偏低，与务工收益的差距较大时，农民外出务工的动机则将十分强烈。发展利益属于非经济利益因素。在满足其生存需求和比较收入需求后，农村劳动力会对在城乡的发展机遇和生活工作条件进行比较并做出选择。对美好生活和优越工作环境的向往以及对家庭成员发展机遇的追求往往推动

---

① 邓大才．农民打工：动机与行为逻辑——劳动力社会化的动机—行为分析框架［J］．社会科学战线，2008（9）：83－93.

② 文军．从生存理性到社会理性选择：当代中国农民外出就业动因的社会学分析［J］．社会学研究，2001（6）：19－30.

③ 钟怀宇．农业比较收益与农地流转根本性制约因素［J］．经济与管理研究，2009（3）：87－91.

着农村人口选择在城市就业和居住。三种类型的迁移利益，由低到高，分别满足着农村劳动力三个层次的需求，不断驱动着农村剩余劳动力转移成为农民工。

从上述可知，农民工是在二元经济结构背景下和允许人口流动的政策环境下，农村剩余劳动力受迁移利益的驱动从农业转向工业、从农村转向城市、从欠发达地区转向发达地区的产物。农民工是其工资的载体，在农民工劳动力产生和交换的过程中，其劳动力价格即农民工工资形成。因此，农民工的产生正是农民工工资形成的起点。自农民工产生后，农民工工资形成问题也就相伴而生。

2.2 农民工工资形成的一般决定因素

农民工工资形成是农民工劳动力生产与交换过程中的价格确定，既起源于其载体的产生，也取决于各种因素的决定。马克思经济学、西方经济学各学派、发展经济学的工资决定理论对此持有不同的观点。梳理这些工资理论，可以归纳出关于农民工工资形成的一般决定因素。

2.2.1 工业部门的工资形成

关于工资形成，马克思经济学、西方经济学各学派、发展经济学均有重要论述。马克思经济学认为，工资在本质上不是劳动的价值和价格，而是劳动力价值或价格的转化形式；工资只是劳动力商品的价格的特种名称，由于是“一定商品”的价格，从而“是由那些决定其他一切商品价格的规律决定的”①；工资的形成和决定受到市场劳动力供求规律和竞争规律的共同制约和影响；劳动力商品供求关系引起工资水平的波动，这种波动存在着一定的界限，“在这种波动的范围内，劳动的价格是由生产费用即为创造这一商品所需要的劳动时间来决定的”②；劳动力价值的决定还受着纯生理要素和历史或社会要素两类因素的影响和制约。西方经济学家认为，工资是要素市场中劳动要素的价格，即是对劳动的报酬，并且是对雇用劳动的报酬。工资理论经历了一个发展过程，并形成了古典经济学派、新古典经济学派、制度学派三大主要学派。古典经济学派的工资理论

①② 中共中央马克思恩格斯列宁斯大林著作编译局．马克思恩格斯选集（第一卷）［M］．北京：人民出版社，1972.

主要包括生存工资理论和工资基金理论；新古典经济学派的工资理论则包括边际生产力工资理论、均衡价格工资理论和集体谈判工资理论。随着经济发展格局的转变，劳动者在收益分配中的地位逐渐提高，推动着西方经济学工资决定理论的新发展，形成了人力资本工资理论、分享工资理论、效率工资理论和博弈工资理论等新型的工资决定理论。发展经济学虽属西方经济学的一个分支，但与传统西方经济学又有明显的区别，其主要研究对象从工业国转向了农业国，研究主题不再是工业国的发展问题，而是农业国工业化问题，研究目的不是要帮助发达国家继续发展，而是要帮助发展中国家实现发展。因此，发展经济学理论对发展中国家的经济发展具有更为重要的指导意义，其中，发展经济学有关发展中国家现代工业部门中的农业劳动者的工资形成理论对研究中国农民工的工资形成问题具有非常重要的启示①。

刘易斯（William A. Lewis）在构建的两部门经济发展模式中解释了发展中国家现代工业部门的工资决定问题。首先，流入到工业部门的农业劳动者的最低工资界限取决于农业部门的收入水平。刘易斯认为，“工业部门可获得劳动力的最低工资，是根据农民的平均产品决定的。如果工资低于人们留在家里时能得到的消费，他们就不会离开家庭农场去找工作”，因此，“维持生计的收入决定资本家部门工资的下限”②。其次，城市工业部门的工资水平并非完全等于农村的生存收入，而必须高于后者。刘易斯认为，“资本主义工资与维持生存的收入之间的差额通常是30%左右”③，其原因：一是城市生活费用比农村高，城市居民需要支付较高的水电、房租和交通费用；二是心理费用，即农业劳动者“从熟悉的维持生计的部门转到资本主义部门比较严密而都市化的环境，是要有心理费用的”④；三是为了引诱农村劳动力流入城市，还必须有一部分额外的净收入作为刺激因素；四是城市工业部门工会的力量也有可能使工资水平上升，但即使没有工会，工农收入差别仍然存在。最后，在农村剩余劳动力全部转移到工业部门就业之前，工业部门劳动者获取的是不变工资。由于发展中国家一般都是农业国，农业部门在整个经济中比重很大，存在着极为丰富的劳动力，因此，只要现代工业部门扩大生产规模，它就可以按现行不变的工资水平雇用到所需的劳动力。而当农村以低生产率为特征的剩余劳动全部转移到工业部门就业，农业生产率由于劳动减少而提高了，农业劳动者的收入也相应地增加了。这必然要求工业部门提

① 胡放之. 中国经济起飞阶段的工资水平研究［D］. 华中科技大学博士学位论文，2004.

②③④ 阿瑟·刘易斯. 二元经济论［M］. 北京：北京经济学院出版社，1989.

高工资，否则，农业劳动力就不会流入城市就业。这时，劳动供给再也不是无限的，而是与资本一样成为稀缺要素，工资水平将随着劳动供给的增加而上升。

古斯塔夫·拉尼斯（Gustav Ranis）和费景汉（John C. H. Fei）进一步论述了发展中国家现代工业部门的工资决定问题。他们同样认为，工业部门的工资水平是由农业部门的平均收入水平决定的。与刘易斯不同的是，他们强调农业在促进经济发展方面的重要性，认为随着农业生产率的提高而出现剩余产品是农业劳动力向工业部门流动的先决条件。因此，工业部门的工资水平实际上是受农业剩余影响的，且其影响作用在农村劳动力转移过程中是不尽相同的。他们将农村劳动力转移的过程划分为三个阶段：在第一个阶段，由于平均农业剩余等于农业劳动者的不变制度工资，因此农村多余的劳动力转移到工业部门，不会产生粮食短缺问题，从而不会影响工业部门的现行工资水平；在第二个阶段，平均农业剩余低于制度工资，意味着提供给工业消费的粮食无法按制度工资满足工人的需要，这样，粮价上升，工资上涨；在第三个阶段，农业已开始资本主义化，两个部门的工资水平都由市场原则来决定，即由劳动边际生产率决定，而伪装的失业者，即边际生产率低于获得的不变制度工资的农业劳动者全部转移到工业部门，农业劳动边际生产率上升到制度工资以上，工业部门要吸引更多的农村劳动者参加工业生产，就必须把工资提高到至少等于农业的劳动边际生产率。

戴尔·乔根森（Dale W. Jorgenson）则强调了技术进步率和资本积累率对工业部门劳动者工资水平的决定作用。他认为，工业部门的工资水平是由技术进步率和资本积累率决定的，并且随着经济的发展而不断上升。根据其工资率增长率公式，如果工业技术进步率为零，那么，工人的实际工资就是不变的，这与刘易斯、拉尼斯和费景汉的观点是一致的。但是，当工业技术进步存在时，工人的实际工资就是上升的，技术进步越大，实际工资上升得越多。此外，工资率增长率还取决于资本积累率。因为劳动在总产出中的份额越大，资本份额即利润就越小，从而资本积累率就越低。反之，当劳动份额减少时，利润和资本积累就增加。因此，工资率增长率与劳动份额成反比，而与资本积累成正比。由于工业扩张总是伴随着技术进步和资本积累率的上升，所以，乔根森认为，工业部门的工资水平不是固定的，而是不断上升的。这显然与刘易斯—拉尼斯—费景汉模型的不变工资论相悖。

在中国，上述理论所提及的流入到工业部门的农业劳动者正是农民工。根据上述梳理可知，市场经济条件下，农民工工资水平的主要决定因素具体包括：①农民工的劳动力价值，这是由劳动力再生产规律决定的，是农民工工资水平的中心线，但农民工工资不能低于其简单劳动的生产费用。②农民工在农村家乡的平均收入，这是农民外出务工的机会成本，是农民工工资的重要构成。③农民工的供求状况，这是决定农民工工资水平及其变动的基本市场因素。④农民工劳动力市场的属性，这是决定农民工工资水平的主要市场环境因素。⑤最低工资标准，这是农民工工资水平的制度底线。⑥农民工的人力资本禀赋，这是农民工工资水平的微观决定因素。这六个因素中，农民工的劳动力价值、农民工的机会成本（农村居民的平均农村收入）、农民工的供求状况属于农民工工资形成的市场决定因素，农民工劳动力市场的属性因源于制度安排而属于制度因素，最低工资标准也属于政府强制性的制度干预因素，农民工的人力资本禀赋则属于个人因素。由于本书主要是从外部宏观环境探讨农民工工资形成，因此，将不专门考虑个人因素对农民工工资形成的决定作用，而仅在分析农民工的供求竞争时有所涉及，因而这里重点考察市场因素和制度因素的决定作用，并探寻其形成根源。

2.2.2 市场因素的决定作用

2.2.2.1 农民工劳动力价值

根据马克思经济学的工资决定理论，农民工工资是其劳动力价值或价格的转化形式，其形成是以劳动力价值为基础的，其水平必须与劳动力价值的具体构成相符，即农民工工资应当包括维持其自身所必需的生活资料价值、负担其家属子女所必需的生活资料价值以及其自身接受教育和培训的费用三个方面。农民工劳动力价值与其工资水平具有正相关性：农民工劳动力价值越高，其工资水平也应越高；反之，则越低[①]。受市场中供求关系的影响，农民工工资水平将围绕着其劳动力价值上下波动，因而劳动力价值是其工资水平的中心线。但农民工工资水平最低不能超过简单劳动的生产费用。

2.2.2.2 农民工的机会成本

农民工的机会成本，即刘易斯模型中的农村劳动力的平均农村收入。刘易斯认为，流入到工业部门中的农业劳动者的工资水平是由农业部门的收入水平决定的；农业维持最低限度生活水平的收入决定了前者收入的界限。在中国，农村劳动力在农村家乡的平均收入正是农民工的机会成本。因为农民外出务工必然将放弃其在农村家乡能够获取的各方面收入，这是农民转化为农民工的损失，这个损失必须在农民工的工资中得到补偿，否则，农民将不具备外出务工的动力。因此，农村劳动力的平均收入是农民工工资的重要构成因素，是其工资水平的最低

---

① 彭红碧．农民工工资决定的圈层结构：一般性分析框架［J］．经济论坛，2014（4）：119－122.

限度，且两者呈正相关性。由于现在未外出农民大多属于兼业农民，农忙务农、农闲务工，因此，农村劳动力的平均收入即农民工在城市务工的机会成本应是其在农村家乡务农与务工收入的总和。从农民纯收入来源看，农民工的机会成本具体包括家庭经营纯收入、工资性收入中的在非企业组织就业收入和本地务工收入、财产性收入和转移性收入。这些项目的总和构成了农民工工资水平的底线。而且，农民工的机会成本还决定着农民工与企业竞争的力量，影响着农民工工资形成的竞争机制。一般而言，机会成本与农民工的竞争力量正相关。机会成本的增加可以促进农民工竞争力量的增强，从而可以帮助农民工争取更多的权益，包括提高其工资水平。

2.2.2.3　农民工与企业的合作需求

农民工与企业的合作需求是农民工工资形成的动力机制。农民工与企业的合作需求主要与其追求的迁移利益有关。如前所述，农民从农业转向工业、从农村流向城市、从欠发达地区移向发达地区的动力源于其对迁移利益的追求，具体包括生存利益、经济利益和发展利益。与之相对应，农民工与企业合作的需求内容分别是生存需求、比较收入需求和发展需求。一般而言，从生存需求到发展需求，需求层次是逐渐走高的，但需求程度则逐渐走低。农民工与企业合作的需求程度因而是由强到弱的。企业与农民工的合作需求主要源于其对廉价劳动力的需求。利润最大化是企业从事生产经营活动的主要目标，而最大限度地降低生产要素价格则是实现利润最大化的重要途径。在利润最大化目标的驱动下，企业更偏向于选择价格更低的劳动，工资水平相对较低的农民工正是其首要选择。而且，企业对农民工的合作需求程度与农民工工资水平负相关：后者越低，企业的合作需求程度越强；反之，则越弱。

2.2.2.4　农民工的供求关系

农民工的供求关系是农民工工资形成的供求机制。商品价格受市场供求关系的影响，随供求关系的变化而上下波动。在农民工劳动力市场，农民工工资水平由其劳动力的供求关系决定，随供求关系的变化而变动。一般而言，当农民工劳动力供给超过其需求时，其市场处于饱和状态，是典型的买方市场，作为劳动力卖方的农民工处于供给弱势，其工资水平会趋于下降。“民工潮”时期，农民工劳动力供过于求，其工资水平严重偏低正是其具体体现。而当市场需求急剧扩大、劳动力供给不及其需求时，其市场存在需求缺口，作为劳动力供给方的农民工则处于供给强势，其工资水平则会趋于上升。“民工荒”时期，农民工劳动力出现供不应求，其工资水平实现了一定程度的上涨正是其现实表现。供求机制是市场运行的三大机制之一，供求关系作为影响市场状态的主要因素是决定农民工工资形成的第一市场因素。

2.2.2.5 农民工与企业的竞争状况

农民工与企业的竞争状况是农民工工资形成的竞争机制，是两者竞争力大小的较量。农民工的竞争力由其机会成本、人力资本、组织程度、谈判能力、维权意识与能力等因素决定；企业的竞争力则由其资源禀赋、技术水平、经营状况、所在行业的产品市场和劳动力市场状况等因素决定。双方竞争的焦点是农民工工资水平的高低。农民工倾向于通过竞争获取更高的工资水平，而企业则倾向于支付尽可能低的工资水平。在与企业的竞争中，农民工往往处于竞争弱势。但如果农民工拥有一定或较强的竞争力，其在与企业讨价还价的过程中，可以迫使对方做出一定的让步，从而获得较高的工资水平；而当农民工只有微弱竞争力时，其只能被迫接受企业提出的低工资水平。

2.2.3 制度因素的决定作用

2.2.3.1 农民工市场的属性

实际上，考察上述市场决定因素对农民工工资形成的具体作用必须将其放置到具体的市场环境中，这个市场环境就是农民工劳动力市场。对农民工劳动力市场的考察主要涉及劳动力市场分割及农民工劳动力市场属性的问题。

根据劳动力市场分割理论，现代工业社会一般存在着两种劳动力市场，一种是工资高、工作条件好、工作有保障、培训机会多、具有良好晋升机制的劳动力市场，即第一或首要劳动力市场；另一种则与之相反，是工资低、工作条件差、工作不稳定、培训机会少、缺乏晋升机制的劳动力市场，即第二或次要劳动力市场。由于两者在工资收入、工作条件、福利待遇和职业地位等方面高低有别，两个劳动力市场之间相互隔绝、流动极少。一方面，首要劳动力市场的求职者宁愿选择等待就业机会也不会屈尊到次要市场中就业；另一方面，次要劳动力市场的求职者更是难以冲破劳动力逆向流动的壁垒进入首要市场①。

在中国，劳动力市场同样存在分割，且格局更为复杂。由于开放和经济改革进程的迅速推进与社会和政治领域中传统制度变革的滞后，中国的劳动力市场演变成了一种被多重分隔的格局，主要表现在城乡分隔、地区分隔、部门分隔、正

---

① Peter Doeringer, Michael Piore. Internal Labor Markets and Manpower Analysis [M]. Lexington, MA: D. C. Heath, 1971.

式劳动力市场与从属劳动力市场的分隔①。这种多重分割的特征不仅存在于全国劳动力市场，也分别存在于城乡劳动力市场，其中，以城市劳动力市场的多重性分割最为明显。本书关注的是城市劳动力市场的首要（第一）与次要（第二）劳动力市场的分割。改革开放以来，我国农村人口基本实现了城乡流动，农村劳动力得以从农村来到城市，成为农民工。但中国人口的城乡分割并未因此而发生任何实质性的变化，转移到城市劳动力市场的农民工因而难以进入其首要劳动力市场，只能囿于次要劳动力市场。因此，农民工劳动力市场具有明显的次级属性。这样，农民工的工资收入、福利待遇、工作机会等必然与处于首要劳动力市场的城市职工相距甚远。由于农民工市场的次级属性是中国人口城乡分割制度安排的产物，是相关制度改革落后于经济改革的结果，其对农民工工资形成的影响在性质上是一种制度决定。

2.2.3.2　最低工资制度

我国实行最低工资保障制度。劳动和社会保障部于2004年1月公布的《最低工资规定》指出，实施该制度的目的是维护劳动者取得劳动报酬的合法权益，保障劳动者个人及其家庭成员的基本生活；该制度所规定的最低工资标准则是指劳动者在法定工作时间或依法签订的劳动合同约定的工作时间内提供了正常劳动的前提下，用人单位依法应支付的最低劳动报酬；最低工资标准的确定一般考虑城市居民生活费用支出、职工个人缴纳社会保险费、住房公积金、职工平均工资、失业率、经济发展水平等因素。由此可知，最低工资制度是政府为了维护劳动者，特别是弱势劳动者的报酬权益、保障其基本生活的重要举措，最低工资标准则是其具体实施措施。农民工是当代中国社会中一个非常典型的社会弱势群体②。这种特征决定了农民工群体在基本生存方面更需要得到最低工资制度的保护，其工资水平权益与最低工资标准的高低及其执行力度息息相关。由于最低工资标准是劳动者工资水平的制度底线，农民工工资因而只能高于或等于而不能低于这一“底线”。而且，最低工资标准的高低决定着农民工工资水平底线的高低。从现实情况来看，各地农民工工资水平一般都会随当地最低工资标准的调整而提高。最低工资制度的执行力度则影响着农民工工资的平均水平。其执行力度较高，农民工的平均工资相应较高；反之，其平均工资则会被拉低。

① 李建民．中国劳动力市场多重分隔及其对劳动力供求的影响［J］．中国人口科学，2002（2）：1－7.

② 陈安民．农民工群体的弱势特征分析［J］．山东省农业管理干部学院学报，2005（6）：15－17，62.

2.2.4 一般决定因素的形成根源

进一步分析可以发现，上述各种因素并未能完全解释农民工工资的形成，因为各种因素还有其决定根源。具体来说：①关于农民工劳动力价值。根据马克思经济学工资决定理论，农民工劳动力价值构成包括维持农民工自身所必需的生活资料价值、负担其家属子女所必需的生活资料价值及农民工接受教育和培训的费用等。农民工自身及其家属所必需的生活资料价值取决于农村居民收入所决定的消费水平；农民工受教育和训练的费用也取决于农村居民受教育和培训的福利水平。②关于农民工的机会成本。农民工的机会成本取决于农村劳动力在农村家乡的平均收入，而农民的收入主要取决于城乡居民福利待遇的分配关系。③关于农民工与企业的合作需求及其供给状况。城乡之间的比较利益，亦即迁移利益决定着农民工与企业的合作需求程度，进而影响其供给行为。④关于劳动力市场分割和农民工市场次级属性。城乡居民福利待遇的差异性规定将城市劳动力市场划分为主要劳动力市场和次要劳动力市场，同时也决定了农民工市场的次级属性。⑤关于最低工资制度。最低工资制度实施的初衷是为了保护弱势劳动者的基本生活权益，具有特定的受众群体。其执行力度则取决于受众群体的社会地位以及由此决定的对受众群体的态度。

由此可知，上述各种因素均与居民福利待遇或居民社会地位的差异性有关，反映的是城乡居民利益分配关系的基本格局。正是城乡关系决定着上述一般因素的基本情况，影响着城乡关系对农民工工资形成的具体作用，因而是农民工工资形成的根本因素。由于决定居民利益分配的城乡关系并非是发展中国家流入到工业部门的农业劳动者工资形成的普遍因素，而只是中国农民工工资形成所特有的现象，因而是农民工工资形成的特殊决定因素，其作用属于特殊的决定路径。探求城乡关系及其决定路径正是理解农民工工资形成机制及其工资水平的关键所在。

2.3 农民工工资形成的特殊决定因素：城乡关系

2.3.1 城乡关系的内涵和特征

城乡关系产生于特定的经济发展阶段。它是社会生产力发展和社会大分工的产物，自从城市产生后，城乡关系便随之产生①。理解城乡关系首先需要对城市与农村做出较为准确的判定，而关于我国城市与农村的划分可从产业构成、户籍身份以及行政建制等方面展开。就产业构成来看，城市是以非农产业为主的人类聚居地；农村则与之相对，是以农业为主的人类聚居地。两者因而在风貌上呈现出巨大的差异性：城市各种建筑林立、人口密集，而农村则田地密布、建筑和人口分散或仅以村庄等形式小规模聚集。就户籍身份来看，城市是城市居民的聚居地，农村则是农村居民的聚居地②。就行政建制来看，在我国，县级及其以上的地方为城市；而县级以下者则为农村。因此，城市是以非农产业和城市居民为主的县级及其以上地域范围；农村则是以农业和农村居民为主的县级以下地域范围。

根据上述划分可知，城乡关系就是城市与农村之间的关系，具体而言，是城市与农村在政治、经济、文化、人口、风貌等方面相互作用、相互影响、相互制约的关系。本书论及的城乡关系是相对更为狭窄的概念，主要是就城乡居民国民财富的分配关系而言的，是指在国民财富的分配中，城市居民与农村居民各自可以获取多少份额的关系，包括两者的联系和区别，其中，重点是两者的区别。由于城乡居民国民财富分配的比例不一，产生了两者在福利待遇方面的区别与比较，进而延伸出关于居民国民待遇公平性问题的探讨。因此，凡是涉及居民的收入分配问题，城乡关系都是无法回避的现实。

我国的城乡关系是以重工业优先发展为导向，以户籍制度为划分依据，通过一系列具有城市偏向的制度安排构建起来的，因而具有如下特征：

2.3.1.1 政府主导的发展路径

城乡居民国民财富的分配关系是政府通过一系列具有城市偏向的福利待遇制度安排来实现的，具体包括户籍制度、粮食供给制度、副食品和燃料供给制度、住宅制度、生产资料供给制度、教育制度、就业制度、医疗制度、养老保险制度、劳动保护制度、人才制度、兵役制度、婚姻制度、生育制度14种制度③。以户籍制度为划分依据，城市居民可以完全享受上述福利待遇，农村居民却被排斥在相关福利体系之外，城乡居民从而被严格地划分开来，并由此产生了巨大的城乡差距。由于政府掌握着变动这些福利待遇制度的绝对主动权，即由于城乡居民可以获取的国民财富分配份额主要取决于政府的态度，我国城乡关系的发展路径因而属于政府主导型。

① 聂华林，李泉．中国西部城乡关系概论［M］．北京：中国社会科学出版社，2006.

② 当然，随着农民大量进城，城市的这种人口结构已经发生了很大的改变。

③ 郭书田，刘纯彬等．失衡的中国［M］．石家庄：河北人民出版社，1990.

2.3.1.2 城乡分割

由于城乡居民国民财富分配份额的差异性，我国人口存在严格的城乡分割，主要以户籍身份为界限被划分为“城市居民”和“农村居民”两类。两者之间的身份转换极为不对称。一般而言，城市居民转变为农村居民非常容易，但这种情况非常罕见。而农村居民转变为城市居民（即“农转非”）则异常困难，转变途径十分有限。“文革”前，“农转非”仅有上学、参军和招工三条途径，且比例极其有限；“文革”期间，由于高考制度的中断，上学途径基本被阻断，仅余参军和招工两条途径；改革开放后，转变途径略有增加，但转变条件依然苛刻，能够实现“农转非”的农村人口仍然非常有限。各地城市户籍制度改革的结果表明，仅对有特殊贡献的农民工解决了落户问题，对于大部分进城农民工而言，进入城市门槛较高，农民工把户籍迁入城市所占的比例仍然很低①。

2.3.1.3 城乡差距

与上述（本书2.1.1.2）的城乡发展差距不同，这里的城乡差距首先是指城乡居民国民财富分配份额的差距，其具体表现为城乡居民福利待遇的差距。新中国成立初期，以重工业优先发展战略的实现为导向，我国在劳动力价格上实行了低工资制度，但这削弱了主要由城市人口构成的工业劳动力的购买力。为了保障工业劳动力的稳定供给和城市生产生活的顺利开展，我国在城市实行了保障居民生产生活的福利待遇制度。如前所述，这套制度具体由14种制度构成。这些制度形成了完整的城市社会福利待遇体系，包括城市居民从出生到上学、从就业到退休、从养老到死亡的全部环节，涵盖了城市居民生老病死、衣食住行、学习工作的全部内容，体现了对城市居民的全方位保障。但这套制度以户籍制度为划分依据，将农村居民严格地排斥在外。这样，与城市居民可以享受全方位社会保障相对应，农村居民从生到死的所有事情均由自己承担，基本没有社会保障，城乡居民的福利待遇因而存在极大的差距（如表2-1所示）。城乡差距其次是城乡居民赋税负担的差距。城乡居民的赋税负担是不尽相同的。城市居民基本没有赋税负担②，而农村居民的赋税负担则十分沉重：改革开放前，如前（本书2.1.1.1）所述，包括农业税和农村工商各税；实行家庭联产承包责任制、废除人民公社后，农民的税费主要由两部分组成，一是向国家缴纳的各种税金，如农业税、牧业税、耕地占用税、农业特产税和契税等，二是乡村集体经济组织内的各种费

① 国务院研究室课题组．中国农民工调研报告［M］．北京：中国言实出版社，2006.

② 1950年7月，政务院公布的《税政实施要则》中，曾列举“薪给报酬所得税”。但由于我国生产力和人均收入水平低，实行低工资制，虽然设立了税种，却一直没有开征。

用，如“三提五统”、劳务、各种社会集资、摊派、行政事业性收费、罚款等。

表2-1　主要福利制度关于城乡居民福利内容规定比较

相关制度	城市居民	农村居民
户籍管理制度	城市居民天赋地，并将世袭地获得各种社会福利的权利和机会；城市户口本身就包含着多种福利待遇，具有价值	农村居民天然地丧失了享受各种社会福利的权利和机会；农村户籍本身无福利待遇，不具有价值
粮食、副食品和生活燃料供给制度	定量低价供给或现金补贴	自己生产并被低价定购或市价购买
教育制度	占有国家教育经费的绝大部分	主要靠自筹资金
就业制度	政府包办，统一分配工作，市民独占城市的就业机会	自然就业或通过升学、参军或国家计划内招工进入城市就业
公费医疗制度	从20世纪50年代起建立了公费医疗制度，城市绝大部分居民享有公费医疗待遇	无
养老保险制度	从20世纪50年代起开始形成市民的企业保险体系，全民所有制单位和部分大集体职工享受退休金待遇，费用由所在单位负担，解决了职工老有所养问题	农村在改革开放后部分地区自发地办起了各种形式的养老保险，但其数量和保险金额十分有限
劳动保护制度	建立了基本的城市劳动者保护法规，以改善职工工作环境，保护职工身心健康	乡镇企业未实施
住宅制度	我国城市住宅实行单位所有制，90%的住宅由各个企业、事业和行政单位投资、建设、分配、管理。城市居民享受住房补贴	农村住房属于私人消费资料，住房建设主体是农民个人

注：经作者整理。

资料来源：陆学艺，李培林．中国社会发展报告［M］．北京：社会科学文献出版社，2007.

2.3.1.4　城乡居民的阶层分化

由于城乡居民福利待遇的差异性，“城市居民”与“农村居民”两大群体就不再是简单的地域分割或产业分割或户籍身份分割，更是一种居民社会地位的划分，即被划分为高级和低级的两大阶层。这种对城乡居民的阶层划分最初源于相关的制度安排，但由于制度安排实施的强制性和影响的广泛性，居民之间的阶层分化逐渐深入民众心里，进而形成为一种合乎情理的社会习惯，不仅城市居民对此习以为常，连农民本身也视自己的弱势地位为情理之中①。城乡居民之间的这种阶层分化不仅反映在分别居住在各自区域内的城市居民与农村居民之间，也反映在共同生活在城市内的城市居民与农民工之间。一方面，城市居民对进入城市务工经商的农民工具有十分强烈的优越感和排斥感，心里充满了讨厌、看不起的感觉，具体表现为不愿从事主要由农民工承担的脏、累、差的工作，不愿与之交往甚或近距离接触；另一方面，农民工对城市居民的这种歧视心理也有十分强烈的感觉，因而不敢也不愿与城市居民交往，从而生活在城市的“孤岛”中。这样，以重工业优先发展为导向，以福利待遇制度为壁垒，城乡居民分割为两个在权利、机会和风险承受方面存在极大差别的社会利益集团，造成了城市对农村、工业对农业的特权，形成了在政治、经济、社会利益等诸方面存在巨大差别的市民与农民两大社会群体②。

2.3.2 城乡关系的决定作用

城乡关系是农民工工资形成的特殊决定因素，其直接决定作用主要体现在将对农村居民福利待遇的规定延伸到农民工身上。农村劳动力从农村流动到城市，实现了农民到农民工身份的转变。但来自农村的农民工从一开始就被贴上了“农”或“乡”的标签，成为在城市的农村居民代表，其福利待遇因而继续受制于城乡关系对农村居民福利待遇的规定，主要取决于农村居民在国民财富中的分配份额。由于城乡居民国民财富分配的分割与差异，农民工工资水平自然低于具有城市居民身份的工人。这样，农民工并未因地域的转移而摆脱城乡关系关于农村居民福利待遇的限制。因此，城乡居民国民财富的分割与差异在全国范围内表现在城市居民与农村居民之间，而在城市范围内则体现在城市居民与农民工之间。

城乡关系的间接决定作用主要是通过影响农民工工资形成的一般决定因素来实现的。首先，城乡关系决定农民工工资形成的市场因素。一是城乡关系决定农民工劳动力价值。农民工自身及其家属所必需的生活资料价值取决于农村居民的消费水平，消费水平受制于收入水平，而后者则根源于城乡关系对农村居民福利待遇的规定；农民工受教育和培训的费用取决于城乡关系对农村居民受教育和培训的规定。二是城乡关系决定农民工的机会成本。农民工的机会成本取决于农村

① 韩秀华，陈雪松．论我国劳动力市场分割［J］．当代经济科学，2008（7）：118－123.

② 陆学艺，李培林．中国社会发展报告［M］．北京：社会科学文献出版社，2007.

劳动力在农村家乡的平均收入，而后者又取决于城乡关系对农民福利待遇的规定。三是城乡关系决定农民工与企业的合作需求程度及其供给状况。农民工的合作需求程度取决于城乡之间的比较利益，即迁移利益的大小，而迁移利益主要源于城乡差距，随城乡差距的扩大而增加。当城乡差距较大时，迁移利益增加，农民外出务工动机增强，其劳动力的供给总量随即上升。四是城乡关系决定农民工与企业的竞争力。农民工的竞争力除与其机会成本、市场供求状况等因素有关外，还取决于其个人禀赋。但城乡分割与差距、城乡居民的阶层分化均限制了农民工个人禀赋的提高。

其次，城乡关系决定农民工工资形成的制度因素。一是城乡关系决定劳动力市场分割和农民工市场的次级属性。城乡居民国民财富分配的差异性将全国劳动力市场分割为城乡两个劳动力市场；同样，又将城市劳动力市场分割为福利待遇、发展机遇和工作环境完全不同的首要和次要两个劳动力市场。由于城乡居民福利待遇的分割和差异，以户籍身份为界限，农民工作为农村居民不能进入首要劳动力市场享受只有城市职工才能拥有的各种福利待遇，由农民工组成的劳动力市场因而具有明显的次级属性。二是城乡关系决定最低工资标准及其执行力度。最低工资制度实施的初衷是保护弱势劳动者的基本生活权益，具有特定的受众群体。而对受众群体的态度往往取决于体现城乡关系的居民阶层地位。如前所述，由于城乡分割和城乡差距，城乡居民的阶层地位截然不同，城市居民的地位明显高于农村居民。而最低工资制度的受众群体主要是农民工，其社会地位因其农村户籍身份而相对较低，这在很大程度上影响着最低工资制度的执行力度。

从上述可知，城乡关系是通过影响各种市场因素和制度因素将对农村居民福利待遇的规定延伸到了农民工身上，由此决定着农民工工资的形成。城乡关系正是农民工工资形成的根源。由于城乡关系是一种制度现象①，城乡格局在实质上是制度安排的结果，城乡关系因而属于农民工工资形成机制中的制度决定因素。因此，由城乡关系根本决定的农民工工资在本质上是一种“制度工资”，并与由市场机制决定的“市场工资”相对。但由于决定居民利益分配的城乡关系并非发展中国家流入到工业部门的农业劳动者工资形成的普遍决定因素，而只是我国农民工工资形成所特有的现象，城乡关系因而是农民工工资形成的特殊决定因素，其作用属于特殊的决定路径。

---

① 蔡昉．“工业反哺农业、城市支持农村”的经济学分析［J］．中国农村经济，2006（1）：11－17.

2.4　农民工工资形成的结果：工资水平

从上述可知，在二元经济结构背景下，人口流动的制度藩篱一旦有所松动，农村剩余劳动力便在迁移利益的驱动下从农业转向工业、从农村流向城市、从欠发达地区流向发达地区，从而转化为农民工。农民工作为劳动力商品必然具有一定的价格，即工资。农民工工资形成的过程正是在其劳动力价值的基础上各种决定因素起作用的过程，其结果则是形成一定的工资水平。因此，农民工工资水平取决于其劳动力价值和这些起作用的决定因素的基本状况。具体来说，农民工劳动力价值、机会成本、最低工资标准分别是农民工工资水平的中心线、最低界限和制度底线，与其工资水平正相关；农民工市场的供求关系决定着农民工工资水平的高低变动；农民工的竞争力与其工资水平正相关；农民工市场属性也与之相关，处于次要劳动力市场的农民工工资水平明显低于处于首要劳动力市场的城市职工工资水平；城乡关系对农村居民福利待遇规定的多少则在根本上决定着农民工工资水平的高低，两者正相关。农民工工资水平正是上述因素共同作用的结果。农民工工资水平的高低对国家、企业、农民工三方均具有重要意义，而关于其高低的判断则取决于一定的视角。

2.4.1　农民工工资水平与三方利益

农民工对国民财富的获取是通过参与企业收益分配来实现的。农民工工资正是农民工作为其劳动力的所有者而参与企业收益分配的一种形式，其水平的高低对参与分配的三方（国家、企业和农民工）的利益均产生重要影响。在国家税率一定的情况下，企业和农民工的收益此消彼长。农民工工资水平作为两者分割企业收益或预期收益的边界，其高低将决定着企业和农民工各自收益的大小。一般而言，如果农民工工资水平偏高，农民工的收益相对较多，企业利润则会因受到农民工工资水平和国家税率的挤压而减少，企业的生产积极性将受到打击，企业再生产受到限制，国家与农民工的后续收益将受到影响；如果农民工工资水平偏低，企业的利润虽然会增加，但农民工的收益将会受到很大的削弱，其生产主动性降低，人均生产率下降，企业的利润总量减少，企业与国家的收益也将下降。

国家、企业、农民工各自收益的大小对三方均有重要意义。就国家而言，国家从企业中所获取的收益的大小直接决定着国民财富的积累和国民经济的发展水平；就企业而言，企业最终所能获取的利润的多少直接决定着企业生产和再生产的规模，进而影响企业所能创造的新收益；就农民工而言，其工资水平的高低决定着农民工及其母体农民的收入和消费水平，并在一定程度上影响着农民生产生活条件的改善，进而影响国内的消费需求总量。因此，农民工工资水平问题作为关系国家经济发展和企业再生产、农民工和农民收入、社会公平与效率的重要问题而备受关注，解释和解决农民工工资水平问题对协调国家、企业、农民工三方的利益具有积极意义。

2.4.2 农民工工资水平的判断视角

关于农民工工资水平高低的判断结果因视角不同而有较大的差异，其判断视角主要有三个：与城市职工平均工资水平相比较而言；与农民工市场均衡工资水平相比较而言；与农村居民平均收入水平相比较而言。由于三者的差异较大，农民工工资水平分别与三者进行比较将得出不同的结论。一般而言，我国城市职工平均工资水平高于农民工市场均衡工资水平，后者又高于农村居民平均收入水平。农民工工资水平如果高于城市职工平均工资水平，则其肯定偏高；如果低于城市职工平均工资水平但高于农民工市场均衡工资水平和农村居民平均收入水平，则其就前者而言是偏低的，但就后两者而言则是偏高的；如果低于城市职工平均工资水平和农民工市场均衡工资水平但高于农村居民平均收入水平，则其就前两者而言是偏低的，但就后者而言仍是偏高的；如果低于农村居民平均收入水平，则其肯定是偏低的。本书对农民工工资水平的判断视角主要是就城市职工平均工资水平和农民工市场均衡工资水平而言的。农民工工资水平如果高于两者，其肯定偏高；如果低于前者但高于后者，则其仅就前者而言偏低，但就后者而言是偏高的；如果低于两者，则其肯定是偏低的。了解对农民工工资水平的判断视角、分析其判断依据对正确认识农民工工资水平的高低，对深入理解农民工接受其工资水平的缘由具有重要意义。

2.5 本章小结

本章对农民工工资形成的基本问题进行了一般性分析，主要探讨了农民工工资形成的起点和依托，即农民工的产生，分析了农村剩余劳动力转移，即农民转化为农民工的环境背景、源泉和驱动因素；在梳理马克思经济学、西方经济学、发展经济学工资决定理论的基础上，分析了农民工工资形成的一般决定因素，并探寻了农民工工资形成的根本决定因素；阐述了农民工工资形成的结果，即生成其工资水平，说明了农民工工资水平的高低对国家、企业、农民工三者的重要性，解释了本书对农民工工资水平高低的判断视角。现对本章的主要内容归纳如下：

第一，农民工工资的形成起源于农民工的产生。农民工是农村剩余劳动力在二元结构的经济背景和国家人口流动制度壁垒松动的政策环境下，为追逐迁移利益而从农业转向工业、从农村流向城市、从欠发达地区流向发达地区的产物。在农民工劳动力产生和交换的过程中，其价格即农民工工资随即形成。

第二，农民工工资的形成具有劳动力价格形成的一般决定因素。经过对马克思经济学、西方经济学各学派和发展经济学的工资决定理论的梳理可知，农民工工资形成的一般决定因素包括农民工劳动力价值、机会成本、农民工与企业的合作需求及竞争状况、农民工劳动力供求关系、劳动力市场分割及农民工市场次级属性、最低工资标准等。这些因素起作用的过程正是农民工工资形成的过程，其基本状况决定了农民工工资水平的高低。

第三，农民工工资的形成除具有劳动力价格形成的一般决定因素外，还具有其他劳动力价格形成所不具有的特殊决定因素，这个因素就是城乡关系。由于城乡居民对国民财富的分配份额存在分割和差异，农民工作为农村居民与城市居民所享受的福利待遇截然不同，其工资水平在根本上取决于城乡关系对农村居民福利待遇的规定。城乡关系对农民工工资的决定作用是通过影响其工资形成的一般决定因素来实现的，其基本格局规定着农民工工资水平的高低。

第四，农民工工资的形成最终落实在一定的工资水平上，即农民工工资形成机制的最终结果是生成农民工工资水平。上述各种因素的基本状况及其具体作用决定着农民工工资水平的高低。而农民工工资水平的高低对参与企业收益分配的三方，即国家、企业和农民工的利益均具有重要影响。但关于农民工工资水平高低的判断结论因其比较视角不同而各异。本书的判断视角主要为城市职工平均工资水平和农民工市场均衡工资水平。

3　城市改革时期的农民工工资形成（1985～1992年）

以1978年12月召开的中共十一届三中全会为标志，我国进入了改革开放的新时期。这场从农村开始的改革给我国农村带来了全新的变化：粮食增产、农民增收、农村实现新发展。20世纪80年代中期，经济体制改革重心移向城市，从农村改革中释放出来的剩余劳动力，在迁移利益的驱动下从农业转向工业、从农村走向城市、从欠发达地区流向发达地区，转化成为“农民工”。农民工工资问题由此产生。从以城市为重心的经济体制改革全面展开为标志，到市场化改革目标确立前（1985～1992年）的这段时期是农民工工资形成的第一个阶段。本章首先阐明城乡关系的根本作用，包括城乡关系的基本特征即城乡二元结构的强化和城乡关系在农民工工资形成中的具体作用；其次阐述农民工市场属性的决定作用，包括其次级属性的判断及其次级属性对农民工工资形成的决定作用；再次探析农民工市场内农民工工资形成的基础、动力机制、供求机制和竞争机制，说明市场机制对农民工工资形成及其水平的具体作用；复次考察农民工工资形成机制的作用结果即其工资水平，介绍其基本情况，并判断其水平的高低；最后归纳农民工工资形成机制，说明制度因素和市场因素在农民工工资形成中的作用大小。

3.1　城乡关系的根本作用

20世纪80年代中期，由于经济体制改革的重心从农村移向城市，农村改革时期有所松动的城乡关系重新被强化，主要是城乡居民对国民财富分配的分割重新严格化，城乡差距重新扩大。城乡关系的这种基本格局决定着农民工工资形成机制中其他构成要素的基本状况。

3.1.1 城乡二元结构的强化

20世纪80年代中期，受农村改革的推动，经济体制改革的重心发生位移。1978~1984年，主要发生在农村的经济体制改革取得了巨大的成就，但受旧的城市经济体制的束缚和限制而难以深化；农村改革的发展推动着城市改革的展开。同时，城市内开展的扩大企业自主权的试验以及试点的扩大、利润（盈亏）包干的试行、企业横向联合的尝试等改革初见成效，为全面推行城市改革起到了有效的激励作用。城市经济在国民经济中的中心地位决定着城市改革势在必行。1984年10月，中共十二届三中全会通过《中共中央关于经济体制改革的决定》，标志着我国的战略决策以国民经济发展为重点转向了以经济体制改革为重点，以农村改革为重点转向以城市改革为重点①。城市改革就此拉开帷幕。

这一时期，以城市为重心的经济体制改革重新收紧了农村改革时期有所松动的城乡关系，城乡二元结构重新被强化，城乡分割加剧、城乡差距扩大。城市改革主要围绕扩大企业的自主权、开展股份制试点、改革所有制结构、改变用工制度和实行厂长负责制等方面陆续展开。以城市改革为契机，国家的经济发展重心从农村重新转向了城市，各种资源又开始大幅度向城市倾斜，城市居民在国家利益的分配中占有绝对的优势。在收入分配方面，我国进行了企事业单位、机关的工资制度改革，职工的收入明显增加，各种补贴在收入中的比重越来越高。据统计，1985~1992年，国家对城市居民的粮、棉、油、肉和其他补贴总体呈上升态势，从261.8亿元增加到321.6亿元②。在社会保障方面，职工的基本养老保险、失业保险、医疗保险等社会保障制度日益健全，受益范围不断扩大。

同时，以城市为重心的经济体制改革的某些内容对农村发展是不利的。在城市就业方面，为保证城市居民的就业，各地政府制定了一系列限制外来人口就业的政策，农民首当其冲在限制之列。在农村教育经费方面，1985年进行的财税改革取消了在此之前实行的农村教育财政拨款而改由农民自行负担。在此之前，国家财政每年拨给每个农村中学生31.5元、小学生22.5元的教育经费；财税改革之后，农村的教育经费改为在农民的“三提五统”中支出，农村学校只能依

① 董辅礽．中华人民共和国经济史（下卷）［M］．北京：经济科学出版社，1999.

② 马军显．城乡关系：从二元分割到一体化发展［D］．中国社会科学院博士学位论文，2008.

靠农民自己出钱集资建设和改造。这不仅增加了农民的负担，也造成农村教育囿于经费有限而发展缓慢。在卫生事业方面，国家财政严重向城市倾斜，农村在公共财政对卫生事业的支持中获利极少。1992年，国家财政在卫生事业费中用于农村合作医疗的补助费为3500万元，仅占全国卫生事业费的0.36%，农民人均不足4分钱。

这一时期的经济体制改革在增加城市居民福利待遇的同时却大量削减了农村居民的福利内容。这种城市主导型的改革选择，固化了不平等的城乡关系，加深了我国城乡二元结构[①]。城乡居民的福利待遇差距十分明显且日益扩大，如表3－1所示。1985～1992年，城乡居民收入比从1.86∶1扩大至2.58∶1，城乡居民消费额比从2.31∶1上升到3.28∶1。而且，政府在地区之间实行的优先发展东部沿海地区的倾斜政策，导致了东、中、西部区域间收入差距的扩大。由于城市人口高度集中在东部沿海地区，所以这种扩大的地区差距也意味着城乡差距的扩大。

表3－1　城市改革时期城市居民与农村居民福利待遇比较

福利项目	城市居民	农村居民
户籍身份	城市户籍	农村户籍
收入来源	制度性工资与单位福利	务农收入
粮、棉、油、肉补贴	有	无
劳保用品	有	无
儿童教育	高质量的城市教育、国家财政负担	低质量的农村教育、农民自筹经费
就业形式	正规就业为主	非正规就业为主（农业）
医疗保障	公费医疗	自费
养老保障	社会养老为主	家庭养老为主
劳动保障	有	无
福利住房	有	无
失业保险	有	无

注：经作者整理。

资料来源：韩长斌．中国农民工的发展与终结［M］．北京：中国人民大学出版社，2007.

3.1.2　城乡关系的具体作用

城乡二元结构的重新强化，一方面，加速了农民工的产生与发展，农民工工

① 白雪瑞．中国城乡关系与经济发展［J］．北方论丛，2007（2）：145－148.

资形成具备了主体因素；另一方面，由于在国民财富的分配中，利益天平再一次向城市倾斜，城乡关系再度失衡，从而在根本上决定了农民工工资的形成及其水平。

农民工工资在本质上是农民工参与国民财富分配的一种转化形式，其高低取决于规定国民财富分配的城乡关系。在城乡二元结构下，城乡居民的国民财富分配份额是不尽相同的，其福利待遇差距是具体体现。这一时期，由于城乡差距再次拉大，城市居民在国民财富的分配中占有绝对的优势，农村居民能够获取的比例很少，人均获取份额则更少。农民工工资是农村居民在城市劳动力市场中参与国民财富分配的方式，其高低取决于城乡关系对农村居民分配份额的规定。由于城乡差距悬殊，农民工可以获取的收益十分有限，农民工工资水平因而偏低。而且，由于城乡分割的强化，农民工难以越过城乡居民福利待遇的差异性界限对其工资水平的制约而享受到只有城市居民才能享受到的福利待遇。因此，国民财富分配的城乡分割决定了农民工工资与城市职工工资的差异性；国民财富分配的巨大城乡差距决定了农民工工资水平远低于城市职工工资水平。尽管国民财富分配的城乡分割和差距的划分界限是居民的户籍身份，但实际上，户籍身份只是农民工应该享受哪种福利待遇的依据，而身为农村居民的农民工所享有的具体福利待遇内容则根源于城乡关系的规定。

这样，城乡关系从根本上决定了这一时期农民工所能获取的国民财富份额十分有限，农民工工资水平因而是偏低的。但城乡关系对农民工工资形成的这种根本作用是通过影响其工资形成机制的其他构成要素来实现的，具体包括对农民工市场属性的规定、对农民工市场内各市场因素的决定等。

3.2 农民工市场属性的决定作用

3.2.1 农民工市场的次级属性

我国劳动力市场分割由来已久。新中国成立初期，由于实行重工业优先发展战略，建立了与之相应的计划体制模式，并通过以户籍制度为主的居民福利待遇制度安排将城乡分割开来，劳动力市场也由此被分割为城乡两块。改革开放后，随着农村劳动力向城市转移，城市劳动力市场以福利待遇制度为依据逐渐分割为以拥有城市户籍的本地劳动者为主的首要劳动力市场和以拥有农村户籍的外来劳动者（即农民工）为主的次要劳动力市场；前者以正式雇员的身份在正规部门就业，被城市社会保障网络覆盖，后者的工资由劳动力市场的供求来决定，但不被城市社会保障网络覆盖①。这样，在城市劳动力市场内，农民工从一开始就被排斥在首要劳动力市场之外，而只能处于次要位置。随着社会经济的变革，城市劳动力市场又发生了一些变化，出现了多重分割和多层次分割，但农民工劳动力市场的次级属性从未改变。

我国的劳动力市场分割及农民工劳动力市场的这种次级属性在本质上是由城乡关系所决定的。如前所述，城市居民与农村居民在国民财富的分配中有严格的区别，两者福利待遇的差异性是具体体现。这种福利待遇的差异性规定不仅作用于身处不同空间地域的城市居民与农村居民之间，也作用于同处城市劳动力市场内的本地城市居民与外来农民工之间。这样，以城乡居民福利待遇的分割和差异为界限，城市劳动力市场就被划分为福利待遇、工作环境、发展机遇完全不同的两大市场：首要劳动力市场和次要劳动力市场。前者主要由城市居民构成，后者的主体则是来自农村的农民工。农民工就因城乡居民福利待遇差异的制度性规定而被阻隔在了首要劳动力市场之外，农民工劳动力市场因而具有次级属性。不仅如此，由于这一时期城市重新成为改革和国民经济发展的重心，城乡关系因而再次陷入僵局，其分割非常严格。这决定着城乡居民福利待遇的差异性规定十分严格，拥有农村户籍的农民工因而被牢牢地束缚在了城市次要劳动力市场之内，难以冲破劳动力市场之间的这种制度壁垒而进入首要市场，市场的次级属性十分突出。因此，正是城乡居民国民财富分配的失衡决定了城市劳动力市场的分割和农民工市场的次级属性。

3.2.2 次级属性的具体作用

农民工市场次级属性对其工资形成及其工资水平的具体作用主要表现在以下三个方面。

3.2.2.1 农民工劳动力市场次级属性对其工资水平的直接决定

如前所述，首要劳动力市场和次要劳动力市场的主要区别在于劳动者的福利待遇、工作环境、发展机遇等方面的明显差别。具体来说，首要劳动力市场的劳

① 张霞．城市劳动力市场二元分割与外来农业户籍劳动者社会保障权益缺失［J］．中国社会科学院研究生院学报，2007（2）：90－97.

动者工资水平更高，附加福利更多、更好，工作环境更为优越，培训锻炼的机会更多，职场晋升的空间更大。这些都是次要劳动力市场的劳动者难以拥有的。因此，仅因其劳动力市场的次级属性，农民工的工资水平就自然地低于了城市职工的平均工资水平。

3.2.2.2 次级劳动力市场更为激烈的供给竞争抑制了农民工工资水平的上升

劳动力市场的分割决定了处于首要劳动力市场的城市居民仅面临其市场内部的供给竞争，而处于次要劳动力市场的农民工则面临其市场内部和外部的两类供给竞争（详见后文 3.3.4.1）。由于存在激烈的供给竞争，作为劳动力的供给方，农民工不可能坚持高工资水平，否则将无法就业，只要企业提出的工资水平略高于农民工外出务工的各种经济成本，农民工就会接受此工作。而农民工的务工经济成本具体包括机会成本、交通成本、就业成本、生存成本等，其中，机会成本占有较大的比例。机会成本主要是农村劳动力的平均农村收入，而平均农村收入受制于城乡关系对农村居民福利待遇偏低的规定，此规定使农民工的机会成本严重偏低，从而导致了企业提出的工资水平不会太高，农民工工资水平因而处于较低的位置。

3.2.2.3 次级劳动力市场存在的管理问题降低了农民工的实际工资水平

在劳动力市场分割的状态下，与首要劳动力市场管理的制度化、规范化和完善化相比较，次要劳动力市场的管理既不规范也不完善，国家相关劳动保护制度的执行力度很弱，劳动监管也很不到位。在农民工劳动力市场内，超强、超时、高风险劳动随时存在，恶意拖欠和任意克扣工资等事件时有发生。这些因素都在很大程度上降低了农民工的实际工资水平。

3.3 农民工工资形成的市场机制

农民工工资的形成离不开其市场环境。农民工劳动力市场形成于改革开放之后，受传统计划经济体制的影响和政府较少的制度干预，基本上完全是市场化的[①]。因此，在农民工市场内，对其工资形成起决定作用的主要是市场机制。农

① 张兴华. 农民工市场失灵及其矫正［J］. 经济与管理，2006（11）：24－27.

民工工资形成的市场机制主要由其基础因素、动力机制、供求机制和竞争机制等要素构成，这些要素的基本状况及相互关系共同决定着农民工工资水平的高低。

3.3.1　农民工工资形成的基础因素

根据马克思经济学理论，工资是劳动力价值或价格的转化形式，其形成是以劳动力价值为基础的；工资水平在供求关系的影响下围绕着劳动力价值上下波动，但波动的最低界限不能超过简单劳动的生产费用。因此，农民工的劳动力价值正是其工资形成的基础，也是其工资水平上下波动的中心线；农民工简单劳动的生产费用是其工资水平波动的最低界限，工资水平只能高于而不能低于该界限，否则，农民工劳动力消耗将得不到及时的补偿，其劳动力再生产和供给将难以持续，农民工工资形成将缺乏主体基础。农民工劳动力价值及其简单劳动的生产费用与其工资水平正相关，工资水平随前两者的升降而增减。如前（2.3.2）所述，在农民工的劳动力价值构成中，其自身及家属所必需的生活资料价值取决于城乡关系关于农村居民福利待遇的规定所决定的消费水平；农民工受教育和培训的费用取决于城乡关系关于农村居民受教育和培训的规定。由于城乡关系的失衡格局，农村居民的福利待遇十分有限，由此决定了其劳动力价值和简单再生产的费用是偏低的，农民工工资水平因而将处于较低的位置。

3.3.2　农民工工资形成的动力机制

在市场经济条件下，工资是对雇用劳动的报酬，劳资合作是工资形成的主要动力。在农民工市场内，农民工与企业彼此都有合作的需求，区别仅在于需求的强烈程度不同①。城市改革时期，农民工与企业的合作在于其生存需求，而企业与农民工的合作则在于其对廉价劳动力的追求。两者的合作需求共同推动着农民工工资的形成。

3.3.2.1　农民工的生存需求

如前（2.2.2）所述，农民工与企业的合作需求与其追求的迁移利益有关。这一时期，农民外出务工的动力主要来源于对生存利益的追求。与此相对应，农民工与企业的合作主要源于其生存需求。这是我国农村居民的生存现实和农村的发展现实所决定的。

---

① 实际上，雇用农民工的资方主体包括企业和个体经营者。为叙述简便，本书以企业代指所有雇用农民工的资方主体。

（1）在城乡关系中，农村居民能够获取的国民财富分配份额极其有限，能够享受的福利待遇内容严重偏少，农村居民的生活状况因而十分窘迫，许多农村居民根本无法解决自身及其家属的基本生活需求。据统计，1984年，农村居民人均年收入和年消费分别仅为355.3元和273.8元，远低于城市居民的652.1元和559.4元，且无城市居民可以享受的福利内容；农村贫困人口高达1.28亿。为了生存，农村居民必将寻求农业和农村以外的机会，二元经济结构的存在则为其提供了寻求这种机会的可能。

（2）农村严重的人地矛盾加剧了农村居民的贫困生活。人地矛盾是指人口数量与土地（特别是耕地）资源的比例失衡。人口数量多、耕地面积少，人均耕地面积十分有限，这是中国人地关系的基本状况。利用有限的土地资源维持超过其承载能力的人口数量，其结果必然是人们的整体生活水平被维持在较低的水平。马尔萨斯（1789）认为，由于人口的繁衍不考虑社会的承载能力，这就使得人口按指数率增长，而粮食生产则是按算术级数增长的，多生产出来的粮食会被增加的人口所消耗掉，人类社会因而没有“资本积累”可供继续发展，人们将长期生活在最低生活水平。艾尔温（1973）也认为，正是人口压力和人地比例失调导致了中国经济的落后，一是过多的人口消耗掉了用于推动经济发展的农产品剩余，使得人们除了维持生计以外，无法积累起经济发展的“资本”；二是人们把过多的劳动力密集地投入到土地当中，从而限制了劳动力投入到其他生产当中。这样，中国的农业和农村长期陷入了“高水平均衡陷阱”当中，经济发展相当缓慢。

（3）经济体制改革的重心从农村转向城市，农村改革积累起来的成果逐渐被消解，农业和农村重新陷入发展的困境，农村居民必须为生存而另谋出路。改革开放推动东部地区劳动密集型产业迅速发展。在此情况下，农民外出就业不失为一种理性选择。

因此，这一时期，农民工与企业的合作更多的是来自其生存需求的推动。改革开放初期，人均耕地较多的平原地区与商品粮食主产区的农民外出打工的较少，而人均耕地比较少、生存问题难以解决的山区和丘陵地区的农民则占农民工的主体地位①。这正是农民工迫于生存压力而与企业合作的铁证。作为最本能、最基本的需求类型，生存需求决定了农民工与企业的合作意愿十分强烈，极大地

① 邓大才．农民打工：动机与行为逻辑——劳动力社会化的动机—行为分析框架［J］．社会科学战线，2008（9）：83－93.

激励着其供给行为，并影响其供求关系。农民工的这种合作需求程度还削弱了其与企业的竞争力，进而降低了其工资水平。

3.3.2.2 企业的廉价劳动力需求

首先，企业对廉价劳动力的需求源于其对利润最大化的追求。由于使用不同类型的劳动者企业所获取的利润大小不同，企业将根据劳动者可以带来的利润大小来选择劳动者类型。企业利润是其收益和成本之差，假设企业的收益为雇用劳动力数量的函数R（L）；再假设企业只有劳动成本，其总成本则等于工资率与雇用劳动力数量的乘积WL。这样，企业雇用工人后的利润函数为$\pi = \pi(W, L) = R(L) - WL$，也是工资率和雇用劳动力数量两者的函数[①]。企业的策略选择包括雇用农民工、雇用其他类型的劳动者和不雇用任何劳动者。三者能够为企业带来的利润大小是企业策略选择的决定因素。由该公式可知，当雇用劳动力数量L一定的情况下，企业雇用农民工和雇用其他类型的劳动者的利润大小取决于两者的工资水平W：W较高者，企业的劳动成本则较高，其带来的利润较少；反之，企业的劳动成本则较低，利润较多。一旦农民工的工资水平低于其他劳动者的工资水平，雇用农民工的成本就相对更低，其带来的利润也就高于雇用其他劳动者的利润。而不雇用任何劳动者，即$L = 0$，企业的利润则为零。这样，企业的最优策略选择是雇用农民工。

其次，企业对廉价劳动力的需求源于其产业发展特征。随着发展多种经济形式政策的推行，我国各种形式的非公有经济迅速发展，扩大了劳动力的需求总量。但这些非公有企业多聚集于我国的东部地区，以劳动密集型产业为主，主要从事“三来一补”的加工贸易，这决定了扩大的劳动力需求主要是针对廉价劳动力而言的。囿于当时的就业体制，城市劳动力难以满足非公有企业对劳动力，特别是对廉价劳动力的需求，而工资水平偏低的农民工刚好符合这一需求。而且，在工业化进程中，劳动力从农业部门流向工业部门是人口流动的一个必然趋势。在这一趋势中，源源不断的农村剩余劳动力从农村流入城市转变为农民工。这样，数量众多的农民工无疑正适合非公有企业的廉价劳动力需求。企业与农民工合作的需求条件成熟。

由于农民工与企业彼此均有合作需求，这推动了双方建立雇用与被雇用的合作关系。而雇用关系一旦确立，企业因使用雇用劳动力而必须支付其消耗劳动的费用，农民工则因出卖劳动力而必然获得补偿其劳动消耗的费用，这个费用正是农民工工资。

① 谢识予．经济博弈论（第二版）［M］．上海：复旦大学出版社，2002.

因此，正是农民工与企业双方均具有的合作需求推动着农民工工资的形成。

3.3.3　农民工工资形成的供求机制

农民工工资形成的供求机制是决定农民工工资水平的基本市场因素。这一时期，农民工市场的供求特征主要是农民工供给总量巨大，超过了其需求总量。20世纪80年代初，外出农民工的数量不及200万①，但随后其总量迅速增加。据中国社科院农村发展研究所的调查资料推算，1986年全国农民工人数达到1800万；1989～1990年，农民工大致在3000万～4000万之间②；1992年，农民工已达3500万人③。

另外，城市人口数量及其变化也可以反映这一时期农民工劳动力的数量急速增长并非常庞大。1985～1992年，我国总人口从105851万人增长到117171万人，共增加11320万人，增长了9.7%。同期，城市人口从25094万人增长到32175万人，共增加7081万人，增长了22.0%，占增长人口的62.6%，是全国人口平均增长速度的2.27倍。比较城市人口变化曲线和农村非农劳动力变化曲线可以发现，两者的走向基本吻合（如图3－1所示）。这两种情况表明：①这一时期，除了城市人口的正常增长外，还有大量的农村居民转变成了城市居民，其中，进城务工经商的农民工是其主体。②这一时期，农民工的数量众多，且增长迅速，规模扩大很快。而且，由于城市人口数量变化指标仅反映的是这一时期在农村劳动力外出务工的过程中，有少部分农村人口取得了城市户籍身份，从农村居民转变成为城市居民；而实际上，还有大部分农民工因无力取得城市户籍只能在就业所在地的城市和户籍所在地的农村之间摆动。因此，农民工的实际数量是超过城市人口增长的数量的。

如前所述，农民工劳动力的这种供给状态源自城乡居民国民财富的分配关系。由于农民在国民财富的分配中可以获取的份额极其有限，甚至威胁其生存状态，所以在城乡二元结构的经济背景和允许人口城乡流动的政策环境下，农村劳动力必然做出迁移决策，转化为农民工，农民工劳动力供给因而源源不断。潮水般的供给趋势逐渐超过其需求总量，进而形成了供过于求的状况。在劳动力市场中，供求关系是工资形成的主要决定因素。农民工劳动力供过于求的状况对其工资形成极为不利，其工资水平将严重偏离其利益而处于较低的位置。

---

①②　劳动和社会保障部劳动科学研究所编．中国劳动科学研究报告集（1997～1999）［M］．北京：中国劳动社会保障出版社，2008.

③　韩俊．跨世纪的难题：中国农业劳动力转移［M］．太原：山西经济出版社，1994.

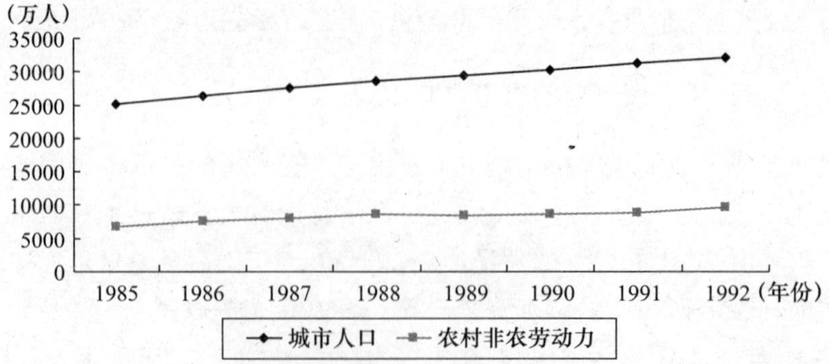

图3－1　城市改革时期城市人口和农村非农劳动力变化曲线

资料来源：国家统计局《中国统计年鉴》（各年）。

3.3.4　农民工工资形成的竞争机制

在劳动力市场中，影响并决定劳动力价格即工资的竞争主要来自以下三个方面：一是劳动力供给方之间的竞争，这种竞争将降低工资水平；二是劳动力需求方之间的竞争，这种竞争将提高工资水平；三是劳动力供求双方之间的竞争，这种竞争的结果取决于竞争双方的力量对比关系，一般而言，供给方的竞争力大于需求方将提高工资水平，而小于需求方则将降低工资水平。在城市农民工市场内，农民工同样面临着这三类竞争，但每一时期竞争的主要内容和竞争的激烈程度均有所不同。城市改革时期，农民工工资形成的竞争机制主要由农民工的供给竞争和供求竞争构成。

3.3.4.1　农民工的供给竞争

影响并决定农民工工资的竞争关系主要是劳动力供给者之间的竞争，包括农民工供给的内部竞争和农民工供给的外部竞争。

（1）农民工供给的内部竞争。农民工市场内最主要的竞争关系是农民工劳动力供给者之间的竞争，即农民工群体的内部竞争。这是农民工面临的主要劳动力供给竞争，也是城市农民工劳动力市场最为激烈的竞争①。如上所述，这主要源于农民工劳动力供给总量巨大，超过其需求总量。在供过于求的市场环境下，农民工之间的内部竞争必然十分激烈。而且，由于农民工之间存在相似的人力资本禀赋，受教育程度、培训经历、技术水平、工作经验等都比较接近，这决定了农民工的就业行业、工作岗位较为集中，因而进一步加剧了其内部竞争。

① 邹树新．中国城市农民工问题［M］．北京：群言出版社，2007.

（2）农民工供给的外部竞争。农民工群体不仅面临着内部同伴的供给竞争，还面临着农民工市场的外部供给竞争。这主要是指农村存在大量随时可能进入城市农民工市场的劳动力。我国农村劳动力存量巨大，在农村生活压力的推动和生存利益的吸引下，他们随时都会做出外出务工的决策，加入到城市农民工队伍中。这些人是农民工劳动力供给的潜在竞争对手。由于其数量庞大，农民工所承受的外部供给竞争压力也非常明显。

从上述可知，农民工劳动力面临着激烈的内外部供给竞争。在这种供给竞争格局之下，农民工处于被动地位，其工作获取机会十分有限，对工资水平的要求只得降低；而劳动力的需求方即企业则处于主动地位，自由选择劳动力的余地比较大，可以以较低的价格获得大量的农民工劳动力，导致农民工的工资水平必然处于低位。

3.3.4.2 农民工的供求竞争

农民工与企业之间的供求竞争亦即两者之间的劳资竞争，其结果取决于双方的力量对比。“强资本、弱劳工”是劳资关系的一般格局。但在资方强势一定的情况下，农民工还面临着许多其他劳动者所不具有的弱势。

（1）机会成本弱势。如前所述，农民工的机会成本主要是农村劳动力外出务工而放弃的在其农村家乡所能获取的各方面经济收益，主要由本地务农收入和本地务工收入两部分构成。从农民纯收入来源看，农民工的机会成本具体包括了农村劳动力除外出务工收入以外的所有收入项目。农民纯收入主要由劳动者收入、家庭经营纯收入、转移性和财产性收入三部分构成，其中，劳动者收入（即后来的工资性收入）主要由农民作为组织成员所获得的劳动报酬、本地务工收入和外出务工收入三部分构成。但由于统计资料的缺乏，无从得知三者的具体构成。因此，用农民纯收入减去外出务工收入的方法来计算这一时期农民工的机会成本具有很大的数据障碍。有鉴于此，这里采用忽略农民外出务工收入的办法，直接以农民纯收入作为基数来计算这一时期农民工的机会成本，计算方法详见表3－2。当然，此方法计算出来的农民工机会成本将比其实际的机会成本略微偏高，但可以在很大程度上反映出其机会成本的基本状况。通过计算（如表3－2所示），1985年，农民工的机会成本为72.2元/月，随后逐年有所上升；至1992年，达到163.7元/月。与城市职工月均工资相比较，这一时期，农民工的机会成本仅为后者的63.1%～81.0%，仍然偏低。

表3－2　城市改革时期农民工的机会成本与城市职工月均工资比较

单位：元/月，%

年份	1985	1986	1987	1988	1989	1990	1991	1992
农民纯收入（元/年）	397.6	423.8	462.6	544.9	601.5	686.3	708.6	784.0
农民工机会成本	72.2	75.4	80.7	93.3	101.8	144.4	147.3	163.7
城市职工月均工资	95.7	110.8	121.6	145.6	161.3	178.3	195	225.9
农民工机会成本/城市职工月均工资	75.4	68.1	66.4	64.1	63.1	81.0	75.5	72.5

注：计算公式：农民工机会成本＝农民纯收入×农村人口总数÷农村劳动力总数÷12。

资料来源：（1）农民纯收入、农村人口总数来自：国家统计局．新中国55年统计资料汇编［M］．北京：中国统计出版社，2005.

（2）1985～1987年的农村劳动力总数来自：国家统计局社会统计司．中国劳动工资统计资料（1978～1987）［M］．北京：中国统计出版社，1989：5.

（3）1988～1992年的农村劳动力总数、城市职工月均工资来自国家统计局《中国统计年鉴》（各年）。

（2）人力资本弱势。人力资本弱势主要是指农民工的人力资本禀赋偏低。从现有文献来看，有关人力资本的研究大多支持教育、培训、专业技能和健康等人力资本在劳动力迁移决策和经济地位获得方面的决定性作用；人力资本的增加将带来个人收入的提高也成为一个被广泛认同的观点①。一般来说，劳动者的人力资本构成主要包括其受教育程度、工作经验、职业技能等内容，其中，工作经验与劳动者的工作经历和工作时间有关，而受教育程度和职业技能则取决于劳动者成长的环境因素。因此，受教育程度和职业培训是衡量从农村到城市的农民工人力资本存量的主要指标。我国农民工的人力资本存量少且水平低，所拥有的知识、技能、经验、劳动熟练程度含量少。整理相关资料可知，这一时期，农民工以初中文化程度为主，其次为小学文化程度；文盲半文盲的比例偏大，高中及以上文化程度的比例相对较小（如表3－3所示）。这反映了这一时期农民工的人力资本禀赋较低的事实。

① 何国俊，徐冲，祝成才．人力资本、社会资本与农村迁移劳动力的工资决定［J］．农业技术经济，2008（1）：57－66.

表3-3 城市改革时期部分地区的农民工文化程度构成 单位:%

资料序号	年份	调查地区	调查对象	文盲半文盲	小学	初中	高中	大专及以上
1	—	武汉市	建筑业	5.4	23.3	55.9	15.4②	
2	1989	成都市	保姆	16.3	40.0	40.0	3.4	0.3
3	—	北京市	流动人口	29.7	24.4	28.3	10.2	7.3
4	1988	上海市	流动人口	11.1	24.2	43.9	15.6	5.2
5	1989	杭州市	流动人口	7.2	21.4	43.6	22.0	5.8
6	—	郑州市	流动人口	3.9	13.9	42.8	28.7	10.7
7	1989	四川省遂宁市市中区	农民工	7.3①	61.75	27.72	3.2	0.03
8	1990	武汉市	流动人口	9.5	23.7	43.9	18.3	4.6

资料来源（按资料序号排列）：

1~2、4~6 王建民，胡琪．中国流动人口［M］．上海：上海财经大学出版社，1996.

3 王树新，冯立天．经济体制改革中的北京市流动人口［J］．人口与经济，1986（1）：5-11.

7 吴燕翔，丁英．四川丘陵地区农村劳务输出的现状和前景［J］．四川社联通讯，1998（3）：34-36，33.

8 王建民，胡琪．重视调节外来流动人口结构的对策研究［J］．中国人口科学，1988（6）：71-75.

（3）组织程度弱势。工会是维护劳动者权益的主要组织。在西方发达国家，工人的工资及其他劳动权益是由政府、工会、企业、工人“四位一体”的谈判机制来决定的。单个工人只是工会的一员，并不直接参与与企业的谈判。工会组织负责与企业直接进行谈判。借助其成员众多、组织有力，工会掌握着劳动力供给，与企业处于对等的地位，可以有效地维护工人的权益。因而企业不仅不能随意克扣工人工资、延长工时，而且还要保证定期提高工资水平，增加待遇和改善工作环境。但在中国的农民工劳动力市场中，工会作为代表工人利益的正式组织是缺失的。农民工组织生活的主体是以地缘、血缘、学缘关系为纽带的非正式组织，这类组织因具有强烈的趋同性而力量有限。自我组织程度低下决定了农民工缺乏强大的集体力量，无以在竞争中与企业抗衡。

（4）谈判能力弱势和维权弱势。受机会成本弱势、人力资本弱势和社会资本有限等因素的制约，农民工的谈判能力相对偏弱。加上正式组织的缺失，单个农民工或其非正式组织的谈判能力无以提升，因而难以在与企业进行就业和工资

①② 该数据是100%减去该行其他百分比的结果。

水平谈判中为自己争取到更多的权益。同时，受人力资本等弱势的影响，农民工的维权意识与能力也比较低下，因而难以在与企业的竞争中维护和讨回自己应有的权益。

实际上，农民工的上述弱势根源于城乡居民国民财富的分配关系。农民工的机会成本弱势囿于城乡关系关于农村居民福利待遇的规定严重偏低；其人力资本弱势也源于城乡关系关于农村居民受教育福利待遇的规定偏少，而其人力资本弱势又造成其组织程度弱势、谈判能力弱势和维权弱势。这样，在失衡城乡关系的决定下，农民工存在着较其他劳动者群体更为严重的弱势性，其在与企业的竞争中处于绝对的弱势地位。这种供求竞争格局决定了其竞争结果，即农民工工资水平必将背离农民工的利益而处于较低的位置。

3.4 农民工工资水平的整体情况及基本判断

3.4.1 农民工工资水平的整体情况

如前（1.3.3.2）所述，20世纪80年代，社会各界对农民工的关注重点在农民进城的负面效应、农民工的使用和管理等方面。因此，这一时期，农民工工资水平资料十分分散。鉴于此，现将相关资料整理如表3－4所示，以窥农民工工资水平全貌，并判断其高低。

表3－4 城市改革时期农民工工资水平统计

序号	时间	地点	总务工收入（万元/年）	务工人数（人）	人均务工收入（元/年）	月均工资（元/月）
1	1985年	陕西省山阳县	2326	36000	646	72
2		江苏省南通市海门县包场区正余乡	609.14	5280	1153.7	128.2
3		宁夏西海固	2667①	38000	702	78

① 本条和第6条的总务工收入和务工人数均根据“宁夏西海固1996年输出农民工50万人次，劳务收入总额近4亿元，分别为1985年的13倍和15倍。甘肃省1996年前后每年输出农民工200万人次，劳务收入达16亿元，分别是1986年的3倍和5倍”计算得出［见：劳务输出促进三西扶贫开发［N］．中国信息报，1997－10－17（1）．］。

续表

序号	时间	地点	总务工收入（万元/年）	务工人数（人）	人均务工收入（元/年）	月均工资（元/月）
4	1985年	中煤总公司河北分公司	—	—	—	121.8
5		河南省新县	120	1260	987.8	110
6	1986年	甘肃省	32000	667000	480	53
7		中煤总公司河北分公司	—	—	—	149.3
8		河南省新县	102	2000	510	57
9		河南省新县	12	120	1000	111
10		河南省林县	20000	100000	2000	222
11		江西省广丰县塘墀乡	276	2300	1200	133
12		安徽省金寨县江店镇	270	2000	1350	150
13	1987年	中煤总公司河北分公司	—	—	—	173.2
14	1988年	河南省煤矿企业	—	—	—	180
15		中煤总公司河北分公司	—	—	—	196
16		深圳	—	—	—	170
17	1989年上半年	中煤总公司河北分公司	—	—	—	229.5
18	1989年	江苏省煤矿企业	3217	—	—	268
19		内蒙古阿拉善盟的矿工	—	—	—	110～120
20		山东省胜利油田	2000	—	—	167
21		深圳	—	—	—	180
22	1987～1990年	广东省连南瑶族自治县	2250	3000	2500	278
23	1990年	深圳	—	—	—	180
24	20世纪90年代初	山东省三山岛金矿	—	—	—	200
25	1991年	秦皇岛市经济技术开发区	—	—	—	200～299
26		上海市漕河泾新型技术开发区	—	—	—	222
27		上海市闵行开发区	—	—	—	270
28		浙江省龙港“农民城”	—	—	—	437
29		广州市	—	—	—	400
30		深圳	—	—	—	190

续表

序号	时间	地点	总务工收入（万元/年）	务工人数（人）	人均务工收入（元/年）	月均工资（元/月）
31	1992年	厦门市	—	—	—	300
32		深圳	—	—	—	220
33		山东省桓台县	—	—	—	300
34		四川省大竹县	—	—	—	200～400

注：如未特别说明，农民工的年工作时间均以9个月计算，城市职工的年工作时间均以12个月计算。

资料来源（以序号排列）：

1 洪援朝．劳务输出与脱贫致富——山阳县经验的启示［J］．人文杂志，1987（5）：65－67.

2 陈颐．劳务输出和农村劳动力的跨地区转移——江苏省南通市海门县包场区考察［J］．人口研究，1987（5）：20－25.

3、6 劳务输出促进三西扶贫开发［N］．中国信息报，1997－10－17（1）.

4、7、13、15、17 中煤总公司河北分公司劳资处．关于完善农民轮换工制度　稳定采掘工人队伍的意见［J］．河北煤炭，1989（4）：59－62.

5、8、9 汪立军．山区剩余劳动力流向的考察与思索——新县劳务输出情况的调查［J］．信阳师范学院学报（哲学社会科学版），1987（3）：134－138.

10 王建民，胡琪．中国流动人口［M］．上海：上海财经大学出版社，1996.

11 忠德，华生．广丰县组织剩余劳力搞劳务输出［J］．江西老区建设，1987（9）：45.

12 陈德邻．劳务输出是山区脱贫致富的一条重要措施［J］．经济管理，1987（7）：15.

14 李廷赞，马军亮．对完善国营煤矿农民轮换工制度的探讨［J］．中州煤炭，1989（4）：19－20.

16、21、23、30、32 卢锋．中国农民工工资走势：1979～2010［J］．中国社会科学，2012（7）：47－67.

18 董立新．农民轮换工制度的问题与对策［J］．煤炭经济研究，1991（6）：9－10.

19 刘援朝．试论流动人口的行为特征——内蒙古阿拉善盟农民工调查［J］．农村经济与社会，1989（6）：1－9.

20 胜利油田劳资处．扬长避短发挥优势　进一步巩固发展农民轮换工制度［J］．中国劳动科学，1989（6）：30－32.

22 唐辉．劳务输出——脱贫致富的一个途径［J］．中国民族，1990（12）：14.

24 栾澍泰．完善农民轮换工制度的探讨［J］．中国劳动科学，1991（8）：25－26.

25～28 邬沧萍．中国经济开发区外来人口研究［M］．上海：华东师范大学出版社，1996.

29 吴焕开．从“民工潮”看农村青年劳动力的转移［J］．中国青年研究，1993（1）：20－23.

31 杨海波，哈晓斯，阿欣．“失衡”的工资——某些三资企业工资分配问题透析［N］．中国劳动保障报，1993－09－21（1）.

33 农民流动与乡村发展课题组．农民工回流与乡村发展——对山东省桓台县10村737名回乡农民工的调查［J］．中国农村经济，1999（10）：63－67.

34 中国社会科学院农村发展研究所，国家统计局农村社会统计司．1992年中国农村经济发展年度报告——兼析1993年发展趋势［M］．北京：中国社会科学出版社，1993.

从以上资料可以看出：①这一时期的农民工工资水平存在较大的差异。例如，1985年，农民工的月均工资为72～128.2元不等；1986年，为53～222元不等；1988年，为170～196元不等；1989年，为110～268元不等；1991年，为190～437元不等；1992年，为200～400元不等。②这一时期，个别地区的农民工工资水平存在明显偏高的现象。例如，在资料28中，1991年的浙江省龙港"农民城"的农民工工资水平就明显偏高，这与地区工资水平较高有关；资料29中，广州市农民工工资也相对较高，这与广州市当时处在改革开放以及经济发展的最前沿有很大的关系。③在忽略个别工资偏高的情况下，这一时期的农民工工资水平集中在50～300元之间。

3.4.2 农民工工资水平的基本判断

关于农民工工资水平的高低情况，这里主要是将其月均工资的绝对值与城市职工月均工资和农民工市场均衡价格进行比较，从而做出判断。

3.4.2.1 与城市职工月均工资的比较

首先，就农民轮换工来看，其工资水平低于本单位内城市职工的工资水平[①]。以下资料反映了这一事实。

［资料一］1984～1988年，江苏省农民轮换工的年平均工资比采掘工人（固定工）的年平均工资低20%以上；1989年农民轮换工的年平均工资上升到3217元，但仍低于后者17.2%[②]。

［资料二］据对某造船厂的调查得知，农合工与固定工之间在同工同酬上存在着很大差距：农合工的平均月收入为206元（包括加班加点收入），而全员固定工平均月收入为317元，生产一线的固定工平均月工资更是高达500元左右；农合工的月均工资仅为全员固定工的65%，仅为一线固定工的41%[③]。

［资料三］据调查得知，1985年前后，在峰峰矿务局实行的工资待遇、劳动

① 农民轮换工工资水平的比较对象为本企业内部具有城市户籍的正式职工（固定工）的工资水平。农民轮换工多分布在采掘业。而根据我国的工资制度，采掘业因劳动强度相对较高，其工资水平一般高于其他行业的工资水平。农民轮换工的工资水平也因此相对较高，从而与全国城市职工的平均工资水平不具可比性。

② 董立新．农民轮换工制度的问题与对策［J］．煤炭经济研究，1991（6）：9－10.

③ 许晓军，汤金诗．农民工问题——社会公平面临的新挑战——某造船厂农民合同工状况调查［J］．工会理论与实践—中国工运学院学报，1993（2）：21－23.

保险待遇及政治待遇中，固定工最好，合同工次之，农民轮换工最差[①]。

其次，就农民工来看，其月均工资的绝对值虽略高于城市职工月均工资，但考虑到两者的福利待遇内容，农民工工资水平实际上是低于城市职工工资水平的。这里将表3－4中的农民工月均工资进行简化统计，并与同期城市职工月均工资进行比较（如表3－5所示）可知，除资料1、3、6、8、30、32以外，农民工的工资水平均略高于城市职工平均工资水平。但这并非农民工工资水平的真相。因为这一时期，城市职工依然享受着高福利，包括货币形式和非货币形式的福利内容。货币形式的福利内容即工资收入只占其很小的比例；非货币形式的福利内容，例如，福利住房、劳保用品、公费医疗、子女上学优待、失业保障、劳动保障、养老保障、医疗保障等，则占据了其较大的比例（如表3－1所示）。而这些非货币形式的福利待遇都是农民工所不能享有的。因此，考虑到非货币形式的福利内容，农民工工资水平并非高于，而是远低于城市职工工资水平的。

表3－5　城市改革时期农民工与城市职工工资水平比较　　单位：元/月

年份	农民工工资水平	城市职工工资水平
1985	72（1）、128.2（2）、78（3）、110（5）	95.7
1986	53（6）、57（8）、111（9）、222（10）、133（11）、150（12）	110.8
1987	—	121.6
1988	—	145.6
1989	—	161.3
1987～1990	278（22）	178.3[②]
1991	200～299（25）、222（26）、270（27）、437（28）、400（29）、190（30）	195
1992	300（31、33）、220（32）、200～400（34）	225.9

注：括号内数据为表3－4的序号，即各项农民工工资水平的资料来源。

资料来源：（1）农民工工资水平：根据表3－4整理（农民轮换工资料除外）。

（2）城市职工工资水平：根据国家统计局《新中国55年统计资料汇编》相关数据计算。

通过对部分地区农民工和当地城市职工月均工资的比较，可以进一步论证农

① 峰峰矿务局工资处．关于改进农民轮换工制度的调查和建议［J］．煤炭经济研究，1986（8）：18－19.

② 该数据为1990年的城市职工月均工资。

民工工资水平低于城市职工平均工资水平的事实。例如，在上述资料中，上海市漕河泾开发区和闵行开发区农民工月均工资分别为 222 元和 270 元，而当年上海市城市职工月均工资为 281.3 元，农民工月均工资分别仅为后者的 78.9% 和 96%。再如，由厦门市劳动局外资处提供的一份关于该市 1992 年的“三资”企业工资抽样调查表表明，在收回的 120 张统计表中，职工工资最高为 910 元，最低才 192 元，而且绝大多数劳动密集型企业的工资水平都只有 300 元左右，低于当年该市国有企业 380 元的平均工资水平①。

3.4.2.2 与农民工市场均衡价格的比较

按照均衡工资理论，劳动者的工资水平决定于劳动力供求双方在市场竞争中形成的均衡价格。农民工劳动力市场的均衡价格正是农民工与企业之间竞争的结果。在这里，我们首先假设农民工上述所获取的劳动报酬正是其市场竞争的结果，属于市场均衡价格。但由于在实际的劳动过程中，企业往往利用其在劳资竞争中的绝对优势强迫农民工超时、超强度工作，或强迫其在恶劣的或风险极大的环境中劳动，农民工则因我国农村的落后状况、巨大的城乡差距、激烈的劳动力供给竞争等原因而被迫接受企业主的安排。所以，有关农民工工资属于市场均衡价格的分析显然忽略了上述因素。这些因素实际上严重地削弱了农民工的工资水平。因此，农民工工资表面是市场均衡价格，但若考虑到上述因素的影响，其工资水平实际上是低于市场均衡价格的，处于较低的位置。

根据上述两个方面的比较可知，这一时期，农民工工资水平不仅低于城市职工的平均工资水平，也低于其市场均衡价格，因而是偏低的。

3.5 农民工工资形成机制的评价

3.5.1 农民工工资形成机制归纳

如上所述，随着以城市为重心的经济体制改革的全面展开，城乡二元结构重新被强化。这一方面促进了农民工的产生和发展，使农民工工资形成具备了主体

① 杨海波，哈晓斯，阿欣．“失衡”的工资——某些三资企业工资分配问题透析［N］．中国劳动保障报，1993－09－21（1）．

条件；另一方面城乡关系的失衡格局决定了农民工工资形成机制中其他构成要素的基本状态。由于城乡二元分割，城市劳动力市场被分割为首要劳动力市场和次要劳动力市场，囿于城乡关系对农村居民福利待遇的规定严重偏低，农民工无法进入首要劳动力市场，而只能处于次级劳动力市场，因而农民工劳动力市场具有次级属性。其次级属性不仅直接决定了农民工工资水平低于首要市场的城市职工工资水平，而且，由于农民工面临着更为激烈的市场竞争关系以及农民工市场所存在的严重的管理问题，其工资水平再度被降低。在农民工市场内，工资的形成取决于其市场机制的作用。以农民工的劳动力价值为基础，农民工的生存需求和企业对廉价劳动力的需求共同推动着农民工工资的形成。农民工供过于求的市场状况、农民工劳动力所面临的市场内外部的供给竞争以及农民工与企业主之间的供求竞争弱势共同决定着农民工工资水平处于较低的位置。但农民工工资形成的各市场因素的具体状况均取决于城乡关系对农村居民福利待遇的规定。

由此可归纳出城市改革时期农民工工资形成机制的主要构成。首先，农民工工资形成取决于城乡关系对农村居民福利待遇的规定性。由于农村居民在城乡居民国民财富的分配中处于极为不利的地位，由城乡关系规定的农民工工资水平是偏低的。其次，农民工工资形成取决于其市场属性的决定作用。城乡关系规定了农民工市场的次级属性，使农民工工资水平低于首要市场的城市职工工资水平。最后，农民工工资形成取决于市场机制的作用。在农民工劳动力市场内，其工资是在农民工劳动力价值的基础上，在农民工与企业合作需求的推动下，农民工劳动力供求机制和竞争机制共同作用的结果。受制于城乡失衡格局的各市场因素均抑制着农民工工资水平的增长，因而导致农民工工资水平偏低。因此，农民工工资的形成实际上是农民工市场内外两种因素共同作用的结果：在外，是城乡关系、农民工市场属性等制度因素对农民工工资形成的决定；在内，是其劳动力价值、合作需求、供求机制和竞争机制等市场因素对其的作用。城乡关系是其决定根源（如图3－2所示）。

3.5.2 制度因素与市场机制比较

如上所述，农民工工资水平是在制度因素与市场机制的共同作用下形成的。在农民工市场内，以农民工劳动力价值为基础，农民工与企业的合作需求推动着农民工工资的形成；而农民工劳动力所面临的供过于求的供求状况、激烈的供给竞争以及供求竞争弱势，共同降低了农民工工资水平，农民工工资因而处于较低的位置。同时，按照马克思经济学的工资决定理论，尽管农民工工资水平偏低，

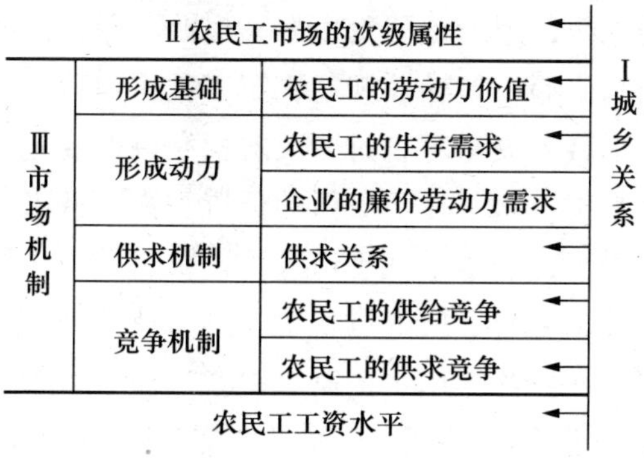

图3－2 城市改革时期农民工工资形成示意图

注：Ⅰ、Ⅱ、Ⅲ表示农民工工资形成路径。

但它仍然是农民工市场内供求机制和竞争机制共同作用的结果，属于市场均衡价格，其偏低程度取决于市场因素的基本状态。但是，农民工工资水平不仅低于城市职工平均工资水平，而且低于其市场均衡水平，这是供求机制和竞争机制决定理论所难以解释的。因此，这一时期，农民工市场的供求机制和竞争机制可以解释其工资水平处于较低的位置，却无法说明其偏低的严重程度，即难以解释农民工工资水平为何低于其市场平均水平。这表明，农民工工资水平并非完全由市场机制所决定，而是另有其他非市场因素在起作用，而且，后者的作用大于市场机制的作用。

根据前述（3.4.2），判断这一时期农民工工资水平偏低的主要依据包括：一是农民工没有城市居民所拥有的各种非货币福利待遇，农民工工资水平因而低于城市职工平均水平；二是其工作时间更长、工作强度更大、工作风险更高、工作环境更恶劣等因素导致其实际工资水平下降，农民工工资因而低于其市场均衡价格。由于农民工市场的供求机制和竞争机制无法解释农民工工资水平偏低的严重程度，考察其起作用的具体市场环境对其的抑制或约束作用从而成为另一条分析路径。我国的劳动力市场分割及农民工劳动力市场的次级属性正是农民工供求机制和竞争机制决定其工资的市场环境。如前所述，农民工劳动力市场的次级属性对农民工工资形成有直接的干预，抑制着其工资水平的增长；次级市场更为激烈的供给竞争和更为严重的管理问题，进一步降低了其工资水平。在这样的市场环境下，农民工工资水平严重偏低，甚至低于其市场均衡价格。

实际上，劳动力市场分割和农民工市场的次级属性还不足以彻底解释农民工工资水平严重偏低的原因，因为该因素也有其根源，即我国的城乡关系。正是后者通过对城乡居民福利待遇的差异性规定决定着我国的劳动力市场分割和农民工市场的次级属性。由于城乡关系对农村居民的福利待遇规定严重偏低，这决定了拥有农村户籍的农民工工资水平处于极低的位置，甚至低于其市场均衡价格。因此，城乡关系才是农民工工资水平低于市场均衡价格的真正原因。这是市场机制所无法解释的。在农民工工资形成的过程中，其市场内外具有两种决定力量，即市场因素和制度因素均在发挥作用，但制度因素的作用大于市场机制的作用。由于这一时期的制度因素主要包括农民工市场的次级属性和城乡关系，而前者又源于城乡居民国家利益的分割与差异关系，因而制度因素的作用在根本上是城乡关系的作用。而且，市场机制的各因素也是根源于城乡关系的。因此，城乡关系是农民工工资形成的决定根源。

3.6 本章小结

以城市改革为起点到市场化改革目标确立前，即 1985～1992 年，是农民工工资形成的第一个阶段。本章在考察这一时期城乡关系基本格局的基础上，分析了农民工工资形成的劳动力市场属性和市场机制的具体作用，考察和判断了其形成结果即农民工工资水平，归纳了农民工工资形成机制的具体构成，并比较了制度因素和市场机制的作用大小。现将本章的主要内容和结论归纳如下：

第一，以城市为重心的经济体制改革推动着城乡关系呈现出与改革开放前和农村改革时期所不同的特征，主要是城乡二元结构重新被强化，城乡差距再次被拉大。这一方面促进了农民工的产生与发展，农民工工资的形成具备了主体条件；另一方面规定了农民工作为农村居民而无法在国家财富的分配中获取更多的份额，农民工与城市职工的工资水平因而相差悬殊。城乡关系对农民工工资形成的这种根本决定是通过影响其工资形成机制其他构成要素的基本状态来实现的。

第二，城乡二元结构的强化决定了城市劳动力市场的分割和农民工市场的次级属性。由于城乡利益分割的界限分明，从农村来到城市的农民工难以进入首要劳动力市场，而只能居于次级劳动力市场；由于城乡差距的扩大，次级市场的农民工工资水平因而显著低于首要市场的城市居民工资水平。而且，由于次级市场存在更为激烈的供给竞争和更为严重的管理问题，导致农民工工资水平更加偏低。

第三，在农民工市场内，由于其市场化程度相对较高，市场机制对农民工工资形成也具有一定的作用。农民工工资是在其劳动力价值的基础上，在农民工与企业合作需求的推动下，由农民工市场的供求机制和竞争机制共同作用而形成的。由于农民工面临着供过于求的市场环境和激烈的供给竞争以及供求竞争弱势，农民工工资形成的结果即其工资水平是偏低的。但对农民工工资形成起作用的各市场因素主要取决于城乡关系对农村居民福利待遇的规定。

第四，这一时期，农民工工资水平既低于城市职工工资水平，也低于其市场平均工资水平，从而是严重偏低的。这是在对农民工工资水平进行历史考察和比较分析的基础上做出的判断，是由以城乡关系为主体的制度因素和市场机制所构成的农民工工资形成机制起作用的必然结果。

第五，农民工工资形成机制由制度因素和市场机制共同构成，但制度因素的作用大于市场机制。各种市场因素的基本状况可以解释农民工工资水平偏低，但无法说明其偏低程度。农民工市场的次级属性和城乡关系则可以进一步解释农民工工资水平为何低于其市场均衡价格。因此，在农民工工资形成机制中，制度因素的作用大于市场机制的作用。但由于农民工市场的次级属性源于城乡居民国家利益的分割与差异关系，制度因素的作用因而在根本上是城乡关系的作用。再加上市场机制的各因素也根源于城乡关系，后者因而是农民工工资形成的决定根源。

4　市场化改革时期的农民工工资形成（1993～2002年）

进入20世纪90年代，建立社会主义市场经济体制的目标将我国的改革推向了新的发展阶段，并对城乡关系产生了深刻的影响，根源于城乡关系的农民工工资形成机制因而发生了一定的变动，农民工工资水平也呈现出新的特征。以市场化改革目标的确立为起点到统筹城乡发展战略的提出，即市场化改革时期（1993～2002年）是农民工工资形成的第二个阶段。本章将在分析城乡关系演变的基础上，探讨农民工工资形成中其他制度因素的具体作用，探析市场机制的具体变动及其决定作用，阐述形成机制变动后的农民工工资水平的总体情况和基本特征。

4.1　城乡关系的演变及作用

4.1.1　城乡关系的演变

这一时期，城乡关系的演变源于市场化改革目标的确立。经过1978年末开始的农村改革和1985年开始的城市改革，我国的经济体制改革取得了很大的成就。在此情况下，我国的经济体制改革开始向纵深方向发展。1992年，中共十四大提出建立社会主义市场经济体制的改革目标，标志着我国市场化改革的开始，也标志着计划经济体制向市场经济体制转轨的开始。随后，城市和农村分别展开了一系列向市场经济体制转轨的改革。

城市市场化改革的主要内容：①进一步深化收入分配制度方面的改革，主要是赋予国有企业内部分配的自主权，提高其工资收入货币化和工资化的程度；实行国家机关、事业单位工资制度改革，两者的工资制度相脱离，分别建立起新的职级工资制和事业单位人员以技术职务为主的等级工资制；实施新的个人所得税法，提高应扣除税额的标准，降低最高税率等，减轻市民所得税负担。②探索建立与市场经济体制相适应的新型社会保障制度，主要是改革职工基本养老保险制度，实行社会统筹与个人账户相结合的养老保险制度；改革职工医疗保障制度，试行社会统筹和个人医疗账户相结合的医疗保险制度；改革失业保险制度，扩大失业职工的范围，调整失业保险金标准；改革城市社会救济制度，在部分城市推行最低生活保障制度。③针对下岗职工增加、就业形势严峻，进行劳动就业制度方面的改革，主要包括对国有企业富余人员进行专业技术业务训练，组织“再就业工程”；着手建立劳动力市场；探索签订集体合同制度；建立企业劳动合同制度；实行最低工资制度。1997年，许多国有经济比重高的城市鉴于就业压力陡升，纷纷出台了限制甚至排斥农民工就业的地方政策，为下岗工人腾出就业岗位。

农村市场化改革的主要内容包括实行农民土地承包期再延长30年，土地使用权依法有偿转让；征收农林特产税；国家提高定购粮价格，其他部分粮食市场基本放开，建立粮食储备调节体系、风险基金和粮食收购保护价制度；抓好粮食生产的“米袋子”省长负责制；提高棉花收购价格，继续实行统一定价和统一经营；减轻农民负担，颁布《农民负担费用和劳务管理条例》等。从1998年开始，国家实行粮食统一收购，国有粮食部门顺价销售的保护价制度；棉花购销紧时收、松时放；各地农民负担日益沉重，迫使中央政府建立农民负担监督制度，探索农村税费制度改革等。

市场化改革推动了城乡关系的新发展，城乡关系呈现出新的特征。通过市场化改革，城市职工不仅提高了福利待遇、减轻了赋税负担，还拥有了较为完善的社会保障，其在国民财富的分配中可以获取的份额增多；与此同时，农村居民却因粮食统购、税种增加、税额提高等原因而减少了收入、增加了负担，其在国民财富的分配中可以获取的份额减少；而且，城市劳动就业方面的改革还挤压了农民工在城市的就业空间，进一步缩减了农民的收入来源。这样，城乡居民之间的利益分割朝着更有利于城市居民、不利于农村居民的方向推进，城乡差距继续扩大，城乡二元结构更加明显。城乡关系因而被进一步固化。

4.1.2 城乡关系的作用

这一时期，城乡居民在国民财富的分配中分割更为严格，城乡居民福利待遇差距更大，城乡关系从而较城市改革时期更加失衡。城乡关系的进一步失衡直接决定着农村居民的分配份额更少，其人均福利水平更低，进而制约着农民工在城市所能获取的份额极其有限，其工资水平更加偏低。而且，由于城乡利益分配差距的扩大化，农民工与城市职工的工资水平差距呈扩大之势。

如前所述，城乡关系对农民工工资形成的决定作用是通过影响其他构成要素的基本状况来实现的。随着城乡关系的严重失衡，农民工市场的次级属性被进一步强化，从而抑制着农民工工资水平的增长；新实行的最低工资制度囿于城乡关系对居民的阶层划分，而难以有效保障农民工的劳动权益，反而将农民工工资水平束缚在了最低工资标准附近；农民工劳动力价值、合作动力、供求关系和竞争关系等市场因素的变动也对农民工十分不利，从而制约着农民工工资水平的提升。总之，这一时期，城乡关系的进一步失衡推动着农民工工资形成机制中其他构成要素朝着不利于农民工的方向变动，其工资水平也因而出现了新的特征。

4.2 最低工资制度的决定作用

最低工资制度是这一时期农民工工资形成机制新的构成要素。1993年11月劳动部颁布了《企业最低工资规定》；次年7月通过的《中华人民共和国劳动法》规定："国家实行最低工资保障制度。最低工资的具体标准由省、自治区、直辖市人民政府规定，报国务院备案。用人单位支付劳动者的工资不得低于当地最低工资标准。"据此，全国各地陆续开始实施最低工资制度，制定了最低工资标准。

但是，这一时期的最低工资标准是偏低的。以北京市为例，1994～2002年，北京市的最低工资标准从210元上升至465元，占其同期城市职工月均工资的比例却从38.5%下降至26.9%，与城市职工月均工资的差距在总体上是逐年拉大的（如表4－1所示）。其他地方的最低工资标准也与当地城市职工工资水平相距甚远。例如，2002年，在珠江三角洲，广州最低工资标准为510元，只相当于全市职工月均工资 2092 元的 24%；深圳市最低工资标准为特区内 600 元、特区外 465 元，分别相当于全市职工平均工资 2330 元的 26% 和 20%；东莞市最低工资标准为 450 元，相当于职工平均工资 1473 元的 30%；中山市最低工资标准是 450 元，相当于职工平均工资 1563 元的 29%①。可以说，这一时期的最低工资标准仅占城市职工平均工资的 20% ~ 40%。而按照国际惯例，一般月最低工资标准相当于月平均工资的 40% ~ 60%，中国的最低工资标准因而十分偏低。而最低工资标准定得过低，不但削弱了它对劳动者的保护作用，有时反而变相成为对劳动者的制度性歧视。因为最低工资标准成了一些企业过度压榨劳动者的“保护线”，它们竞相紧靠着最低标准为劳动者定工资②。例如，1993 年，珠海一家台资电子厂，将珠海市最低工资标准 235 元当作工人工资的最高标准来执行，工人每月含加班补贴最高收入 290 元，仅相当于该市国有企业平均工资的一半③。而且，这一时期最低工资制度的执行力度非常弱。20 世纪 90 年代属于最低工资制度实施的初期，很多企业都没有严格地遵守该制度。企业支付给农民工的工资往往低于最低工资标准，而农民工也很少利用该制度维护自己的劳动权益。例如，1993 年，厦门市某台资制鞋企业，工人基本工资仅 105 元，比厦门市规定的最低工资标准 200 元低 47%④。

表 4-1　1994 ~ 2002 年北京市月最低工资与城市职工月均工资比较

单位：元，%

执行期限	月最低工资	城市职工月均工资	同期占比
1994. 12. 1 ~ 1995. 6. 30	210	545	38. 5
1995. 7. 1 ~ 1996. 6. 30	240	679	35. 3
1996. 7. 1 ~ 1997. 5. 31	270	798	33. 8
1997. 6. 1 ~ 1998. 6. 30	290	918	31. 6
1998. 7. 1 ~ 1999. 4. 30	310	1024	30. 3

①② 蔡建文．中国农民工生存纪实［M］．北京：当代中国出版社，2006.

③④ 杨海波，哈晓斯，阿欣．“失衡”的工资——某些三资企业工资分配问题透析［N］．中国劳动保障报，1993-09-21（1）．

续表

执行期限	月最低工资	城市职工月均工资	同期占比
1999. 5. 1～1999. 8. 31	320	1148	27. 9
1999. 9. 1～2000. 6. 30	400	1148	34. 8
2000. 7. 1～2001. 6. 30	412	1310. 5	31. 4
2001. 7. 1～2002. 6. 30	435	1507. 7	28. 9
2002. 7. 1～2003. 6. 30	465	1727. 3	26. 9

注：城市职工月均工资取的是最低工资标准开始执行时的数据。

资料来源：（1）北京市月最低工资来自：北京市历年最低工资标准一览表［EB/OL］．（中国劳动人事网），http：//www. c n12333. com/writ_ view. asp？ id＝1019，2005［2011－01－14］．

（2）北京市城市职工月均工资根据国家统计局《新中国55年统计资料汇编》相关数据计算。

最低工资标准偏低及其执行力度偏弱的状况源于城乡关系的影响。如前（2. 2. 3. 2）所述，最低工资制度有其特殊的受众群体，而最低工资制度的执行力度则在很大程度上取决于对受众群体的态度，对受众群体的态度又根源于城乡分割和城乡差距所决定的居民地位。这一时期，城乡分割更加严格，城乡差距更大，城乡关系进一步失衡。在城乡居民之间，农村居民再次被推向了社会底层。这也决定了农民工必然处于城市社会的最底层。由于农民工是最低工资制度的主要受众群体，其地位决定了该制度的实施往往被企业所忽视，而国家相关政策对次级劳动力市场管理的弱化或缺位，为这些企业忽视实施最低工资制度的规定提供了投机环境。因此，最低工资标准偏低及其执行力度较弱的状况是城乡关系对农村居民社会地位规定的结果。最低工资制度的这种状况在很大程度上抑制了农民工工资水平的上涨。

4.3 农民工工资形成市场机制的演变

市场化改革推动了城乡关系的演变，而城乡关系的演变又促使农民工工资形成机制中其他构成要素发生变化。在农民工市场，其工资形成的动力机制、供求关系和竞争关系均有所改变。农民工工资水平呈现出新的特征。

4.3.1 农民工合作的经济需求

20世纪90年代，随着农业生产的发展，特别是化肥的使用和杂交水稻的推广，粮食产量大幅度提高，农村居民的温饱问题基本解决。这样，与城市改革时期相较，这一时期农民工与企业的合作需求已不再是以满足生存为主要目的，而转向了以满足经济需求为主，确切地说，是转向了以满足高于务农收入的务工收入，即比较收入的需求。刘易斯认为，为了引诱农村劳动力流入城市，工业部门必须有一部分额外的净收入作为刺激因素。这部分净收入即为比较收入。

农村劳动力在农村家乡就业与外出在城市就业的纯收入是不尽相同的，由此形成了两者的比较差值。这一时期，我国的农业经济虽然得到了一定的发展，但其发展状况仍然堪忧，其发展程度较低，农业生产力比较落后，人均农业收益偏低。这里的农业收益是以单位劳动力为基准的，指单位劳动力在从事一段时间（通常为一年）的农业劳动后所能获取的净利润，即单位劳动力在这段时间内的农业收入减去农业成本的剩余。我国的农业劳动力所能获取的人均农业收益是较低的，与人均非农劳动收益形成了鲜明的对比。仅以2002年为例：农业劳动力的年农业收入仅为1830元；同期，农民工的月均工资为640元，以当年工作8.1个月计算，其年收入高达5184元①。农业收入仅占农民工收入的35.3%。因此，农村劳动者在农村家乡的纯收入远低于其在城市务工的纯收入。这种比较收入对农村劳动者形成了强烈的吸引力。

农民工与企业合作的经济需求在理论上是由理性“经济人”的本质所决定的。“经济人”假设的基本内涵是“经济人”在一切经济活动中都是以利己为动机，力图以最小的经济代价去追逐和获得自身的最大的经济利益②。亚当·斯密（Adam Smith）就认为：“每个人都在力图应用他的资本，来使其产品得到最大的价值。”“经济人”假设虽然只是微观经济学的一个基本假设条件，但其对经济活动主体谋求利益最大化的利己性本质的认识却是深刻而透彻的。因此，经济因素是促使农村劳动力外出的主要原因③。

---

① 阳俊雄．去年我国农村外出务工劳动力1.1亿人［N］．中国信息报，2004－05－10（1）．

② 高鸿业．西方经济学（上册　微观部分）［M］．北京：中国经济出版社，1998.

③ 杨竹，陈鹏．转型期农民工外出就业动机及代际差异——来自珠三角、长三角及中西部地区农民工的实证调查分析［J］．农村经济，2009（9）：15－19.

农民工与企业合作的经济需求在现实中是由城乡居民国民财富分配份额的分割与差距决定的。如前（4.1.1）所述，这一时期，城乡居民在国民财富分配中分割更为严格，其福利待遇差距更大，这决定了农村劳动力在农村可以获取的收入极其有限。由于农村就业收入和城市就业收入差距即两者比较收入的存在，在国家政策允许人口流动的情况下，农村劳动力必然以增加收入为导向做出外出就业的选择。而且，农民工与企业合作的需求程度是随着比较收入的大小而增减的。一般而言，如果农村人均农业收益较高并超过了务工收益，农民将不会产生外出与企业合作的需求；如果人均农业收益略低于务工收益，农民将会产生一定程度的合作需求；但如果人均农业收益严重偏低，与务工收益的差距较大时，农民的合作需求则十分强烈。这一时期城乡关系的进一步失衡决定着城乡就业的比较收入更大，农民工合作的需求程度因而更加强烈。农民工的这种需求程度直接激励着其供给行为，导致其供给总量剧增并超过其需求总量，进而削弱了其与企业的竞争力，最终抑制其工资水平的提升。

4.3.2 农民工供给的波动性

这一时期，规模宏大的“民工潮”造成农民工劳动力严重供过于求。20世纪90年代，农民工数量更多，规模更大。这可以从以下三个方面判断出来：首先，从农民工的具体数量来看。1993年，农民工共计3865.3万人[①]；1994年农民工达到7000万人，1995年大约为7500万人[②]；1997年，全国农民工共计8314.5万人，1998年共计9546.5万人[③]；2001年农民工共计8961万人，2002年超过9400万人[④]。其次，根据公安部门对流动人口的统计数据来推算。1994年全国离开户籍所在地一年以下的流动人口数为1.3亿人，1995年为1.2亿人，流动人口中农村人口一般占70%，这样，农村流动人口1994年有9100万人，1995年有8400万人；扣除一部分非劳动力人口，估计1995年有8000

① 刘向红．八百万农民转入非农产业　农业劳动力仍有三点四亿［N］．经济日报，1994－04－26（7）．

② 陈安民．中国农民工：历史与现实的思考［M］．北京：华龄出版社，2006.

③ 劳动保障部培训就业司，国家统计局农调队课题组．中国农村劳动力就业及流动状况［EB/OL］．中国就业网，http：//www.lm.gov.cn/gb/faqs/2002－05/14/content_682.htm，2002［2010－12－26］．

④ 钟欣．去年农民工赚回了3274亿［N］．中国改革报，2003－01－17（1）．

万农民工[①]。最后，仍然以城乡人口数量及其变化来说明农民工群体数量的变化情况。1993～2002年，我国总人口从118517万人增长到128453万人，共增加9936万人，增长8.4%。同期，城市人口从33173万人增长至50212万人，共增加17039万人，比全国总增长人口还多7103万人，其增长率高达51.4%。由此可知，这一时期，城市人口增长更加迅速，无论是绝对值还是增长比例都超过了全国人口的增长情况。这表明农村劳动力转移到城市的规模更加庞大，农民工群体的数量更多。农民工劳动力之所以形成这样的供给态势，如前（2.3.2）所述，取决于城乡居民国民财富的分配关系。城乡关系的进一步失衡推动着农村劳动力不断做出进城务工决策，使其供给如潮水之势，并远远超过其需求总量。农民工供过于求的市场状况严重地抑制了其工资水平的上升。

这一时期农民工劳动力供给的典型特征是具有波动性，“潮起潮落”是其具体表现。与20世纪80年代末期增速迅猛的“民工潮”相比，从1993年开始，农民工的增速有所回落。中国社会科学院农村发展研究所和中国统计局农村司课题组联合发表的《1993～1994年中国农村经济发展年度报告（经济绿皮书）》表明，1993年，非农产业从业人数新增624万，增长6%，低于1992年的增速[②]；另据国家统计局农调队调查，1996年农村剩余劳动力转移的人数占农村劳动力总数的比重为5.4%，低于1994年的7.3%和1995年的6.8%，呈逐年下降的趋势，转移速度明显趋缓，并成为近几年转移速度最低的一年[③]。但2000年后，“民工潮”再起。农民工的供给从而呈明显的波动性特征。

农民工供给的这种特征与国家对农村剩余劳动力的转移和农民工流动的态度有直接的关系。20世纪90年代初期，由于“民工潮”给城市管理带来各种压力，国家采取了各种措施来引导农民工有序流动。1993年11月，中共中央发布《关于建立社会主义市场经济体制若干问题的决定》，鼓励农村剩余劳动力逐步向非农产业转移，引导农民工跨地区有序流动。1994年11月，劳动部出台了《关于农村劳动力跨省流动就业的暂行规定》，首次对流动就业证卡制度进行了规范。农民工外出务工之前需要到本人户口所在地的劳动就业服务机构进行登记并领取外出人员就业登记卡，到用人单位后，凭外出登记卡领取当

① 劳动和社会保障部劳动科学研究所编．中国劳动科学研究报告集（1997～1999）［M］．北京：中国劳动社会保障出版社，2008.

② 刘向红．八百万农民转入非农产业　农业劳动力仍有三点四亿［N］．经济日报，1994－04－26（7）.

③ 范小玉．农村劳动力转移速度趋缓［N］．中国信息报，1997－05－30（1）.

地劳动部门签发的外来人员就业证，并且“证卡合一”才能生效。1995年7月，中共中央和国务院办公厅发布了《关于加强流动人口管理工作的意见》要求，促进农村剩余劳动力就地转移，提高流动的组织化、有序化程度，实行统一的流动人口就业证和暂住证制度。这一系列有关农村剩余劳动力转移和农民工就业的政策文件表明，国家为了避免“民工潮”给城市带来的各种社会问题而对农民工的流动采取了种种限制①。农民工劳动力供给因而增速趋缓。但从2000年开始，国家对农村剩余劳动力转移和农民工流动的态度发生了积极的变化。2000年7月，劳动保障部等七部门联合发文《关于开展农村劳动力开放就业试点工作的通知》，要求改革城市分割体制，取消对农民进城就业的不合理限制，引导农民工合理有序流动。各地方政府相继出台的政策也据此做出了相应的调整。农民工劳动力供给迎来了新的高峰。

农民工劳动力供给的这种波动性对其供求关系及其工资水平均产生了重要的影响。一般而言，劳动力需求总量是与国民经济发展速度正相关的。这一时期，随着市场化改革的推行，我国国民经济以7%～12%的速度持续高速增长，对农民工劳动力需求持续增加。与之相对应，如果农民工供给以稳定的速度增长，其供求关系则将保持一种稳定的状态。但农民工劳动力供给的增速具有很大的波动性，这冲击了其供求关系的稳定性。在农民工市场内，供求关系是其工资水平的主要决定因素，供求关系的非稳定性决定了农民工工资水平的波动性。

4.3.3 农民工供给竞争的变动

这一时期，农民工面临着三类供给竞争：一是农民工市场内同类劳动者的激烈竞争。农民工数量的剧增和“民工潮”的发生意味着农民工群体的内部竞争更为激烈。二是存量巨大的农村劳动力仍然是农民工的潜在竞争对手。在城乡二元经济结构的背景下，这些农村劳动力随时都会做出进城务工的决策，因而成为农民工极具竞争力的潜在对手。三是大量替代劳动力的存在。这是城市改革时期并不突出的供给竞争类型。随着首要劳动力市场的竞争日益激烈，特别是国有企业就业制度的改革使大量城市职工下岗，许多劳动者从首要劳动力市场退到了次要劳动力市场。这些从首要劳动力市场退下的替代劳动者在与农民工的竞争中不仅具有明显的机会成本、人力资本和社会资本优势，并且拥有受政策保护的优

① 赵曼，杨海文等．21世纪中国劳动就业与社会保障制度研究［M］．北京：人民出版社，2007.

势。农民工由于所从事行业的准入资格较低、岗位的技术含量不高，被失业的城市职工替代的可能性和可行性都非常大。这样，农民工面临着比上一阶段更为激烈的供给竞争，能够获取的就业机会相对更为有限。其工资水平因而受到了新的因素的制约。

4.4　农民工工资水平的总体情况与基本特征

4.4.1　农民工工资水平的总体情况

如前（1.3.3.2）所述，20 世纪 90 年代，随着农民工的“潮起潮落”，社会各界关注的重点为农村劳动力的流动。有关其工资水平的问题虽已引起大家的注意，但由于大多数农民工存在流动的非组织性和就业的随机性、零散性，而且不同地区、不同行业、不同工种的劳动收入有较大差异，因此有关农民工工资水平的统计资料，特别是反映其总体水平的统计资料仍然较少，部分可反映局部地区、部分企业工资水平的调查数据又较分散，因而仍难以用非常精确的数据直接描述出其工资水平的总体情况。鉴于此，本书将在梳理相关文献资料的基础上以时间为序，罗列出各个地区的农民工工资水平资料，以此来分析和判断这一时期农民工工资水平的总体情况，如表 4－2 所示。

表 4－2　市场化改革时期农民工工资水平统计　　单位：元

序号	时间	年均工资	月均工资	统计范围或数据来源	统计单位
1	1993 年	3649.4	405[①]	全国	中国社科院农村发展研究所、国家统计局农村司课题组
2		3108.9	345	河南省外出农民工	河南省农村社会经济调查队“农村劳动力外出从事经济活动情况”课题组

① 该数据根据“1993 年农村劳动力在城市打工的约为 3865.3 万人，占外出打工人员的 78.5%，全年货币总收入 1410.6 亿元”计算而得［刘向红．八百万农民转入非农产业　农业劳动力仍有三点四亿［N］．经济日报，1994－04－26（7）．］。

续表

序号	时间	年均工资	月均工资	统计范围或数据来源	统计单位
3	1993 年	2801.2	311	全国 26 个省（市、区）的 12637 户农民家庭	中国社会科学院农村发展研究所与中国农业银行信息部
4		2220.85	246.8	安徽省外出农民工	安徽省农调队
5		3012.44	334.7	江西省南城县	—
6		—	280	深圳	石井次郎
7		—	258.7	成都市	—
8		—	300	珠江三角洲、京津	全国政协经济委员会和国务院发展研究中心、中国农村劳动力资源开发研究会
9	1994 年	—	400	东莞农民工	北京大学"东莞民工课题组"
10		—	427.0	四川省农村外出劳动力	"中国农村劳动力流动：外出者与输出地"课题组
11		3565	396	全国	《中国青年报》
12		4750	527.8	佛山市	
13		4403	489.2	无锡市	
14		3500	388.9	七台河市	
15		2918	324.2	乌鲁木齐市	
16		3600	400	惠川市	
17		—	450	北京市流动人口	—
18		4481	498	四川、广东、湖北、江苏、安徽、山东、河北、甘肃 8 省 4000 个农户	劳动部就业司
19		3408.6①	379	全国	农村固定观察点办公室
20		—	360	深圳	石井次郎
21		—	287	成都	—
22	1994～1995 年	—	500	山西省东镇农民工	—
23	1995 年	—	491.2	四川省农村外出劳动力	四川省农调队
24		—	599.4	安徽省农村外出劳动力	安徽省农调队

① 该数据根据"外出男性劳动力的人均收入为 3509.27 元……女性劳动力的人均收入只有 2924.23 元"加权平均计算而得［张晓辉，陈良彪等．农村劳动力跨区域流动中性别因素的影响［J］．调研世界，1997（2）：41－44.］。

续表

序号	时间	年均工资	月均工资	统计范围或数据来源	统计单位
25	1995年	—	550①	全国	国家统计局农调队
26		—	551.8	北京、深圳、武汉、苏州	原劳动部就业司
27		—	555.5	上海外来劳动力	上海社会科学院人口与发展研究所
28		—	538	济南	—
29		—	300	深圳	石井次郎
30	1996年	5896	655	外出农民工	国家统计局农调队
31		—	646.6	上海浦东新区外来流动人口	—
32		—	310	深圳	石井次郎
33	1997年	5642	627	全国	国家统计局
34		5737	638②	—	劳动保障部培训就业司、国家统计局农调队
35		—	400～600	福建省政和县	—
36		—	400	江西省	—
37		—	665.3	上海外来劳动力	上海社会科学院人口与发展研究所
38		4600	511	全国	国家统计局农调总队
39		—	320	深圳	石井次郎
40	1998年	5870	652	—	劳动保障部培训就业司、国家统计局农调队
41		8644	960	北京	国家内贸局商业经济研究中心
42		5400	600	郑州	—
43		7407	606.3	—	南京大学
44		—	330	深圳	石井次郎
45		—	584.8	广东、北京	—
46	1999年	8048.2	681	—	南京大学
47		—	863.3	上海外来劳动力	上海社会科学院人口与发展研究所
48		—	330	深圳	石井次郎

① 该数据根据“据国家统计局农调队调查，1996年，外出农民工的年工资为5896元，比上年增长19.1%”计算而得［范小玉．农村劳动力转移速度趋缓［N］．中国信息报，1997－05－30（1）．］。

② 该数据根据“1998年农村转移劳动力的人均收入为5870.50元，比1997年增长2.31%”计算而得［劳动保障部培训就业司，国家统计局农调队课题组．中国农村劳动力就业及流动状况［EB/OL］．中国就业网，http：//www.lm.gov.cn/gb/faqs/2002－05/14/content_682.htm，2002［2010－12－26］．］。

续表

序号	时间	年均工资	月均工资	统计范围或数据来源	统计单位
49	2000年	—	626	全国100个农村劳动力流动就业重点监控地区	劳动和社会保障部
50		—	583	1800个农户	国家统计局农调总队、重庆市农调队
51		—	570①	—	国家统计局农调总队
52		—	419	深圳	石井次郎
53	2001年	12894	1433	—	中国社会科学院人口与劳动经济研究所
54		—	582	全国100个农村劳动力流动就业重点监控地区	劳动和社会保障部
55		5502.6	611	全国农村固定观察点	农业部产业政策与法规司
56		5094	566	—	劳动和社会保障部
57		—	440	深圳	石井次郎
58		—	583	重庆市180个村1800户农民家庭	重庆市农调队
59	2002年	5597	622	全国农村固定观察点	农业部产业政策与法规司
60		—	679	全国100个农村劳动力流动就业重点监控地区	劳动和社会保障部
61		—	640②	全国31个省（区、市）6.8万个农村住户和近7100个行政村的抽样调查	国家统计局农调总队
62		5444	605	—	—
63		—	659	武汉、广州、深圳、东莞和湖北省、河南省等部分农村	武汉大学农民工问题研究课题组
64		—	460	深圳	石井次郎
65		—	655.9	3000个农户	地方农调队
66		—	734.3	湖南邵阳	—

① 该数据根据“2000年，农民外出打工得到的收入人均达到240.3元”计算而得［孙君梅．“劳务经济”已成农民增收一大亮点——人均纯收入中10.7%是打工所得［N］．中国信息报，2001-08-31（1）．］。计算公式：农民工月均工资＝农民外出打工收入×农村人口÷农村劳动力。

② 该数据根据“2003年外出务工劳动力平均务工时间8.1个月，月平均收入690元左右，比上年增加50元左右”计算而得［阳俊雄．去年我国农村外出务工劳动力1.1亿人［N］．中国信息报，2004-05-10（1）．］。

注：如未特别说明，农民工的年工作时间均以9个月计算。

资料来源（按序号排列）：

1 刘向红．八百万农民转入非农产业　农业劳动力仍有三点四亿［N］．经济日报，1994－04－26（7）．

2 齐同观．河南“民工潮”的现状［J］．中国农村观察，1995（2）：39－41.

3 韩晓耘．收入、消费、行业特征——农村劳动力流动专题研究之三［J］．中国农村经济，1995（5）：40－44.

4 孟昭杰，毛孟毓．安徽“民工潮”其势难挡［N］．中国信息报，1994－05－09（1）．

5 谢刚．农村富余劳动力向非农产业转移的重要举措——对南城县农民外出务工的调查与思考［J］．统计与信息，1994（5）：15－16.

6、20、29、32、39、44、48、52、57、64 卢锋．中国农民工工资走势：1979～2010［J］．中国社会科学，2012（7）：47－67.

7 王微，贾微．从成都市一个劳务市场看我国进城务工的农民［A］．袁亚愚．中国农民的社会流动［C］．成都：四川大学出版社，1994.

8 农村剩余劳动力转移与劳动力市场课题组．28个县（市）农村劳动力跨区域流动的调查研究［J］．中国农村经济，1995（4）：19－28.

9 北京大学“东莞民工课题组”．东莞民工状况调查［J］．战略与管理，1995（4）：80－87.

10、23、24 陈阿江．农村劳动力外出就业与形成中的农村劳动力市场［J］．社会学研究，1997（1）：33－41.

11～16 中国农村剩余劳动力调查报告——流动地追踪之五［N］．中国青年报，1994－03－08（7）．

17 冀党生，张燕友，卢映川，朱敏．北京市流动人口状况与对策［A］．魏津生，盛朗，陶鹰．中国流动人口研究［C］．北京：人民出版社，2002.

18 翟燕立．中国农村劳动力就业与流动状况调查分析报告［J］．中国劳动科学，1996（1）：13－15.

19 张晓辉，陈良彪等．农村劳动力跨区域流动中性别因素的影响［J］．调研世界，1997（2）：41－44.

21 袁亚愚．中国农民的社会流动［M］．成都：四川大学出版社，1994.

22 项飚．“东镇民工”系列调查之二：求职与报酬［J］．中国青年研究，1998（2）：43－46.

25、30 范小玉．农村劳动力转移速度趋缓［N］．中国信息报，1997－05－30（1）．

26 张小建．中国农村劳动力就业与流动研究报告［M］．北京：中国劳动出版社，1999.

27、37、47 左学津，周海旺．上海市流动人口状况与对策［A］．魏津生，盛朗，陶鹰．中国流动人口研究［C］．北京：人民出版社，2002.

28 蔡昉．流动途径与寻职策略［A］．蔡昉，郭汉英，高嘉陵．中国人口流动方式与途径（1990～1999年）［C］．北京：社会科学文献出版社，2001.

31 张根元．上海浦东新区外来流动人口状况［J］．社会，1996（7）：9－10.

33 君越．城市农民工去年挣了2000亿元［N］．中国信息报，1998－07－22（1）．

34、40 劳动保障部培训就业司，国家统计局农调队课题组．中国农村劳动力就业及流动状况［EB/OL］．中国就业网，http：//www.lm.gov.cn/gb/faqs/2002－05/14/content_682.htm，2002［2010－12－26］．

35 范永光．农民冬季外出打工“喜”与“忧”［J］．福建农业，1997（4）：27.

36 曾绍阳，唐晓腾．江西农民流动问题探析——对14县市20个村个案调查的一项综合分析［J］．江西社会科学，2002（1）：8－11.

38 范小玉．我国农村劳动力转移状况调查［J］．调研世界，1998（8）：26.

41 国家内贸局商业经济研究中心．从农民打工族看农村市场——对北京部分农民打工人员的调查和思考（上）［J］．中国商贸，1998（12）：9－12.

42 陈花芬．外来劳动力进城务工的正负效应［N］．中国劳动保障报，1998－04－15（3）.

43、46 朱力．中国民工潮［M］．福州：福建人民出版社，2002.

45 张兴华．民工消费的经济分析及其启示［J］．中国农村经济，1999（3）：51－56.

49、54 劳动和社会保障部农村就业专题组．2000年第一至四季度农村劳动力流动就业重点监控数据分析报告［EB/OL］．中国就业网，http：//www. chinajob. gov. cn/DataAnalysis/node_ 1046. htm，2002［2010－12－26］.

50 半数以上农户有人挣外快［N］．中国信息报，2001－09－05（1）.

51 孙君梅．“劳务经济”已成农民增收一大亮点——人均纯收入中10.7%是打工所得［N］．中国信息报，2001－08－31（1）.

53 蔡昉，王德文，都阳．中国农村改革与变迁：30年历程与经验分析［M］．上海：格致出版社，2008.

55、59 钟欣．去年农民工赚回了3274亿［N］．中国改革报，2003－01－17（1）.

56 周建伟．黄会清，武勇．迅速崛起的劳务经济——农民工已成为我国产业工人的重要组成部分［N］．中国信息报，2005－09－19（1）.

58 重庆市农村社会经济调查队．外出民工道甘苦——对重庆农民外出务工状况的调查［J］．调研世界，2001（10）：32－33.

60 中国劳动力市场信息网监测中心．2002年第一至四季度农村劳动力流动就业重点监控报告［EB/OL］．中国就业网，http：//www. chinajob. gov. cn/DataAnalysis/node_ 1046. htm，2002［2010－12－26］.

61 阳俊雄．去年我国农村外出务工劳动力1.1亿人［N］．中国信息报，2004－05－10（1）.

62 新信．“农民工”将成为城市化的主流群体［N］．中国信息报，2005－02－24（3）.

63 简新华，黄锟．中国农民工最新情况调查报告［J］．中国人口·资源与环境，2007（6）：1－6.

65 章元，李锐，王后，陈亮．社会网络与工资水平——基于农民工样本的实证分析［J］．世界经济文汇，2008（6）：73－84.

66 周符波．劳务经济：农民增收的主渠道——湖南省邵阳县农村劳务经济发展的现状与问题［J］．调研世界，2003（7）：46－47.

为了便于掌握和分析这一时期的农民工工资水平，特将上表简化如表4－3所示。

表4－3　市场化改革时期农民工工资水平统计简表　　单位：元/月

年份	农民工工资水平
1993	405（1）、345（2）、311（3）、246.8（4）、334.7（5）、280（6）258.7（7）、300（8）

续表

年份	农民工工资水平
1994	400（9）、427.0（10）、396（11）、527.8（12）、489.2（13）、388.9（14）、324.2（15）、400（16）、450（17）、498（18）、379（19）、360（20）、287（21）、500（22）
1995	491.2（23）、599.4（24）、550（25）、551.8（26）、555.5（27）、538（28）、300（29）
1996	655（30）、646.6（31）、310（32）
1997	627（33）、638（34）、400~600（35）、400（36）、665.3（37）、511（38）、320（39）
1998	652（40）、960（41）、600（42）、606.3（43）、330（44）、584.8（45）
1999	681（46）、863.3（47）、330（48）
2000	626（49）、583（50）、570（51）、419（52）
2001	1443（53）、582（54）、611（55）、566（56）、440（57）、583（58）
2002	622（59）、679（60）、640（61）、605（62）、659（63）、460（64）、655.9（65）、734.3（66）

注：括号内数据为表 4－2 的序号，即各项农民工工资水平的资料来源。

资料来源：根据表 4－2 整理。

经过对上述资料的整理和分析可知，农民工的工资水平具有明显的时间、地区和行业差异性，即在具体的时间段内，个别的地区或行业存在明显的偏高或偏低的现象。例如，资料序号 4、29、32、35、36 等的农民工工资水平明显偏低，而资料序号 41、47、53、66 等的农民工工资水平则明显偏高。在忽略个别偏高或偏低的情况下，这一时期的农民工工资整体水平为：1993 年在 300~400 元，1994 年在 300~500 元，1995 年在 500~600 元，1996~2001 年在 500~700 元，2002 年在 600~700 元。

4.4.2 农民工工资水平的基本特征

4.4.2.1 农民工工资水平严重偏低

关于这一时期农民工工资水平偏低的结论是根据其与城市职工月均工资和农民工市场均衡价格的比较得出的。

一是与城市职工月均工资进行比较。首先，为了能够更为清晰地了解这一时期的农民工工资水平，先将表 4－2 的资料进行筛选，即选取这一时期各个年份中，由国家统计局、劳动和社会保障部等部门在全国范围所调查到的农民工工资数据，将其连贯起来，作为主要的分析依据。经过筛选，1993~2002 年的农民工月均工资具体为 405 元（资料序号 1）、396 元（资料序号 11）、550 元（资料序号25）、655元（资料序号30）、627元（资料序号33）、652元（资料序号40）、681元（资料序号46）、626元（资料序号49）、582元（资料序号54）、640元（资料序号61）。接着，将筛选到的农民工工资与同期城市职工的月均工资进行比较（如表4－4所示）。经过比较可知，两者工资水平孰高孰低前后并不一致。具体说来，1997年及以前，农民工的月均工资均高于城市职工月均工资，但高出的幅度在总体上呈下降趋势；1998年，两者的工资水平比较接近；1999年及以后，农民工月均工资均低于城市职工月均工资，至2002年，前者仅为后者的61.8%。

表4－4　市场化改革时期全国农民工与城市职工的月均工资比较

单位：元,%

年份	1993	1994	1995	1996	1997	1998	1999	2000	2001	2002
资料序号	1	11	25	30	33	40	46	49	54	61
农民工月均工资	405	396	550	655	627	652	681	626	582	640
城市职工月均工资	281	378	458	518	539	623	696	781	906	1035
农民工月均工资/城市职工月均工资	144.2	104.8	120.1	126.4	116.3	104.7	97.8	80.2	64.2	61.8

资料来源：（1）农民工月均工资根据表4－2整理。

（2）城市职工月均工资根据国家统计局《新中国55年统计资料汇编》相关数据计算。

由于其工资绝对值前高后低，增加了判断这一时期农民工工资水平高低的难度。这里主要通过三个方面来比较两者工资水平的高低。①考虑各种非货币福利内容。如上所述，农民工不享有城市职工所拥有的各种福利待遇。相关的调查结果证实了此事。例如，中国社会科学院农村发展研究所根据对上海、江苏、浙江、福建、河北、山西等11个省、市的调查发现，由于户籍制度的制约，流动农民与当地居民收入有重大差异。当地劳动者可预期的收入项目包括工资、奖金、劳动保护、地租、股金分红、社区福利、利息、其他八个部分。而农民工只能占有其中的工资、奖金、劳动保护三个部分①。而非货币的福利内容是城市居民福利待遇的重要组成部分。据调查，1995年，城市居民所享有的实物性福利，相当于其货币收入的72%②。这样，考虑到城市居民月均工资的附加值，1997年

① 靳薇．生活在城市的边缘——流动农民的生存状态［J］．广西民族学院学报（哲学社会科学版），2001（5）：2－8，77.

② 赵人伟，李实等．中国居民收入分配再研究［M］．北京：中国财政经济出版社，1999.

及以前的农民工工资水平并未高于城市职工的工资水平，甚至低于后者。②通过对各个地区农民工和当地城市职工月均工资的比较也可以发现农民工工资水平高低的真相。将表4－2中各城市农民工的工资水平提炼出来与当地城市职工的工资水平进行比较，形成表4－5。该表表明，各城市农民工的月均工资是低于当地城市职工平均工资水平的，最低的时候，农民工月均工资不及后者的2/3。③个案资料的佐证。例如，1994年，珠江三角洲1/3的农民工月均工资低于300元，1/2的在300～500元之间，10.6%的在500～800元之间，仅5.3%的在800元以上；而同期，本地职工的月均工资为750元，其中深圳最高，平均为881元[①]。又如，1995年，深圳市劳动局企业员工收入分配课题组对114家国有企业进行的调查表明，在相同的岗位上，外来工的月工资为800元左右，而当地户籍的员工工资为2500元左右，前者远低于后者；在非国有企业，两者的月均工资差距在600元以上[②]。再如，"成都市在城农民现状"的问卷调查显示，2000年，成都农民工的月均工资，700元以下的占75%，700元以上的占25%[③]。而当年，成都市城市职工年均工资为8925元，月均743.8元。也就是说，成都只有不到25%的农民工的工资水平达到了城市职工的平均工资水平。由此可知，这一时期，农民工工资水平不仅低于城市职工平均工资水平，而且两者的差距还在逐渐拉大。

表4－5　市场化改革时期各地农民工与城市职工的月均工资比较

单位：元，%

年份	1994	1995	1996	1997	1998	1999
资料序号	17	27	31	37	41	47
地点	北京市	上海市	上海市	上海市	北京市	上海市
农民工月均工资	450	555.5	646.6	665.3	960	863.3
城市职工月均工资	678.7	773.3	888.6	952.1	1023.8	1386.8
农民工月均工资/城市职工月均工资	66.3	81.8	72.8	69.9	93.8	62.3

资料来源：（1）农民工月均工资根据表4－2整理。

（2）城市职工月均工资根据国家统计局《新中国55年统计资料汇编》相关数据计算。

① 谭深，李银河．当代农村务工女（二）——省点钱寄回家［N］．中国妇女报，1996－06－26（3）．

② 陈安民．中国农民工：历史与现实的思考［M］．北京：华龄出版社，2006．

③ 王毅杰，倪云鸽．成都市在城农民现状调查与分析［J］．四川大学学报（哲学社会科学版），2001（5）：42－49．

二是与农民工的市场均衡工资相比较。如前（2.4.2）所述，判断农民工工资水平的高低，除将其与城市职工工资水平进行比较以外，还应将其放置到农民工劳动力市场，与该市场均衡工资进行比较。这一时期，农民工工资因工作时间、劳动强度、工作环境、劳动风险等因素的削弱而低于其劳动力市场的均衡工资。与城市职工相较而言，农民工的工作时间更长、劳动强度更高、工作环境更恶劣、劳动风险更大。仅以工作时间为例，城市职工的工作时间以制度内工作时间为准，如在制度内公休时间工作，即为加班，将获得加班工资。但农民工的劳动时间远非如此，其加班现象十分常见，加班时间超长，但加班费极少甚至根本就没有。例如，1994年，在北京打工的某安徽籍打工妹，每天工作10多个小时，没有节假日，月工资仅200元，平均下来，每小时约挣6毛7分钱①；珠江三角洲的女性农民工，就其月加班时间来看，一年内完全没有加班的占9.4%，加班在半年以下的占约40%，加班在半年以上的比例高达50%以上，甚至有2.8%的人全年12个月都有加班；就其日工作时间来看，其平均每天工作12.05小时，具体说来，从不加班的仅占2.7%，8.5～10小时的占13.2%，10.5～12小时的占46.8%，12.5～14小时的占23.9%，14.5～16小时的占6.1%，17小时的占0.4%，最高者18小时的占0.5%；至于加班费，“每天12小时，20.8元，没有加班与不加班之分”②。由于农民工工资仅包含其制度内工作时间的劳动内容，并未涉及其超时间、超强度、高风险等因素。这样，即便农民工获取的月均工资是劳资双方竞争的结果，但考虑到上述因素，其实际工资水平也是低于市场均衡价格的，因而是严重偏低的。

4.4.2.2 农民工工资水平增长缓慢

这一时期，农民工工资水平不仅偏低，且增长十分缓慢。从表4－4可知，1993～2002年，农民工月均工资从405元增长至640元，增幅仅为58.0%；同期，城市职工月均工资从281元增长至1035元，增幅高达268.3%。而且，农民工工资水平的增速还低于同期经济发展的速度。1993～2002年，我国国内生产总值从34634.4亿元增至105172.3亿元，增幅为203.7%；人均国内生产总值从2287元增长至8214元，增幅为259.2%。由此可知，这一时期，农民工工资水平的增速极其缓慢，远不及城市职工工资水平的增长，也与国民经济的发展速度极不相符。实际上，如果考虑到物价上涨因素，这一时期的农民工工资水平几乎

① 李忠等．你拿到了最低工资吗［N］．经济日报，1994－03－22（5）．

② 李银河，谭深．今日又加班［N］．中国妇女报，1996－06－26（3）．

没有增长。

4.4.2.3 农民工工资水平具有波动性

这一时期，农民工月均工资虽在总体上呈上升趋势，但具体来说升降不定、呈波浪式起伏状；城市职工月均工资则稳步增长，呈直线形上升状的特征（如图4-1所示）。农民工工资水平的波动性与城市职工工资水平的稳定性反映了两种工资形成机制产生的不同结果。前者受农民工市场内外因素的共同作用：在市场外，由于农民工市场的次级属性和最低工资标准的制订与执行均受制于城乡关系，因此主要取决于城乡关系对农村居民福利待遇的规定性；在市场内则是市场机制的作用，其劳动力供给的波动性导致其供求关系的非稳定性，引起农民工工资水平的上下波动，从而导致农民工工资水平呈一种升降不定的变化趋势。而城市职工工资水平主要是制度安排的结果，属于制度工资；制度保障的可靠性决定了其工资水平具有下降刚性，从而呈一种稳定增长的趋势①。

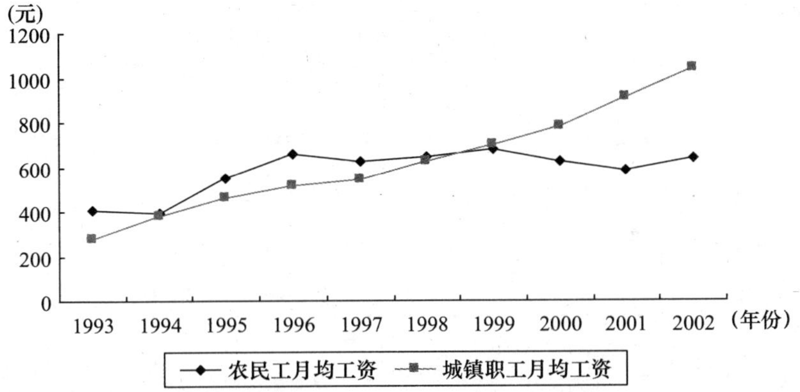

图4-1 市场化改革时期农民工与城市职工的月均工资变化趋势

4.4.3 农民工工资水平特征产生的原因

这一时期，农民工工资水平所具有的上述特征是其工资形成机制演变后的结果。随着市场化改革的推行，城乡关系发生演变，由此推动着农民工工资形成机制的变动。主要表现在：一是城乡关系对农民工工资水平具有新规定，即农民工

① 虽然，如前所述，农民工工资最终取决于城乡关系，在本质上也属于制度工资，但其形成也有市场机制的作用，因而不完全等同于城市职工通过制度安排形成的制度工资。

与城市职工的福利待遇分割更为严格，差距更大，这决定了农民工工资水平处于严重偏低的位置。而城乡关系对农民工劳动力市场次级属性的强化，则加深了农民工工资水平的偏低位置。二是最低工资制度是农民工市场之外另一个影响其工资形成的制度因素，而最低工资标准的偏低和执行力度的偏弱则严重地抑制了农民工工资水平的上涨，后者在很大程度上被束缚在了最低工资标准附近。三是在农民工市场内部，农民工与企业的合作需求从对生存利益的追逐转向了对比较收入的追求，其合作需求的程度因比较收入的增加而有所提高；农民工劳动力供给具有波动性，这影响了其供求状况的稳定性，进而决定着农民工工资水平的波动性；农民工的供给竞争因替代劳动者的大量出现而更为激烈，使其工资水平的增长受到抑制。图4－2反映了这一时期农民工工资形成机制的具体情况及演变情况。农民工工资水平的上述基本特征正是其工资形成机制演变后的结果。

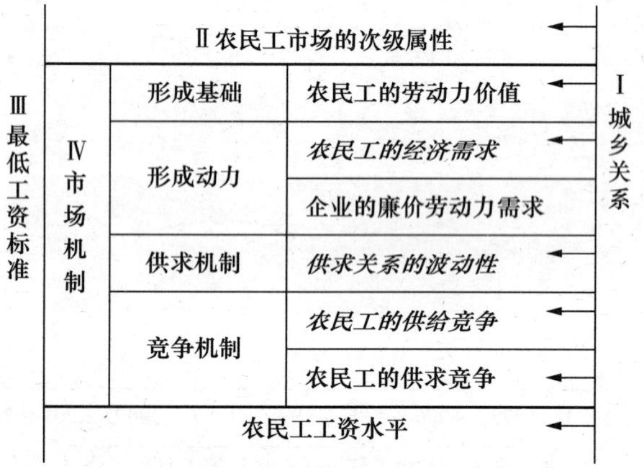

图4－2　市场化改革时期农民工工资形成示意图

注：(1) Ⅰ、Ⅱ、Ⅲ、Ⅳ表示农民工工资形成路径。

(2) 斜体字表示农民工工资形成机制中发生变动的构成要素。

4.5　本章小结

从市场化改革开始实施到统筹城乡发展战略的提出，这段时期是农民工工资形成的第二个阶段。本章在考察城乡关系演变的基础上，分析了城乡关系对农民工工资形成的作用，探析了最低工资制度、农民工市场内动力机制、供求关系及竞争关系的变动，考察和分析了因农民工工资形成机制的演变而有所变动的农民工工资水平。现将本章的主要内容和结论归纳如下：

第一，这一时期，随着市场化改革的推行，城乡关系进一步失衡，城乡分割更为严格，城乡差距更大。这在根本上决定了农民工在国民财富分配中可以获取的份额更少，其工资水平因而严重偏低，并与城市职工工资水平的差距扩大。城乡关系的演变推动着农民工工资形成机制中其他构成要素的变动，农民工工资水平因而呈现出新的特征。

第二，最低工资制度是这一时期农民工工资形成机制的新增构成要件。囿于城乡关系对农村居民阶层地位的规定，最低工资标准偏低且执行力度较弱。农民工工资水平的增长反而受其抑制。

第三，在农民工市场内，农民工与企业合作的动力从生存需求转向了经济需求，农民工工资形成的动力机制有所改变；农民工劳动力供给总量的增长受国家对农村剩余劳动力转移和农民工流动政策的影响而出现波动，并冲击着农民工供求关系的稳定性，进而决定了农民工工资水平的波动性；农民工的供给竞争因替代劳动者的大量增加而更加激烈。市场因素的这些变动也抑制着农民工工资水平的提升。

第四，通过对农民工工资水平的历史考察发现，这一时期，农民工工资水平严重偏低，增长缓慢，且波动特征十分明显。其工资水平的这种特征正是农民工工资形成机制演变后的必然结果。

5 统筹城乡时期的农民工工资形成（2003～2016年）

进入21世纪，以统筹城乡发展战略的提出为标志，我国的城乡关系开始出现历史性转折。农民工工资形成机制出现很大的变动，其工资水平也呈现出与以往不同的特征。以统筹城乡发展的提出为起点，农民工工资形成进入了新的阶段。本章首先阐释城乡关系开始历史性转变的具体情况及其对农民工工资形成的作用，其次探析农民工工资形成市场机制变动的主要情况，最后分析农民工工资形成机制变动后的农民工工资水平。

5.1 新型城乡关系的决定作用

5.1.1 城乡关系转折的背景

21世纪初，统筹城乡发展战略的提出以及各种利农惠农政策的实施为城乡关系实现历史性转变提供了契机。2002年11月召开的中共十六大围绕“全面建设小康社会”的主题，提出“统筹城乡经济社会发展，建设现代化农业，发展农村经济，增加农民收入，是全面建设小康社会的重大任务”。统筹城乡经济社会发展的提出，跳出了传统的就农业论农业、就农村论农村、就农民论农民的局限，将解决“三农”问题放在了整个社会经济发展的全局和优先位置来考虑①。2003年1月的中央农村工作会议指出，全面建设小康社会，必须统筹城乡经济社

① 武力．论改革开放以来中国城乡关系的两次转变［J］．教学与研究，2008（10）：12－18.

会发展，更多地关注农村，关心农民，支持农业，把解决好农业、农村和农民问题作为全党工作的重中之重，放在更加突出的位置，努力开创农业和农村工作的新局面；7月，胡锦涛同志又提出了包含“五个统筹”的科学发展观，其中，统筹城乡发展居首。2004年3月，温家宝同志在十届全国人大三次会议上提出了5年内逐步减免农业税的计划，并增加国家对农村基础教育的财政支出；10月，胡锦涛同志在中共十六届四中全会上提出了“两个趋向”的重要论断，指出“纵观一些工业化国家发展的历程，在工业化初始阶段，农业支持工业、为工业提供积累是带有普遍性的趋向；但在工业化达到相当程度以后，工业反哺农业、城市支持农村，实现工业与农业、城市与农村协调发展，也是带有普遍性的趋向”；并于同年12月召开的中央经济工作会议上再次强调：“我国现在总体上已到了以工促农、以城带乡的发展阶段。我们应当顺应这一趋势，更加自觉地调整国民收入分配格局，更加积极地支持‘三农’发展。”这些政策方针的提出标志着我国城乡关系开始进入新的发展阶段。

同时，为了实行统筹城乡发展，我国颁布和实施了各种利农惠农的政策措施，其中，最主要的是免除农业税和增加国家财政支农资金。

5.1.1.1 废除农业税

我国实行农业税较早。1958年，中国政府制定并颁布了《中华人民共和国农业税征收条例》，规定全国农业税的平均税率为15.5%。自1958年到1999年，我国一直实行农业税政策。农业税及其附加给农民造成了沉重的负担，成为农村发展和农民增收的重要障碍。2000年，我国开始对农业税政策进行改革，试点减免农业税，并于2004年开始逐步取消该税种。2005年12月29日，十届全国人大常委会第十九次会议做出了废止农业税条例的决定。从此，在我国延续了2600多年的农业税退出了历史舞台。农业税的废除对减轻农民负担起到了积极作用。据统计，经过税费改革，特别是取消农业税、农业特产税等，我国对农民减少了1250亿元的税收，人均减负约为140元，其中，农业税和农业特产税减少了约300亿元①。而且，取消农业税实质上是拆除了农村收费的平台②，对减轻农民负担具有更大的意义。因为税费改革之前，其他农业各税，如耕地占用税、契税、屠宰税、统筹资金、提留资金和农村教育集资等，给农民造成的负担

① 周应恒，赵文，张晓敏．近期中国主要农业国内支持政策评估［J］．农业经济问题，2009（5）：4－11.

② 杨明洪．压力与创新：农业税免除后中国乡村治理结构改革分析［J］．南京社会科学，2006（5）：17－22.

实际上比真正的农业税大得多；取消农业税后，这些税费将随着收费平台的拆除而失去征收的基础。

5.1.1.2 加大财政支农力度

2006年3月，十届全国人大四次会议审议并通过了《国民经济和社会发展第十一个五年规划》。根据规划，在"十一五"期间，中央财政不仅免除了农业税，还每年支付1200多亿元用于乡镇财政支出，更加大了对农村教育、基础设施、医疗卫生等方面的投入。具体表现在：一是财政支农总量快速增加。2003～2008年，国家财政用于农业的支出从1754.45亿元增加到4544.01亿元，增幅近1.6倍①。二是财政支农范围广泛扩大。主要是开始实施公共财政覆盖农村政策，农村医疗卫生、文化教育等社会事业被纳入财政支持范围，在基础建设投资方面增加了对农村公共基础设施建设的投入。三是财政支农方式显著变化。主要是启动了直接补贴政策，包括粮食直接补贴、农资综合直补、良种补贴和农业机械购置补贴等。四种补贴政策的用途各异：粮食直补主要用于保护种粮农民的利益、增加粮食生产；农资综合直补是为了抵消农业生产资料价格上涨对农民种粮增支的影响；良种补贴是为了鼓励农民扩大良种的种植面积，增加优质粮食的产量；农业机械购置补贴则旨在帮助少数有足够的规模使用机械的农业生产经营单位购置生产工具，扩大生产规模。四者均有利于粮食增产和农民增收。据统计，2004～2007年，国家财政用于粮食直接补贴共计541亿元；2006年和2007年，农资综合直补达276亿元；2002～2007年，良种补贴168.7亿元；2005～2007年，农业机械购置补贴21亿元②。

随着各种利农、惠农措施的全面展开，我国不仅在政策层面提出了统筹城乡发展的战略和"工业支持农业、城市反哺农村"的原则，而且也在实践中积极开展了对农业和农村发展的支持。这样，一方面是农民负担的大幅度减轻，另一方面是农业生产补贴的大量增加，两者共同决定着农民农业收益的提升；而支农范围的扩大则对农村公共事业建设具有积极意义。同时，更为重要的是，以"工业支持农业、城市反哺农村"为原则的利农惠农政策的颁布和实施标志着我国制度安排上的工业倾斜和城市偏向原则的结束，进而影响着社会习俗、心理习惯等领域对"三农"的态度。这些都推动着城乡关系实现历史性的转变。

---

① 2008年的值为农林水事务费。

② 周应恒，赵文，张晓敏．近期中国主要农业国内支持政策评估［J］．农业经济问题，2009（5）：4－11.

5.1.2 城乡关系转折的表现及作用

我国的城乡关系最初是以重工业优先发展战略为导向构建起来的，政府主导、城乡分割、城乡差距、城乡居民阶层分化是其基本特征。这种城乡关系在改革开放初期曾发生过一定的变化，城乡分割实现了一定的融合，城乡差距有所缩小。但随着以城市为重心的经济体制改革以及后来的市场化改革的推行，城乡分割被进一步强化，城乡差距被进一步扩大，城乡关系再度失衡，且愈加严重。进入21世纪以来，城乡经济发展的严重失衡状态已经成为经济发展中不容忽视的客观现实，“三农”问题的严重化反映出支持“三农”发展的紧迫性；同时，社会扩大再生产的顺利进行和国民经济的可持续增长均要求支持“三农”发展；而国民经济的高速发展及其巨大成果则为支持“三农”发展提供了经济基础。三者共同推动着统筹城乡发展战略的提出和以“工业支持农业、城市反哺农村”为原则的利农惠农政策的出台。由于这些政策的实施原则与统筹城乡发展之前的“农业支持工业、农村支援城市”的城乡发展路径截然不同，因而推动着城乡关系实现历史性变革，即由原来严重的城市偏向向城乡均衡过渡。新型城乡关系开始构筑。

这一时期，随着支持“三农”发展的各种政策措施的颁布与实施，农村居民不仅减除了各种沉重的赋税负担，还获得了国家财政对农业的各种补贴；而且，农村居民的福利待遇内容也有所增加，如新型农村合作医疗保险和新型农村社会养老保险。这表明，城乡居民国民财富的分配关系有了一定的改变，农村居民可以获取的份额有所增多，农村居民的收入水平因而可以实现提高（如表5-1所示）。这与前两个阶段农村居民分配份额日益减少截然不同。农村居民福利待遇的这种改变延伸到城市劳动力市场中，一方面，农民工可以获取的财富份额增加，其工资水平可以增长；另一方面，因农村居民收入的增长，农民工的劳动力价值、机会成本均上涨，推动着其工资水平的上升。

表5-1 统筹城乡时期城市居民与农村居民福利待遇和赋税负担比较

类别	城市居民	农村居民
户籍身份	城市户籍	农村户籍
土地	无	拥有承包地
就业形式	正规就业为主	非正规就业为主（务农兼务工）
收入来源	制度性工资与单位福利	务农收入、务工收入、各种农业补贴
劳保用品	有	无

续表

类别	城市居民	农村居民
福利住房	有	无
失业保险	有	无
劳动保障	有	无
养老保障	社会养老为主	*新型农村社会养老保险*
医疗保障	公费医疗	*新型农村合作医疗*
儿童教育	高质量的义务教育	低质量的义务教育
赋税负担	个人所得税	无

注：斜体字表示与前两个阶段不同的项目。

资料来源：韩长斌．中国农民工的发展与终结［M］．北京：中国人大出版社，2007.

5.2 农民工工资形成市场机制的变动

在统筹城乡发展及实施各种利农惠农政策的背景下，我国的城乡关系开始实现历史性转变。转变带动着农民工工资形成市场机制中某些构成要件的变动，进而推动着农民工工资水平呈现出新的特征。

5.2.1 农民工合作的发展需求

这一时期，农民工工资形成的动力与前两个阶段显著不同，主要是农民工与企业的合作是以满足非经济目的的发展需求为主。随着城乡关系的转变，农村居民在国民财富的分配中获取了更多的份额，其收入实现了增长，生产生活条件大为改善。这样，农民工与企业的合作不再以满足生存需求为主，对经济需求的程度也有所降低。但这一时期的农民工数量并未明显减少，表明农民工受其发展需求的推动继续与企业合作。

发展需求是农民工对城乡个人发展和城乡生活工作条件进行比较后的一种感知，源于城乡发展差距。如前所述，新中国成立以来，特别是改革开放以后，我国的经济发展实现了长足进步。但在此过程中，城乡的发展格局却严重失衡，城乡发展存在巨大的差距，其决定了城乡居民的生活环境、工作环境、个人发展机遇和前景的巨大差距。例如，就城乡居民的受教育程度来看，农村居民的平均文化程度远远低于城市居民的文化程度。而且，即使农民在农村接受了与城市居民同等层次的教育，但因农村的教学质量水平较城市落后，其综合素质也相对较低①。对生活和工作环境的选择、对个人及子女发展的追求推动着农村人口从农村流向条件更为优越的城市。因此，对城市美好生活和巨大发展空间的向往和追求，即发展需求，成为农民工与企业合作的一个重要推力。

由于发展需求是在农民工基本生活条件得到满足以后才产生的，是一种高级需求，因而农民工对此类需求的程度比生存需求和经济需求更弱一些，因为即便发展需求无法得到满足，也不会影响农民工的基本生活。因此，在与企业的合作中，农民工不必为了实现这种需求而向企业过度让步。农民工合作需求的这种变化对其供给行为和供给数量产生了较大的影响。近年来，由于企业所提供的就业岗位难以满足农民工的发展需求，许多新生代农民工选择了在家待业而不是勉强就业。这对农民工劳动力的持续供给产生了重要影响，“民工荒”的发生并非与之毫无关联。与农民工合作需求程度有所降低相对应的是，随着国民经济的持续高速增长和企业经济增长方式的路径依赖，企业对廉价劳动力的需求则在继续增加，企业与农民工合作的需求程度日益强烈。这样，在农民工工资的形成中，一方面是农民工的合作需求程度降低，另一方面却是企业的合作需求程度增长。两者决定了在与企业的供求竞争中，农民工占据了一定的主动性。这有利于农民工工资水平的提高。

5.2.2 农民工市场供求关系的逆转

这一时期，我国农民工劳动力的供求状况发生了较大的变化，出现了农民工供给的短缺或不足，即严重的“民工荒”现象。这与20世纪80年代末90年代初以来的“民工潮”现象形成了鲜明的对比，意味着农民工供求关系的逆转。

如前所述，改革开放以后，随着农业经营体制改革所带来的农产品剩余和农村劳动力剩余显性化，大量农村劳动力在迁移利益的驱动下开始从务农转向务工或经商，从农村走向城市，从欠发达地区流向发达地区，并逐渐形成蔚为壮观的“民工潮”。但我国的农民工劳动力供给并没有完全照刘易斯关于在落后的、传统的农业国家农村劳动力几乎可以无限供给的观点发展，于2004年初出现了严重的“民工荒”现象。据劳动和社会保障部课题组在当时的调查得知，企业缺工主要发生在珠三角、闽东南、浙东南等加工制造业聚集地区。其中，珠三角地

① 陈锡文. 中国农村公共财政制度：理论、政策、实证研究［M］. 北京：中国发展出版社，2005.

区缺工最为严重，有近200万人的缺口，缺工比率约为10%。在其内部，深圳缺工约40万人，东莞缺工约27万人。另外，福建泉州、莆田两市缺工共约10万人，浙江温州等用工较多的城市也反映存在程度不同的招工难问题①。从此以后，我国每年春季的农民工短缺现象不仅没有消失或减退，而且在缺工范围、规模、程度等方面呈现出愈演愈烈的趋势②。

表5－2　统筹城乡时期中国农民工总数　　单位：万人，%

年份	2003	2004	2005	2006	2007	2008	2009	2010	2011	2012	2013	2014	2015
农民工总数	11390	11823	12578	13212	12600	14041	14533	15335③	15863	16336	16610	16821	16884
增幅	—	3.8	6.4	5.0	－4.6	11.4	3.5	5.5	3.4	3.0	1.7	1.3	0.4

资料来源（按年份排序）：

（2003）阳俊雄．去年我国农村外出务工劳动力1.1亿人［N］．中国信息报，2004－05－10（1）．

（2004）我国农村外出务工者已达1.18亿［N］．中国信息报，2005－04－08（3）．

（2005、2006）唐平．我国农村外出务工劳动力继续增加［N］．中国信息报，2007－04－18（1）．

（2007）王飞，崔清新，孙政才．我国今年将采取八项措施促进农民稳定增收［EB/OL］．农业部网站，http：//www.moa.gov.cn/zwllm/zwdt/200808/t20080829_1122627.htm，2008［2010－12－23］．

（2008）2008年末全国农民工总量为22542万人［N］．中国信息报，2009－03－25（1）．

（2009）农村司．2009年农民工监测调查报告［R］．

（2010）国家统计局．2010年农民工监测报告［A］//2011中国发展报告［C］．北京：中国统计出版社，2011.

（2011）国家统计局．2011年我国农民工调查监测报告［R］．

（2012）国家统计局．2012年全国农民工监测调查报告［R］．

（2013）国家统计局．2013年全国农民工监测调查报告［R］．

（2014）国家统计局．2014年全国农民工监测调查报告［R］．

（2015）国家统计局．2015年农民工监测调查报告［R］．

当然，“民工荒”的发生并非源于农民工供给总量的大幅度减少。从表5－2可知，2003年以来，农民工的数量在整体上仍呈增长趋势，其劳动力供给总量

① 劳动保障部课题组．关于民工短缺的调查报告［J］．中国劳动保障，2004（11）：37－38.

② 仅2009年春季因国际金融危机的影响除外。

③ 该数据是根据《2010年农民工监测报告》中“住户中外出农民工12264万人”和“举家外出农民工3071万人”两个数据计算得出的［国家统计局．2010年农民工监测报告［A］//2011中国发展报告．北京：中国统计出版社，2011.］。

并未减少。这表明，所谓的农民工“短缺”或“不足”是与其需求量相对而言的。例如，劳动和社会保障部2007年初开展的“企业春季用工需求调查”显示，只有31.7%的企业全部招满工人，32.2%的企业招到75%以上，20.9%的企业招到50%～75%，15.1%的企业有一半的用工需求没有得到满足；分区域看，2006年春季用工需求基本得到满足的企业比重依次为环渤海地区71.2%、长江三角洲地区65.6%、中西部地区64.7%、珠江三角洲地区55.2%、闽东南地区50.0%。其中“全部招满”的企业比重最高的是环渤海地区47.5%，最低的是闽东南地区14.0%[①]。因此，“民工荒”实际上是农民工劳动力供给的增长没能赶上其需求的扩大的结果，而非是其供给减少的结果。这是与我国国民经济的高速发展和国内投资的增加对劳动力需求的增长相一致的。一般而言，劳动力需求的变动与国民经济的发展，特别是与非农经济的发展正相关。自2004年“民工荒”出现以来，我国经济发展依然保持着强劲的势头。截至2015年，GDP年增长率分别为10.1%、10.4%、11.6%、13.0%、9.0%、9.2%、10.4%、9.2%、7.8%、7.7%、7.4%和6.9%[②]。而且，第二、第三产业的年增长率十分突出[③]。况且，我国在全球金融危机的背景下还加大了国内投资，如“四万亿”以基础建设为主的投资。在这两个因素的刺激下，劳动力需求，特别是廉价的农民工劳动力需求，继续扩大，并超过其供给的增加，进而导致“民工荒”的连年发生。

关于“民工荒”发生的原因，因视角不同而结论各异。尽管如此，有关“农民工工资水平严重偏低是导致农村劳动力不愿外出就业和农民工劳动力短缺的主要原因”的看法已经成为一个共识。当然，这种偏低根源于城乡关系的规定。而“民工荒”的发生对农民工工资形成的意义则在于：一是这意味着农民工劳动力供给趋势出现转折，即由在此之前的严重供过于求逆转为供不应求。供求关系的这种转变推动着市场内竞争关系朝着有利于农民工的方向转变，进而推动着农民工工资水平的上涨。二是这意味着市场化改革时期的农民工工资形成机制的失效，新的工资形成机制必将产生。因为在劳动力市场内，工资对劳动力资

① 赵长保，武志刚．专题报告二：农民工工资收入问题分析［A］．蔡昉．刘易斯转折点及其政策挑战——2007中国人口与劳动问题报告［C］．http：//www.china.com.cn/aboutchina/zhuanti/rkyld/2007－08/02/content_8620896.htm，2007［2010－05－17］．

② 国家统计局．中华人民共和国2004～2015年国民经济和社会发展统计公报［R］．

③ 2004～2015年，第二产业的年增长率分别为11.1%、11.4%、12.5%、13.4%、9.3%、9.5%、12.2%、10.6%、8.1%、7.8%、7.3%和6.0%；第三产业的年增长率分别为8.3%、9.6%、10.3%、11.4%、9.5%、8.9%、9.5%、8.9%、8.1%、8.3%、8.1%和8.3%（国家统计局．中华人民共和国2004～2015年国民经济和社会发展统计公报［R］．）。

源起基础的配置作用，均衡的工资水平将形成均衡的劳动力供求。同样，农民工工资水平调节着其劳动力的供求状态。而“民工荒”的发生则反映出农民工劳动力供求严重失衡。这表明，农民工工资水平对其市场内劳动力供求的配置作用失效；农民工工资形成机制必然发生根本性变动。

5.2.3 农民工市场竞争关系的转变

“民工荒”的发生表明，农民工劳动力的供求关系已经发生了很大的改变，即由原来的供过于求逆转为供不应求，至少是局部地区的供不应求。农民工供求关系的完全改变对其市场的竞争关系产生了有力的冲击，推动着其竞争关系由原来的以供给竞争和供求竞争为主转向了以需求竞争为主。由于农民工劳动力短缺或供给不足，农民工市场的供给竞争和供求竞争均有很大程度的减弱，代之而起的则是企业之间为争夺农民工劳动力而展开的各种竞争，而提高其工资水平、改善工作和生活环境等措施则成为企业争取更多的农民工劳动力的主要手段。农民工工资水平因而得以实现较大程度的提高。

农民工劳动力市场竞争关系的另一变化是供求竞争关系的变动。“民工荒”之前，农民工由于供过于求等弱势性使其在与企业的竞争中处于绝对的弱势地位，而随着农民工供求状况的根本改变以及农民工劳动力价值、机会成本、人力资本和社会资本的提升，农民工在与企业的竞争中取得了一定的优势。虽然，在农民工市场的供求竞争中，农民工与企业之间的劳资地位仍然是不平等的，但这一时期，只要企业支付的工资太低或工作环境太差，农民工就可以“以脚投票”，做出其他就业选择。近年来，珠江三角洲的农民工短缺程度远比长江三角洲和京津地区严重，正是农民工在收入太少、满足感太低的情况下做出东移、北上抉择的结果。“民工荒”为农民工提供了就业选择的机会，决定了农民工在与企业的供求竞争中具有了“民工潮”时期所不具有的优势。为了能留住农民工，企业不得不在工资水平上做出让步，农民工工资水平因而朝着有利于农民工的方向变动。

5.3 农民工工资水平的基本情况及主要特点

5.3.1 农民工工资水平的基本情况

与前两个阶段相比较，这一时期有关农民工整体工资水平的统计资料相对较多。但由于统计口径不同，各调查单位关于农民工工资水平的统计结果存在较大的差异。为了能够更为全面地了解这一时期的农民工工资水平状况，这里对不同统计单位所调查的农民工月均工资进行了梳理，并仍然采取以时间为序罗列描述的方式来呈现其基本情况，如表5－3所示。

表5－3 统筹城乡时期农民工工资水平统计　　单位：元

序号	时间	年均工资	月均工资	统计范围或数据来源	统计单位
1	2003年	—	781	全国农村固定观察点	《2007中国人口与劳动问题报告》
2		—	690	全国31个省（区、市）6.8万个农村住户和近7100个行政村的抽样调查	国家统计局农调总队
3		—	702[①]	全国11个省（区、市）	—
4	2004年	—	802	全国农村固定观察点	《2007中国人口与劳动问题报告》
5		—	780	全国11个省（区、市）	—
6		—	969	安徽、山东、江西、四川、河南、贵州六省的农民工家庭	中国人民银行调查统计司课题组
7		6471	719	—	国家统计局

① 该数据根据“2004年，农民工外出务工月均工资为780元，比2003年增加78元”计算而得［盛来运，彭丽荃．专题报告三：当前农民外出务工的数量、结构及特点［A］．蔡昉，顾宝昌．人口转变的社会经济后果［M］．北京：社会科学文献出版社，2006.］。

续表

序号	时间	年均工资	月均工资	统计范围或数据来源	统计单位
8	2005年	—	855	全国农村固定观察点	《2007中国人口与劳动问题报告》
9		—	780	—	中国农民工问题研究总报告起草组
10		—	780	武汉、广州、深圳、东莞和湖北省、河南省等部分农村	武汉大学农民工问题研究课题组
11		—	861①	全国31个省（区、市）6.8万个农村住户和近7100个行政村	国家统计局
12		—	1033	安徽、山东、江西、四川、河南、贵州六省的农民工家庭	中国人民银行调查统计司课题组
13		16578	1842	—	中国社会科学院人口与劳动经济研究所
14		—	1044	劳动和社会保障部确定的第一批劳务输出工作示范县	劳动和社会保障部
15		7390	821	—	国家统计局
16	2006年	—	958②	—	农业部
17		—	946	全国31个省（区、市）6.8万个农村住户和近7100个行政村	国家统计局
18		—	953	全国农村固定观察点	《2007中国人口与劳动问题报告》
19	2006年	—	1187	安徽、山东、江西、四川、河南、贵州六省的农民工家庭	中国人民银行调查统计司课题组
20		—	966	全国	国家统计局“城市农民工生活质量状况”专项调查

① 此数据根据“据国家统计局的抽样调查，2006年，外出农民工月均工资为946元，比上年增加85元，增长9.9%”计算而得［唐平．我国农村外出劳动力继续增加［N］．中国信息报，2007－04－18（1）．］。

② 此数据根据“2007年我国农民工月均工资达到1060元，首次突破千元，比上年增长10.6%”计算而得［王飞，崔清新．去年农村外出就业劳动力月均工资首次突破千元［N］．经济日报，2008－08－29（5）．］。

续表

序号	时间	年均工资	月均工资	统计范围或数据来源	统计单位
21	2007年	—	1060①	—	农业部
				全国31个省（区、市）6.8万个农村住户和7100多个行政村	国家统计局
22		—	1305	武汉、广州、深圳、东莞和湖北省、河南省等部分农村	武汉大学农民工问题研究课题组
23		—	1020	全国	劳动和社会保障部农民工劳动保障大型调查
24	2008年	—	1156②	全国农村固定观察点	驻农业部纪检组监察局
25		—	1205	全国31个省（区、市）6.8万个农村住户	国家统计局
26	2009年	—	1348	全国农村固定观察点	驻农业部纪检组监察局
27		—	1389	全国31个省（区、市）6.8万个农村住户和7100多个行政村	国家统计局
28	2010年	—	1655	全国	国家统计局
29	2011年	—	2015	全国	国家统计局
30	2012年	—	2290	全国	国家统计局
31	2013年	—	2609	全国	国家统计局
32	2014年	—	2864	全国	国家统计局
33	2015年	—	3072	全国	国家统计局

资料来源（按序号排列）：

1、4、8、18 赵长保，武志刚．专题报告二：农民工工资收入问题分析［A］．蔡昉．刘易斯转折点及其政策挑战——2007 中国人口与劳动问题报告［C］．中国网，http：//www.china.com.cn/aboutchina/zhuanti/rkyld/2007－08/02/content_ 8620896.htm，2007［2010－05－17］．

2 阳俊雄．去年我国农村外出务工劳动力1.1亿人［N］．中国信息报，2004－05－10（1）．

3、5 盛来运，彭丽荃．专题报告三：当前农民外出务工的数量、结构及特点［A］．蔡昉，顾宝昌．人口转变的社会经济后果［C］．北京：社会科学文献出版社，2006.

---

① 该数据与"去年我国农民工月工资水平1205元 同比增长13.7%"计算的结果一致（见：阳俊雄．去年我国农民工月工资水平1205元 同比增长13.7%［EB/OL］．中国网，http：//www.china.com.cn/aboutchina/txt/2009－03/17/content_ 17458042.htm，2009［2010－11－03］．）。

② 此数据根据"农业部通过全国2.2万多个农村固定观察点，就农村劳动力外出就业情况进行的调查表明：2009年，外出农民工月均工资1348元，比上年增长16.6%"计算而得（驻农业部纪检组监察局．2009年农村外出就业劳动力总量扩大 农民工收入快速增长［EB/OL］．中国农业信息网，http：//www.agri.gov.cn/lzjs/gzdt/t20100114_ 1416817.htm，2010［2010－12－27］．）。

6、12、19 中国人民银行调查统计司课题组．关于农民工劳动力价格水平监测的报告［J］．中国金融，2008（3）：69－71.

7 建伟，黄会清，武勇．迅速崛起的劳务经济——农民工已成为我国产业工人的重要组成部分［N］．中国信息报，2005－09－19（1）.

9 中国农民工问题研究总报告起草组．中国农民工问题研究总报告［J］．改革，2006（5）：5－30.

10、22 简新华，黄锟．中国农民工最新情况调查报告［J］．中国人口·资源与环境，2007（6）：1－6.

11、17 唐平．我国农村外出劳动力继续增加［N］．中国信息报，2007－04－18（1）.

13 蔡昉，王德文，都阳．中国农村改革与变迁：30 年历程与经验分析［M］．上海：格致出版社，2008.

14 张车伟．劳动供求关系变化与就业政策［M］．北京：中国人口出版社，2006.

15 关文杰．农民工“流动”出的财富账［N］．中国信息报，2006－09－06（1）.

16、21 王飞，崔清新．去年农村外出就业劳动力月均工资首次突破千元［N］．经济日报，2008－08－29（5）.

20 朱剑红．农民工平均月收入 966 元［N］．国际金融报，2006－10－25（2）.

23 白天亮．劳动保障部调查显示：农民工收入偏低　“欠薪”仍存在［EB/OL］．新华网，http：//news. xinhuanet. com/employment/2007－02/06/content_ 5701728. htm，2007［2010－12－26］.

24、26 驻农业部纪检组监察局．2009 年农村外出就业劳动力总量扩大　农民工收入快速增长［EB/OL］．中国农业信息网，http：//www. agri. gov. cn/lzjs/gzdt/t20100114_ 1416817. htm，2010［2010－12－27］.

25 阳俊雄．去年我国农民工月工资水平 1205 元　同比增长 13.7%［EB/OL］．中国网，http：//www. china. com. cn/aboutchina/txt/2009－03/17/content_ 17458042. htm，2009［2010－11－03］.

27 国家统计局农村司．2009 年农民工监测调查报告［R］.

28 国家统计局．2010 年农民工监测报告［A］//2011 中国发展报告［C］．北京：中国统计出版社，2011.

29 国家统计局．2011 年我国农民工调查监测报告［R］.

30 国家统计局．2012 年全国农民工监测调查报告［R］.

31 国家统计局．2013 年全国农民工监测调查报告［R］.

32 国家统计局．2014 年全国农民工监测调查报告［R］.

33 国家统计局．2015 年农民工监测调查报告［R］.

同样为了便于掌握和分析这一时期农民工工资水平的基本情况和主要特征，特将表 5－3 简化为表 5－4。

表 5－4　统筹城乡时期农民工工资水平统计简表　　单位：元/月

年份	农民工工资水平
2003	781（1）、690（2）、702（3）
2004	802（4）、780（5）、969（6）、719（7）

续表

年份	农民工工资水平
2005	855（8）、780（9、10）、861（11）、1033（12）、1842（13）、1044（14）、821（15）
2006	958（16）、946（17）、953（18）、1187（19）、966（20）
2007	1060（21）、1305（22）、1020（23）
2008	1156（24）、1205（25）
2009	1348（26）、1389（27）
2010	1655（28）
2011	2015（29）
2012	2290（30）
2013	2609（31）
2014	2864（32）
2015	3072（33）

注：括号内数据为表 5－3 的序号，即各项农民工工资水平的资料来源。

资料来源：根据表 5－3 整理。

从上述资料可以看出，由于统计口径的差异，各个统计单位对农民工月均工资的统计结果差距较大。同样，忽略上述明显偏高的数据，如资料序号 6、13、19，这一时期，农民工月平均工资为：2003 年在 700～800 元，2004 年在 700～800 元，2005 年在 700～1000 元，2006 年在 900～1000 元，2007 年在 1000～1300 元，2008 年在 1100～1200 元，2009 年在 1300～1400 元，2010～2015 年在 1600～3100 元，具体如表 5－4 所示。

5.3.2 农民工工资水平的主要特点

5.3.2.1 农民工工资水平高速增长

与前两个阶段相比较，这一时期的农民工工资水平实现了较大幅度的提升。具体表现在以下几方面：

（1）农民工工资水平在总体上是不断增长的。例如，根据上述对这一时期农民工月均工资的判断可知，2003～2015 年，农民工工资水平在总体上是逐年增长的。另外，表 5－3 中同一统计单位关于不同年份的统计数据也反映了农民工工资水平不断增长的事实。例如，《2007 中国人口与劳动问题报告》的统计数据，即资料序号 1、4、8、18 表明，2003～2006 年，农民工月均工资从 781 元增至953元，增幅达22.0%；中国人民银行调查统计司课题组（资料序号6、12、19）的统计数据虽然偏高，但它仍反映出2004～2006年农民工工资水平不断增长的事实；武汉大学农民工问题研究课题组的数据（资料序号10、22）则反映了2005～2007年农民工工资水平的增长情况；其他资料，如资料序号3和序号5、农业部的资料序号16和序号21、驻农业部纪检组监察局的资料序号24和序号26等也都反映了调查当年的工资水平较前一年有所增长的事实。为了能更为准确地反映这一时期农民工工资水平的增长情况，我们根据表5－3的统计资料，将这一时期国家统计局（农调总队）关于农民工工资水平的统计数据连接起来，并由此计算其增幅（如表5－5所示）。从表5－5可知，农民工月均工资的增幅波动较大，但总的来看，其工资水平出现了高速增长，年均涨幅高达13.4%。

表5－5　国家统计局关于统筹城乡时期的农民工月均工资　单位：元，%

年份	2003	2004	2005	2006	2007	2008	2009	2010	2011	2012	2013	2014	2015
资料序号	2	7	11	17	21	25	27	28	29	30	31	32	33
农民工月均工资	690	719	861	946	1060	1205	1389	1655	2015	2290	2609	2864	3072
增幅	—	4.2	19.7	9.9	12.1	13.7	15.3	19.2	21.8	13.6	13.9	9.8	7.2

资料来源：根据表5－3整理。

（2）农民工工资水平达到历史最高。从纵向视角来看，这一时期的农民工工资水平达到了历史的最高点。如前所述，城市改革时期，农民工工资水平在50～300元；市场化改革时期，农民工工资水平在300～700元；而统筹城乡时期的农民工工资水平则在700～3100元，明显高于前两个时期的工资水平。

（3）农民工高工资段的比重上升。这是农民工工资水平高速增长的另一个表现。市场化改革时期，农民工以中、低段工资为主，800元以上高工资段的比例1993年为3.7%、2000年为13.7%。统筹城乡时期，农民工的高工资段比例则大幅度上升。如表5－6所示，2003～2007年，月均工资在1000元以上的农民工比重分别为15.6%、17.1%、19.7%、25.9%和49.5%，呈递增之势，其中，同期月均工资在1200元以上的农民工比重又分别为10.2%、11.1%、12.7%、16.8%和36.4%，也是不断增长的。

表5－6 统筹城乡时期农民工工资水平的分段结构表 单位：%

<table>
<tr><th>年份
农民工工资水平</th><th>2003</th><th>2004</th><th>2005</th><th>2006</th><th>2007</th></tr>
<tr><td>200元以下</td><td>6.4</td><td>5.2</td><td>3.7</td><td>2.7</td><td rowspan="4">18.5</td></tr>
<tr><td>200～400元</td><td>21.6</td><td>19.3</td><td>15.0</td><td>11.0</td></tr>
<tr><td>400～600元</td><td>28.9</td><td>28.7</td><td>27.2</td><td>22.8</td></tr>
<tr><td>600～800元</td><td>16.4</td><td>17.4</td><td>19.3</td><td>20.4</td></tr>
<tr><td>800～1000元</td><td>11.2</td><td>12.4</td><td>15.1</td><td>17.2</td><td>32.0</td></tr>
<tr><td>1000～1200元</td><td>5.4</td><td>6.0</td><td>7.0</td><td>9.1</td><td>13.1</td></tr>
<tr><td>1200～1400元</td><td>2.3</td><td>2.5</td><td>3.0</td><td>4.2</td><td rowspan="3">36.4</td></tr>
<tr><td>1400～1600元</td><td>2.0</td><td>2.5</td><td>3.1</td><td>3.9</td></tr>
<tr><td>1600元以上</td><td>5.9</td><td>6.1</td><td>6.6</td><td>8.7</td></tr>
<tr><td>合计</td><td>100.0</td><td>100.0</td><td>100.0</td><td>100.0</td><td>100.0</td></tr>
</table>

资料来源（按年份排序）：（2003～2006）赵长保，武志刚．专题报告二：农民工工资收入问题分析［A］．蔡昉．刘易斯转折点及其政策挑战——2007中国人口与劳动问题报告［C］．中国网，http://www.china.com.cn/aboutchina/zhuanti/rkyld/2007－08/02/content_ 8620896.htm，2007［2010－05－17］．简新华，黄锟．中国农民工最新情况调查报告［J］．中国人口·资源与环境，2007（6）：1－6.

5.3.2.2 农民工工资水平仍然严重偏低

首先，就其绝对值来看，这一时期的农民工月均工资仍低于城市职工月均工资。如表5－7所示，2003～2008年，农民工月均工资占城市职工月均工资的比例从59.0%下降至49.5%，其工资水平不仅远低于城市职工工资水平，且两者的差距还在扩大；2009～2014年，两者的占比从50.9%逐渐上升至59.9%，差距虽有所缩小，但农民工工资水平仍然远低于城市职工工资水平；2015年该比例又有所减小，两者的差距又略微扩大。这表明，这一时期的农民工工资水平仍然处于偏低的位置，与城市职工工资水平的差距依然很大。其他资料也可以佐证该结论。例如，2004年，据广东省总工会对农民工工资收入的调查，月工资收入在800元以下的占48.2%，月工资收入在1200元以下的占78.7%，月工资收入在1600元以下的高达89.4%。而广东省2003年在岗职工的月平均工资收入为1675元。即农民工月工资收入仅为全省在岗职工月工资收入的54.9%，只有一成的人月工资收入达到了全省职工的平均水平①。再如，据调查，珠江三角洲农民工的平均工资在12年间只增加了68元，如果考虑到物价上涨因素，该收入实际上是负增长②。

表5-7 统筹城乡时期农民工与城市职工的月均工资比较 单位：元，%

年份	2003	2004	2005	2006	2007	2008	2009	2010	2011	2012	2013	2014	2015
农民工月均工资	690	719	861	946	1060	1205	1389	1655	2015	2290	2609	2864	3072
城市职工月均工资	1170	1335	1530	1750	2078	2436	2728	3096	3538	3966	4366	4780	5270
农民工月均工资/城市职工月均工资	59.0	53.9	56.3	54.1	51.0	49.5	50.9	53.5	57.0	57.7	59.8	59.9	58.3

注：城市职工月均工资取值为“城镇单位在岗职工平均工资/12”。

资料来源：（1）农民工工资见表5-5。

（2）城市职工工资根据国家统计局网站相关数据计算。

不仅如此，农民工的小时工资更低于城市职工的小时工资。这主要是指两者每小时的劳动报酬差距更大。由于农民工与城市职工的日工作时间长短不一、月工作时间天数不同，考虑到此因素，两者工资水平的差距就更为明显。一般来说，城市职工每天工作8小时，每月工作22天，每月合计工作176小时，如果考虑到法定节假日，其实际工作时间更短。而农民工由于节假日休息权益的缺失和加班现象的常态化，每天至少工作10小时，每月至少工作26天，每月合计工作至少260小时③。以此为基数，表5-7中的农民工和城市职工的月均工资可以用小时工资来表示（如表5-8所示）。由此可知，农民工的小时工资更低于城市职工的小时工资，前者仅略高于后者的1/3。对比表5-7和表5-8可知，农民工与城市职工通过小时工资所表现出来的工资水平差距更大（如表5-9所示）。这表明，农民工工资水平偏低的实际程度远比月均工资所表现出来的程度更为严重，图5-1直观地反映了这一点。

① 蔡建文．中国农民工生存纪实［M］．北京：当代中国出版社，2006.

② 廖志明．工人工资12年都没涨 穷人能不仇富吗［EB/OL］．http：//finance.sina.com.cn/review/zlhd/20051116/09202123050.shtml，2005［2010-11-28］.

③ 实际上，农民工的工作时间还要长些。据国家统计局2004年所做的典型调查，农民工日工作时间11小时，每月工作时间超过26天［中国农民工问题研究总报告起草组．中国农民工问题研究总报告［J］．改革，2006（5）：5-30.］。

表5－8 统筹城乡时期农民工与城市职工的小时工资比较 单位：元，%

年份	2003	2004	2005	2006	2007	2008	2009	2010	2011	2012	2013	2014	2015
农民工小时工资	2.65	2.77	3.31	3.64	4.08	4.63	5.34	6.37	7.75	8.81	10.03	11.02	11.82
城市职工小时工资	6.65	7.59	8.69	9.94	11.81	13.84	15.50	17.59	20.10	22.53	24.81	27.16	29.94
农民工小时工资/城市职工小时工资	39.9	36.5	38.1	36.6	34.6	33.5	34.5	36.2	38.6	39.1	40.4	40.6	39.5

注：计算公式：农民工小时工资＝农民工月均工资/260，城市职工小时工资＝城市职工月均工资/176。

资料来源：根据表5－7计算整理。

表5－9 统筹城乡时期农民工与城市职工的月均和小时工资差距比较 单位：%

年份	2003	2004	2005	2006	2007	2008	2009	2010	2011	2012	2013	2014	2015
月均工资差距	41.0	46.1	43.7	45.9	49.0	50.5	49.1	46.5	43.0	42.3	40.2	40.1	41.7
小时工资差距	60.1	63.5	61.9	63.4	65.4	66.5	65.5	63.8	61.4	60.9	59.6	59.4	60.5

注：计算公式：月均工资差距＝（1－农民工月均工资/城市职工月均工资）×100%；小时工资差距＝（1－农民工小时工资/城市职工小时工资）×100%。

资料来源：根据表5－7和表5－8计算整理。

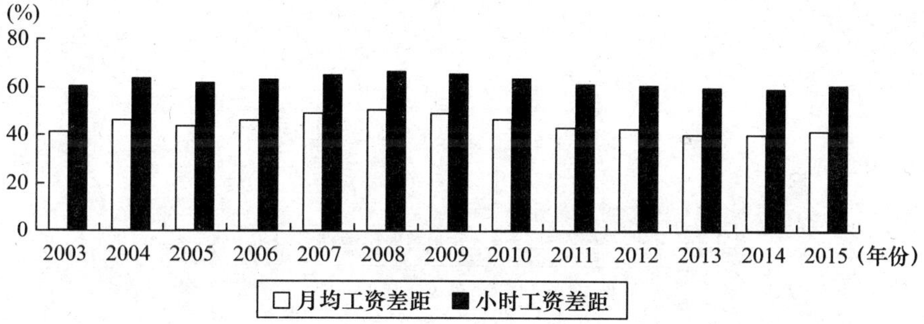

图5－1 统筹城乡时期农民工与城市职工的月均和小时工资差距比较

资料来源：根据表5－9整理。

其次，就其增幅来看，在较长的时间里，农民工月均工资的增速仍低于城市职工月均工资的增幅。2003～2015年，农民工月均工资从690元增至3072元，增幅为345.2%；城市职工月均工资从1170元增至5270元，增幅为350.4%。增幅更小则是农民工月均工资占城市职工月均工资的比例一度出现下降的原因。同期，农民工工资增幅也低于国民经济的发展速度。从国民经济发展速度来看，2003～2015年，我国国内生产总值从117251.9亿元增至676708亿元，增长

477.1%；人均GDP从9101元增至49351元，增长442.3%①。农民工工资水平的增幅与之严重不符。由此可知，这一时期的农民工工资水平仍然处于偏低的位置，且与城市职工工资水平和国民经济发展水平的差距仍然很大。

5.3.3 农民工工资水平特点的形成

这一时期，农民工工资水平高速增长是其工资形成机制变动后的必然结果。随着统筹城乡发展战略的提出以及各种惠农利农政策的实施，城乡关系发生了历史性转折，农村居民在国民财富的分配中可以获取的份额增多，延伸至城市劳动力市场，农民工的工资水平可以实现较大幅度的提高。同时，在农民工市场内，其工资形成的动力机制发生了较大的变化，即农民工与企业合作的动力由经济需求转向了发展需求，其需求层次上升、需求程度降低；“民工荒”的发生则意味着农民工劳动力的供求关系发生逆转，即从供给超过需求转向了供给不及需求；农民工与企业的竞争关系也随之发生彻底转变，即由原来的以供给竞争和供求竞争为主转向了以需求竞争和供求竞争为主，供给竞争则减弱。市场机制的这些变化均对农民工工资形成机制的结果即其工资水平产生了积极的影响。农民工工资水平因而可以实现较大幅度的提高（如图5－2所示）。

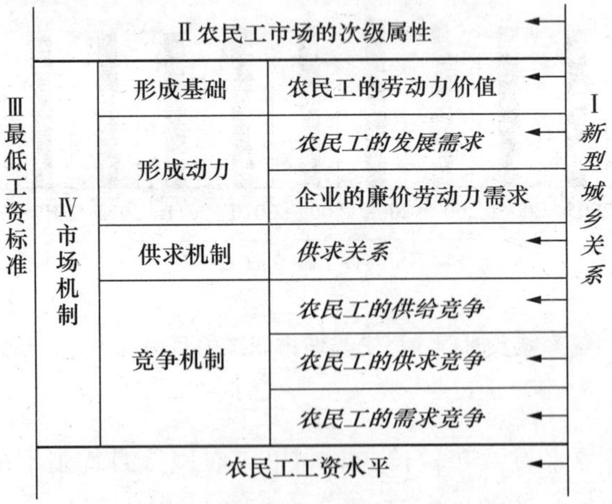

图5－2 统筹城乡时期农民工工资形成示意图

注：(1) Ⅰ、Ⅱ、Ⅲ、Ⅳ表示农民工工资形成路径。

(2) 斜体字表示农民工工资形成机制中发生变动的构成要素。

① 根据《中国统计年鉴（2004）》和《中国国民经济和社会发展统计公报（2015）》相关数据计算。

尽管如此，这一时期的农民工工资水平依然是偏低的，这仍然源自城乡居民国民财富分配的不平等关系。虽然在新型城乡关系之下，农村居民可以获取比以往任何时候更多的份额，但城乡居民国民财富分配的分割和差距并未就此消除，农村居民能够获取的份额仍然是有限的。因此，城乡关系从根本上决定了农村居民的福利水平仍然严重偏低，并通过对农民工机会成本、最低工资标准、农民工市场属性等因素的影响，延伸至农民工工资水平。具体来说，一是尽管这一时期农民工的机会成本实现了很大程度的提升，但其水平实际上仍然非常偏低。2003~2010年，农民工机会成本不及城镇职工月均工资的1/4（仅2003年略高于25%），且两者的差距总体呈扩大之势，如表5-10所示。二是最低工资标准虽实现了多次调整，增幅较大，但与城市职工月均工资相比较，仍处于较低的位置。仍以北京市为例，2002~2016年，农民工最低工资标准仅为城市职工月均工资的17%~22%，远低于国际惯例40%~60%的比例（如表5-11所示）。三是这一时期农民工市场的次级属性并未发生明显的改变，农民工依然难以冲破劳动力市场分割的藩篱而进入首要劳动力市场。三者决定着农民工工资水平依然被束缚在较低的位置。

表5-10　2003~2010年农民工机会成本与城市职工月均工资比较

单位：元，%

年份	2003	2004	2005	2006	2007	2008	2009	2010
农民工机会成本	297.6	322.2	343.5	384.3	444	508.5	581.6	662.2
城市职工月均工资	1170	1335	1530	1750	2078	2436	2728	3096
农民工机会成本/城市职工月均工资	25.4	24.1	22.5	22.0	21.4	20.9	21.3	21.4

注：农民工机会成本=（农民纯收入-农民外出务工收入）×农村人口总数÷农村劳动力总数÷12。

资料来源：（1）农民工机会成本根据国家统计局《中国农村住户调查年鉴》（2004~2011）、《中国统计年鉴》（2004~2011）相关数据计算。

（2）城市职工工资根据国家统计局《中国统计年鉴》（各年）相关数据计算。

表5-11　统筹城乡时期北京市月最低工资标准与城市职工月均工资比较

单位：元，%

执行期限	月最低工资标准	城市职工月均工资	月最低工资标准/城市职工月均工资
2002.7.1~2003.12.31	465	2109.3	22.0
2004.1.1~2004.6.30	495	2472.8	20.0
2004.7.1~2005.6.30	545	2472.8	22.0

续表

执行期限	月最低工资标准	城市职工月均工资	月最低工资标准/城市职工月均工资
2005.7.1～2006.6.30	580	2849.3	20.4
2006.7.1～2007.6.30	640	3343.1	19.1
2007.7.1～2008.6.30	730	3875.6	18.8
2008.7.1～2010.6.30	800	4576.1	17.5
2010.7.1～2010.12.31	960	5473.6	17.5
2011.1.1～2011.12.31	1160	6319.5	18.4
2012.1.1～2012.12.31	1260	7108.9	17.7
2013.1.1～2014.3.31	1400	7833	17.9
2014.4.1～2015.3.31	1560	8617	18.1
2015.4.1～2016.8.31	1720	9423	18.3

注：城市职工月均工资取的是最低工资标准开始执行时的数据（除“2002.7.1～2003.12.31”阶段取的是2003年的数据）。

资料来源：（1）北京市月最低工资标准来自北京市人力资源和社会保障局网站。

（2）北京市城市职工月均工资来自《北京统计年鉴》(2016)。

5.4 本章小结

从统筹城乡发展战略的提出开始，农民工工资形成进入了第三个阶段。本章在阐释城乡关系的历史性转变及其对农民工工资形成的影响基础上，阐述了农民工工资形成市场机制嬗变的具体表现及其作用，并就农民工工资形成机制的结果即其工资水平进行了历史考察和特征分析。现将本章的主要内容和结论归纳如下：

第一，这一时期，统筹城乡发展战略的提出和各种利农惠农政策的实施推动着城乡关系开始发生历史性转变，即由原来严重的城市偏向向城乡均衡过渡。在新型城乡关系下，农村居民在国民财富的分配中可以获取的份额增多，延伸至农民工，其工资水平因而可以实现增长。

第二，农民工市场内，其工资形成的动力机制有所改变，主要是农民工与企业合作的动力从经济需求转向了发展需求，需求层次上升、需求程度降低，农民工在与企业的竞争中具备了一定的优势；农民工工资形成的供求关系发生了逆转，即由原来的供过于求逆转为供不应求；竞争关系也随之发生了转变，即由原来的以供给竞争和供求竞争为主转向了以需求竞争和供求竞争为主，供给竞争减弱。三者共同推动着其工资水平向着有利于农民工的方向变动。

第三，随着农民工工资形成机制的变动，其工资水平呈现出新的特征，即高速增长与严重偏低并存。前者源于农村居民可以获取的国民财富份额增多，并通过影响其合作需求、供求状况和竞争关系推动着农民工工资水平的上升；后者则根源于城乡关系的失衡格局并未根本改变，并通过影响农民工的机会成本、最低工资标准和农民工市场的次级属性，束缚着农民工工资水平实现更大幅度的上升。

6　农民工工资形成的总体分析

根据前文对农民工工资形成机制及其工资水平的历史考察可知，各个历史阶段农民工工资形成机制构成要素的具体情况均有所差异，但其工资水平却均处于偏低的位置，这种偏低透露出其严重的扭曲性和非公平性。本章将对农民工工资水平偏低做进一步的判断和剖析，主要是在分析城乡关系的特殊性以及由此决定的农民工工资形成机制的扭曲性的基础上，分析农民工工资水平偏低的扭曲性和非公平性，进而阐述两者所造成的负面效应，以强调解决农民工工资水平偏低问题的重要性和紧迫性。这既是对农民工工资问题的深化认识，也是寻求解决该问题的突破口。

6.1　城乡关系的特殊性

从前文可知，与其他国家的城乡关系相比较，我国的城乡关系具有明显的非公平性和扭曲性。正是城乡关系的这种特殊性决定了农民工工资形成机制的扭曲性及其工资水平的扭曲性和非公平性。我国城乡关系的特殊性具体包括以下几方面：

6.1.1　一种剥夺关系

我国的城乡关系是一种剥夺关系，即工业化过程中工业和城市对农业和农村的剥夺，具有明显的非公平性。如前所述，中国的城乡关系是以重工业优先发展战略为导向的，是一系列制度安排的结果。从其演变历程来看，“农业支援工业，农村支持城市”是我国城乡关系的重要历史特征①。但在具体的实施过程中，所谓的“农业支援工业、农村支持城市”已经演变成为工业和城市对“三农”生产要素的剥夺，其实质则是对“三农”发展权益的剥夺。正是这种剥夺特征铸就了中国城乡关系的非公平性，并渗透在城乡之间的各个方面。在国民财富的分配中，城乡居民可以获取的份额严重不等，城市居民占据了国民财富的绝大部分，而农村居民可以拥有的份额极其有限，两者的福利待遇因而存在巨大的差距。

6.1.2 制度安排的结果

我国的城乡关系是一种制度安排的结果，具有严重的扭曲性。在各国的工业化进程中，城乡关系失衡是不可避免的现象。为此，许多国家在经济发展的过程中不断采取措施，调整城乡关系、平衡城乡利益、缩小城乡差距。中国的城乡关系具有既区别于发展中国家，也区别于发达国家的独特性。其城乡失衡格局并非社会经济发展的自然结果或客观现象，而是重城轻乡制度安排的人为结果，是一种主观现象。面对其失衡格局，国家政策不但没有及时采取有效措施调整城乡关系、平衡城乡利益，还继续通过各种具有工业倾斜和城市偏向特征的制度安排加重了这种格局，导致城乡分割不但没有实现逐渐弱化，反而还被逐步强化；城乡差距不但没有缩小，反而仍呈扩大之势。中国的城乡关系因而存在十分严重的扭曲性。

6.1.3 失衡程度严重

我国的城乡关系失衡程度非常严重，决定了其非公平性和扭曲性特征十分明显。自重工业优先发展战略确立以来，我国的城乡关系逐渐失衡，城乡居民的国民财富分配份额存在明显的分割与差距。改革开放以来，我国的城乡关系虽然经历了多次调整，并出现了农村居民可以获取的国民财富分配份额有所增加、其福利待遇水平有所提升的显著变化，但就城乡居民的收入消费水平来看，自新中国成立以来所构筑的重城轻乡的城乡关系不但没有发生明显的转变，而且其分割越来越严格、差距越来越大，其失衡格局更加严重，导致了我国城乡关系非公平性和扭曲性的严重化。而城乡关系的这种特殊性决定了调节城乡失衡格局、平衡城

---

① 路小昆．新中国城乡关系60年——历程、特征与启示［J］．中共成都市委党校学报，2009（5）：64-67.

乡利益、缩小城乡差距的紧迫性、长期性和艰巨性。

6.2 农民工工资形成机制的扭曲性

作为其决定根源，城乡关系的特殊性决定了农民工工资形成机制具有扭曲性。其扭曲性特征主要表现在以下几点：

6.2.1 由制度因素和市场机制共同构成

农民工工资形成体制由制度因素和市场机制共同构成，与制度工资和市场工资是显著不同的。制度工资是制度安排的结果，其工资水平取决于制度制定者的偏好，不受市场因素的影响；市场工资是市场机制作用的结果，其工资水平取决于各种市场因素的状态，不受制度因素的干预。但在农民工市场中，农民工工资形成机制不仅包含市场因素，还包含制度因素；农民工工资水平的高低不仅取决于市场因素，也取决于制度因素。而农民工工资形成机制之所以包含制度因素，根源于城乡关系关于城乡居民国民财富分配份额的强制性规定，是制度安排的结果。借助制度安排，城乡关系不仅直接作用于农民工工资水平，还通过影响其他制度因素，如农民工市场属性和最低工资标准以及影响农民工市场因素间接作用于农民工工资水平。城乡关系因而成为农民工工资形成机制的决定性因素，其特殊性决定了农民工工资形成机制的扭曲性和农民工工资水平的扭曲性与非公平性。

6.2.2 制度因素起主要作用

农民工工资形成机制的主要作用因素并非市场机制，而是制度因素。在农民工工资形成机制中，强制性的制度安排严重干预了市场机制的作用，其作用远大于后者。具体来说，城乡关系的根本决定作用通过影响农民工市场因素干预着市场机制，受制于城乡关系的农民工市场属性和最低工资标准也同时在制约着市场机制的作用，因而农民工工资形成的市场机制是在以城乡关系为主的制度因素的框架下起作用的。因此，农民工工资形成主要取决于制度因素，农民工工资水平是制度框架下市场机制作用的结果。这有悖于农民工劳动力市场的市场化程度。

6.2.3 市场机制受制于城乡关系

农民工工资形成市场机制的各构成要素，包括其形成的基础因素（即劳动力价值）、动力机制（即劳资合作需求）、供求机制、竞争机制等，其状态均取决于城乡关系的基本格局，即对农村居民福利待遇的规定，而非劳动力市场内自然形成。而且，这些因素的状态还随着城乡关系格局的演变而变动。城乡关系关于农村居民福利待遇的规定少一些，各构成要素则会朝着不利于农民工工资水平提高的方向发展；反之，则会朝着有利于其工资水平提高的方向发展。实际上，工资形成的各要素以城乡关系为导向，而非以市场供求为导向，这是其他劳动力市场所不具有的特殊现象。或者说，其他劳动力市场的工资形成有可能也会受到制度因素的影响，但不会有农民工市场这样突出。农民工工资形成的"市场失灵"即源于此。

6.3 农民工工资水平偏低的扭曲性

在市场经济中，劳动者的工资并非孤立存在，而是与劳动者的贡献、企业经济效益、国民经济发展水平等因素密切相连。同时，劳动者的工资也并非是静止不变的，而是要随着劳动力价值、劳动力供求关系和竞争关系、劳动者的机会成本等因素的变化而变动的。然而，农民工的低水平工资却遭遇了一系列的现实矛盾，主要是与上述各种因素严重脱节，表现出既未随着国民经济等因素的发展而"水涨船高"，又未随着其供求状况等市场因素的变化而变动，从而产生了"三低"与"三高"的矛盾，并形成了生存性工资的实质，呈现出明显的扭曲性。

6.3.1 低工资与高增长的矛盾

低工资与高增长的矛盾是农民工工资水平与企业经济效益和国民经济发展水平相较而言的。首先，农民工的低水平工资与企业经济效益的高速增长不相符。据前述可知，城市化改革时期、市场化改革时期和统筹城乡时期，农民工的工资水平分别在 50 ~ 300 元、300 ~ 700 元和 700 ~ 3100 元。因此，自 1985 年以来，农民工工资增长了 9 ~ 13 倍。而 1985 ~ 2015 年，中国具有代表性的大城市北京和上海的营业盈余则分别增长46倍和27倍①。例如，据调查，近几年来（2010年前），珠江三角洲的经济发展迅猛，企业平均发展水平超过10%，有的企业经济效益连年翻番，增长速度超过100%。个别加工贸易企业更是从10年前的“手工作坊”，发展为拥有工业园区、先进生产线的大型现代化企业。然而，与之形成强烈反差的是，农民工的工资增长十分缓慢，有的一线工人工资还停留在10年前水平②。

其次，农民工的低水平工资也与国民经济的高速增长不一致。按照生产决定分配和消费的经济学理论，社会可供分配的收入和消费水平的高低最终取决于其提供的可供分配的个人消费基金（消费品）的多少，即个人的收入和消费水平取决于国民经济的发展水平。而反映国民经济发展水平的重要指标是人均国内生产总值，其与收入水平呈正相关：人均国内生产总值增加，收入水平提高；反之，则下降③。城市改革以来，我国经济实现了高速发展，1985～2015年，GDP从8989亿元上升到676708亿元，增长74倍多；人均GDP从853元上升至49351元，增长约57倍。农民工工资增长的9～13倍远低于GDP和人均GDP的增速。因此，农民工工资并未出现与国民经济发展水平相当的增长速度。

6.3.2 低分享与高贡献的矛盾

按劳分配是马克思经济学的基本分配原则，其强调的是按劳动分配报酬。劳动是取得报酬的依据，报酬是根据劳动者提供的劳动进行分配的④。即劳动者参与国民财富的分配或对劳动成果的分享是以其劳动贡献的付出为前提的，两者具有很强的正相关性。中国农民工为社会经济的发展做出了特殊的贡献，但其低水平工资却透露出其分享率与其贡献量的严重偏离，从而产生了低分享与高贡献相矛盾的扭曲性特征。

6.3.2.1 农民工的高贡献

改革开放进程中，农民工为中国深化改革、扩大开放、加快工业化和城镇化进程，做出了特殊的重要贡献⑤。这可以从农民工的流入地和流出地两方面来

① 根据《北京统计年鉴》（2016）、《上海统计年鉴》（2016）相关数据计算。

② 张朝祥，吴俊．珠三角调查：企业利润成倍增长 民工收入增长缓慢——珠三角部分农民工收入的调查［EB/OL］．中国政府网，http：//www.gov.cn/jrzg/2010－04/13/content_1579659.htm，2010［2010－12－23］．

③ 胡学勤．劳动经济学（第二版）［M］．北京：高等教育出版社，2007.

④ 曹鹏．按劳分配理论探索［M］．贵阳：贵州人民出版社，1993.

⑤ 中国农民工问题研究总报告起草组．中国农民工问题研究总报告［J］．改革，2006（5）：5－30.

论证。

(1) 农民工为流入地的经济社会发展做出了巨大的贡献。其贡献主要体现在以下几方面：

一是为我国经济发展提供了充足的廉价劳动力。改革开放以来的很长一段时间里，我国经济发展的主要着力点都是劳动密集型产业，这类产业主要是利用低廉的劳动力差价来赚取利润，因而要求拥有充足而廉价的劳动力供给。我国农村剩余劳动力存量巨大，使来自农村的农民工具有无限供给的特征。而且，由于农民工的工资水平很低且不具有城市职工所拥有的其他相关福利内容，使用农民工的劳动成本十分低廉。农民工群体正好符合劳动密集型产业对廉价劳动力的大量需求，从而使其成为劳动力的主要来源。这类产业因而得以迅速和较长时间地发展，并成为了我国重要的经济增长点。可以说，这类产业的主要利益就是农民工所提供的“人口红利”。

二是降低了产品成本，减轻了企业负担，节省了国家开支。以农民轮换工为例，由于农民轮换工在工作期间，不转户粮关系，不带家属子女，不需要增建家属住房，没有孩子入托、上学问题，这就给企业减少了一大笔费用开支。并且农民轮换工没有城市正式职工所拥有的各项劳保福利费，只需支付很少的管理费、劳保费即可，这降低了产品的成本、提高了企业的利润。据大同矿务局四老沟矿调查得知，使用一名固定工的各项劳保福利费为 360 多元/年，而使用一名农民轮换工的管理费、劳保费等仅为 137 元/年；使用农民轮换工后的 1982 年上半年，与前一年同期比较，原煤单位成本降低 2.3%，利润提高 52.7%[①]。另据调查测算，(胜利）油田使用一名固定工，如工作 30 年，退休养老 15 年，约需支出费用 53300 元，而使用轮换工同样按工作 30 年、轮换 6 人次计算，仅需支出 17214 元。按其农民轮换工总数 12500 人计算，油田 30 年可节省 4 亿多元[②]。同样的道理，农民工由于价格低廉，且不具有相应的其他福利内容，不仅弥补了城市劳动力供给的结构性不足，有效地抑制了劳动成本的上升速度，而且还降低了产品的生产成本，发挥了我国的劳动力资源优势，提高了企业的竞争力。例如，1998 年，郑州市社会平均工资总额为 7242 元，而农民工年均工资仅 5400 元，而且每名该市城市职工须缴纳工资总额 2% 的失业保险费和 24.3% 的养老保险费，

---

① 贺芳，张晓川，李冠生．农民轮换工制度是利工利农的好制度——煤矿井下使用农民轮换工的调查［J］．中国劳动，1984（10）：15－18.

② 胜利油田劳资处．扬长避短　发挥优势　进一步巩固发展农民轮换工制度［J］．中国劳动科学，1989（6）：30－32.

以其工资总额计算，共计1899.6元，而一名农民工只需缴纳各种费用共计36元或72元[①]。综合两者，农民工的工资不及城市职工平均工资的60%。不仅如此，由于是非正式员工或由于未签订劳动合同，农民工因担心被解雇而工作努力，还提高了劳动生产率，降低了产品的生产成本，提高了企业的竞争优势。

三是促进了国民经济的高速、持续发展。这是农民工最重要的贡献之一，也是上述农民工提供了充足的廉价劳动力供给、降低了生产成本、节约了国家开支的必然结果。由于农民工在许多行业中都发挥了重要的作用，我国国民经济的高速发展是与农民工的贡献分不开的。最主要的是农民工所从事的行业大多是城市居民所不愿意从事的工作，这就在很大程度上避免了这些行业因劳动力供给不足而导致的高成本或低发展甚至停滞、衰退的结果，保证了国民经济的可持续发展。目前，农民工已经成为这些行业的主体。不仅如此，以新生代农民工为主体的农民工群体正以这些行业为基础向其他原来主要是由城市居民所从事的行业辐射。这样，在未来的经济发展中，农民工还将起到更为重要的推动作用。

四是推动了我国就业结构的转变。在我国的经济发展中，就业结构升级相对滞后于工业化进程。1952～1978年，工业在国内生产总值的比重从17.6%增至44.4%；同期，非农就业的比重从16.5%上升至29.5%，远不及工业的发展速度。三大产业中，农业仍然是吸纳劳动力的主要产业。改革开放以来，随着农民工大量进入到第二、第三产业中，非农就业的比重迅速上升，到1997年，首次超过农业的就业比重，达到了50.1%。在非农产业中，第三产业的就业比重更是迅速增长，1979年仅为12.6%，1994年则增至23.0%，超过了第二产业的就业比重22.7%。自2011年开始，第三产业发展成为吸纳劳动力的第一大产业，并继续保持着强劲的增势。我国的就业结构实现了很大的转变。

五是推动了我国的城镇化进程。这主要体现在三个方面：①农民工直接参与了城市的经济和市容市貌建设，促进了城市的经济发展和环境建设。如前所述，农民工分布在城市的各行各业中，为城市的发展贡献着自己的力量。农民工在城市主要从事的是劳动密集型产业，包括制造、建筑、装修、餐饮、安保、保洁等。这些行业大多是城市居民所不愿意从事的工作，农民工因而为城市建设和发展做出了特殊的贡献。②部分农民工实现了从农民到市民的转变，从而推动了我国的城镇化进程。虽然阻碍农民工市民化的户籍制度并未实现根本性变革，农民工市民化的门槛仍居高不下，但许多农民工仍然通过自己的奋斗实现了这种跨

① 陈花芬．外来劳动力进城务工的正负效应［N］．中国劳动保障报，1998－04－15（3）．

越，转变成为城市居民，加速了城镇化进程。③没有转变为城市居民的农民工因长期就业和生活在城市，其数量本身就是推动城镇化的重要因素。因为城市化本身是伴随着经济增长与结构变化的一种积极结果和标志，从这个意义上说，由于迁移和流动的主要流向是从农村到城市，所以，即使其他条件不变，城市人口数量的增加本身就具有积极的调整意义[①]。众多没有实现市民化的农民工，其数量的增加本身就对城镇化具有积极的促进作用，不仅保证了城镇化的劳动力供给，更扩大了城镇化的市场。由于农民工在我国的城镇化进程中发挥着的重要作用，以致有学者认为，未来农民工必然是城镇化的主流群体[②]。

（2）农民工为流出地的经济社会发展做出了巨大的贡献。其贡献主要体现在以下几方面：

一是农民工为流出地创造了巨额的劳务收入。表 6－1 是关于部分流出地农民工的劳务收入统计。从表中可以看出，外出农民工为农村家乡创造的劳务收入是巨大的，不仅在当地的 GDP 或财政收入中占有相当大的比例，也在农民的收入构成中占有较大的比例。这些劳务收入不仅有助于增加农民收入，改善其生产生活条件，而且为其农村家乡建设起到了重要作用。有人做过这样的统计，1995 年，假设平均每个农民工每年带（寄）回农村现金 2000 元，按当时全国 8000 万农民工计算，每年返回农村的劳务总收入高达 1600 亿元。这个数字相当于当年全国农村个人用于生产性固定资产投资和建房总支出的 79.7%，是当年国家财政用于支援农村生产支出和各项农业事业费总额的 3.7 倍[③]。

表 6－1　部分流出地农民工劳务收入统计　　单位：万人，亿元

序号	流出地	时间	农民工总量	劳务收入	备注
1	陕西省山阳县	1985 年	3.6	0.23	占全县农村工农业总收入的 29.3%
2	贵州省赫章县	1986 年	2.5	0.08	—
3	四川省巴中市	1990 年	12.29	1	—
4	四川省巴中市	1991 年	13.3	1	—
5	湖南	1992 年	100	10	—
6	贵州省铜仁地区思南县和松桃县	1992 年	5	0.6	占当年当地国民收入的 10% 以上

①③ 付小强．外来流动人口流动何时休［N］．中国信息报，1997－10－29（3）．

② 新信．“农民工”将成为城市化的主流群体［N］．中国信息报，2005－02－24（3）．

续表

序号	流出地	时间	农民工总量	劳务收入	备注
7	湖南	1993 年	400	40	占全省财政收入的 30% 以上
8	四川	1993 年	1000	100	—
9	河南	1994 年	430	133.68	基本等于全省一年的地方财政收入
10	甘肃	1995 年	165	12.5	—
11	四川	1995 年	500	147	—
12	河南	1995 年	517	216.3	—
13	甘肃	1996 年	200	16	—
14	山东省定陶县	1998 年	3.2	1.1	—
15	安徽省庐江县	1998 年	20	8.8	—
16	福建	1999 年	433.1	224.4	—
17	湖北	1996～2000 年	580	296	—
18	河南省汝阳县	2000 年	5	2.3	—
19	山东省定陶县	2000 年	5.1	1.3	全县农民因此人均增收 200 多元
20	湖南	2001 年	578	300	—
21	全国	2002 年	—	5278	—
22	吉林省白城市	2002 年	30.5	6.5	与当地全市年财政收入相近
23	广东省江山市	2002 年	11.2	9.1	相当于该市 2001 年 GDP 的 26.1%
24	四川	2002 年	1307	430	—
25	湖南邵阳	2002 年	19.3	17	—
26	浙江省龙游县	2003 年	5	3.6	—
27	湖南省祁阳县	2003 年	21	10.8	占当地农民纯收入的 35.3%
28	湖南省郴州市	2003 年	65	39	—
29	全国	2004 年	12000	5300	—
30	全国	2005 年	12600	9300	—
31	甘肃陇南	2001～2005 年	174.74	30.64	—
32	甘肃陇南	2006 年	55.63	19.15	—
33	湖南省郴州市北湖区	2006 年	4.28	4	—
34	甘肃陇南	2007 年	59.63	24.29	—

续表

序号	流出地	时间	农民工总量	劳务收入	备注
35	甘肃	2007 年 1 ~6 月	463.5	110.6	—
36	宁夏	2007 年 1 ~6 月	67.7	13	—
37	甘肃陇南	2008 年	62.07	27.93	—
38	甘肃陇南	2009 年 1 ~9 月	63.29	40.42	—
39	黑龙江省	2011 年	522.6	303.9	—
40	河南省濮阳市	2011 年	62.8	104.7	—

资料来源（按序号排列）：

1 洪援朝．劳务输出与脱贫致富——山阳县经验的启示［J］．人文杂志，1987（5）：65 -67.

2 戴儒端．劳务输出是经济落后地区脱贫致富的捷径［J］．中国劳动科学，1987（6）：46.

3、4 李勇．巴中市劳务输出十年成果［J］．劳动理论与实践，1996（6）：26.

5 罗玉林．湘伢湘妹一年赚回十个亿［N］．中国劳动保障报，1993 -01 -30（1）．

6 周禧初．外出务工闯市场［N］．中国信息报，1994 -05 -04（1）．

7 王建民，胡琪．中国流动人口［M］．上海：上海财经大学出版社，1996.

8、12 王洪春．中国“民工潮”与经济发展［J］．社会学研究，1997（4）：73 -80.

9 齐同观．河南“民工潮”的现状［J］．中国农村观察，1995（2）：39 -41.

10 高志峰．甘肃劳务输出创历史最好水平［N］．中国劳动保障报，1995 -04 -13（2）．

11 谭深，李银河．当代农村务工女（二）——省点钱寄回家［N］．中国妇女报，1996 -06 -26（3）．

13 劳务输出促进三西扶贫开发［N］．中国信息报，1997 -10 -17（1）．

14 王德明，陈吉章，代凤英．输出 3 万人　收入过亿元——定陶县劳务输出抱回“金娃娃”［N］．中国劳动保障报，1999 -01 -16（2）．

15 左崇年，郭详松．庐江富裕劳动力年创收超八亿［N］．中国劳动保障报，1999 -10 -12（2）．

16 林凯．外出打工成为农民致富新路［N］．中国信息报，2000 -03 -27（A3）．

17 盛尤志．湖北劳动力输出已逾 200 万［N］．中国劳动保障报，2002 -01 -19（1）．

18 常向阳．五万汝阳劳务工异域辛勤创业［N］．中国劳动保障报，2000 -07 -28（5）．

19 张卫东．定陶外出打工者赚回一亿多［N］．中国劳动保障报，2001 -01 -20（1）．

20 周卫国，罗玉林，谢新吾．湖南打工者一年赚回 300 亿［N］．中国劳动保障报，2002 -01 -19（1）．

21 周正平．农民工成为我国产业工人主角——每三个工人中有两个来自农村［N］．中国信息报，2003 -08 -24（1）．

22 郭成海，刘有，孙彪．打工经济带来的效应［N］．中国劳动保障报，2002 -06 -08（2）．

23 周小忠．江山大力发展劳务产业［N］．中国劳动保障报，2003 -01 -04（3）．

24 杨三军，江毅．四川农民打工一年赚四百三十亿元［N］．中国信息报，2003 -01 -20（1）．

25 周符波．劳务经济：农民增收的主渠道——湖南省邵阳县农村劳务经济发展的现状与问题［J］．

调研世界，2003（7）：46－47.

26 叶建清．劳务经济唱响龙游农民致富歌［N］．中国劳动保障报，2004－01－10（3）．

27 谢新吾．“打工经济”成为祁阳支柱产业［N］．中国劳动保障报，2004－03－18（1）．

28 谢新吾，罗玉林，夏任平，胡江，庞华．劳务经济让郴州发了［N］．中国劳动保障报，2003－02－25（1）．

29 周建伟，黄会清，武勇．迅速崛起的劳务经济——农民工已成为我国产业工人的重要组成部分［N］．中国信息报，2005－09－19（1）．

30 关文杰．农民工“流动”出的财富账［N］．中国信息报，2006－09－06（1）．

31、32、34、37、38 蒲婷婷，王家勋，王生林．陇南农村劳务经济发展现状及对策研究［J］．湖南农业科学，2009（12）：151－155.

33 肖明才．郴州北湖区劳务创收4亿多元［N］．中国劳动保障报，2007－01－13（1）．

35 史禀恒．甘肃省上半年劳务经济成果丰［N］．中国劳动保障报，2007－07－19（1）．

36 赵文．宁夏回族自治区上半年劳务输出67.7万人［N］．中国劳动保障报，2007－07－25（2）．

39 黑龙江省农村劳务收入303.9亿　同比增长20%［J］．中国农业信息，2011（11）：12.

40 王颖．濮阳市农村劳务经济发展现状分析［J］．行政事业资产与财务，2012（12）：100－101.

二是农民工加速了城乡信息流通。由于农民工经常流动于城乡之间，或者说，由于农民工分别与城市和农村紧密相连，农民工常常将城市或农村中的一些最新信息传播到农村或城市。这就打破了农村和一些不发达地区相对封闭的社会经济环境，加快了城乡间的信息交流①。信息是经济社会发展的基本要素之一。因为这些信息资料或为城乡经济发展动态，或为某行某业的市场态势，或本身就是某个具体的商机，甚或为某些时新的思想观念和流行元素。城乡信息交流的快速发展不仅为农村或城市经济社会发展提供了丰富的信息资料，而且还可以为其发展及时更新和补充信息资料，从而极大地推动了农村和城市的发展。

三是农民工回乡创业，促进了当地的经济发展。许多农民工利用外出务工赚取的资金和学到的技术回乡自主创业，建立起规模不等的各种企业，不仅吸纳了本地的农村剩余劳动力，还提高了当地农民的收入，更增加了当地的GDP和财政收入，直接推动了农村家乡的经济发展。例如，2001年，湖南省衡山县由回乡农民工创办的企业就达到了300多家，解决了8200多名农村剩余劳动力的就业，人均年收入也突破了5000元②；在21世纪初的三年时间里，嘉禾县有7万名外出农民工回乡创业，投资金额高达2.2亿元，创办各类企业9320家，年创

① 新信．“农民工”将成为城市化的主流群体［N］．中国信息报，2005－02－24（3）．

② 周卫国，罗玉林，谢新吾．湖南打工者一年赚回300亿［N］．中国劳动保障报，2002－01－19（1）．

产值8.5亿元，支持和参与家乡基础设施建设投资3600余万元①。

总之，自改革开放以来，广大农民工一方面以提供劳动力的形式对我国的城镇化、工业化和现代化建设做出了巨大的贡献，另一方面又以提供资金和技术的形式支援了农村家乡的经济建设，不仅为流入地的经济社会发展，也为流出地的经济社会发展做出了重大的贡献。农民工已经成为我国国民经济建设的重要力量。

6.3.2.2 农民工的低分享

由上可知，农民工为我国的社会经济发展做出了巨大的贡献，但农民工的低工资收入与其对社会经济发展的高贡献严重不符，特别是严重偏离了其对GDP及其增长的实际贡献。

许多学者利用不同的计算口径对农民工的贡献率和分享率分别进行了测算。就贡献率来说，大多数学者认为，20世纪80年代初到90年代末劳动力转移对经济增长（GDP）的贡献在16%~20%之间②；20世纪90年代末到21世纪初农民工的GDP贡献率则为19.98%或13.2%③④。就分享率来看，舒建玲等（2008）根据农民工总数和农民工年均工资计算出了农民工的总收入，再将其与同期的GDP进行比较，从而计算出了2003~2006年农民工的分享率，分别为5.89%、5.27%、5.26%和7.32%⑤。该结果表明农民工的GDP分享率远低于其贡献率。本书以农民纯收入构成中的外出务工收入为基数来计算农民工的GDP分享率。先计算农民工总收入，由于《中国统计年鉴》中的农民外出务工收入是农民工总收入除以全部农村人口的结果，因此，农民工总收入应是农民外出务工收入与全部农村人口的乘积；再计算农民工的GDP分享率，即为农民工总收入与GDP的比例⑥。据此计算出1999~2010年农民工的GDP分享率，如表6-2所示。从表中可知，按此方法计算出来的农民工GDP分享率更低，仅在1.15%~2.27%，远低于前述农民工的贡献率。

---

① 谢新吾，罗玉林，夏任平，胡江，庞华．劳务经济让郴州发了［N］．中国劳动保障报，2003-02-25（1）．

② 蔡昉，杨涛．城乡收入差距的政治经济学［J］．中国社会科学，2000（4）：11-22.

③ 沈汉溪，林坚．农民工对中国经济的贡献测算［J］．中国农业大学学报（社会科学版），2007，24（1）：114-121.

④ 夏芳，王雅林．基于生产函数模型的农民工对经济增长贡献率的测量［J］．中国管理科学，2008（10）：587-591.

⑤ 舒建玲，陈松．解读农民工工资偏低状况［J］．经济导刊，2008（6）：81-83.

⑥ 其计算公式：农民工的GDP分享率=农民工总收入（即农民外出务工收入×农村人口总数）/国内生产总值×100%。

表6－2　1999～2010年农民工的GDP分享率　　单位:%

年份	1999	2000	2001	2002	2003	2004
农民工的分享率	1.15	2.17	2.20	2.23	2.27	2.20
年份	2005	2006	2007	2008	2009	2010
农民工的分享率	1.91	1.95	1.90	1.83	1.72	1.70

注：其计算公式：农民工的GDP分享率＝农民工总收入（即农民外出务工收入×农村人口总数）/国内生产总值×100%。

资料来源：根据国家统计局《中国农村住户调查年鉴》（2000～2010）、《中国住户调查年鉴》（2011）、《中国统计年鉴》（2000～2011）相关数据计算。

还有许多学者对农民工的贡献率与分享率进行了量化对比。例如，杨晓军（2012）研究认为，1985～2009年农民工劳动生产率对总产出增长平均贡献率为16.58%，对经济成果的平均分享率为9.65%①。胡伟清等（2008）计算认为，1989～2006年农民工对经济增长的贡献率为11.27%，分享率则仅为6.6%②。王春超、荆琛（2012）的研究结论为，1991～2010年农民工对中国非农经济的贡献率平均为16.37%；城镇职工的贡献率是农民工的1.63倍，但其平均收入却是农民工的3.43倍③。严于龙等（2007）、国家统计局综合司课题组（2007）计算认为，2001～2005年农民工对经济增长的贡献率接近22%，而分享率则不足3.9%④⑤。因此，不论采用哪种计量方法来计算，其结果均表明，与其对经济社会发展的高贡献率相比较，农民工的分享率都是十分低下的。

而且，与国内外劳动者的平均分享率相比较，中国农民工的分享率也是严重偏低的。据劳动和社会保障部对中国和20个不同类型国家制造业工资成本的对比研究发现，发达国家劳动力对经济增长成果的分享率为35%～50%，其他类型国家为20%～35%，中国为9.3%⑥。而中国农民工的分享率则远低于此。

① 杨晓军．农民工对经济增长贡献与成果分享［J］．中国人口科学，2012（6）：66－74.

② 胡伟清，张宗益，张国俊．农民工的贡献与分享：差距到底多大［J］．探索，2008（5）：109－112.

③ 王春超，荆琛．中国城市化进程中农民工对经济产出的贡献与收益分享［J］．经济社会体制比较，2015（2）：144－153.

④ 严于龙，李小云．农民工对经济增长贡献及成果分享的定量测量［J］．统计研究，2007（1）：22－26.

⑤ 国家统计局综合司课题组．农民工对经济增长贡献及成果分享的定量测量［J］．调研世界，2007（3）：22－26.

⑥ 中国农民工问题研究总报告起草组．中国农民工问题研究总报告［J］．改革，2006（5）：5－30.

6.3.3　低增速与高市场化的矛盾[①]

在劳动力市场，劳动力价格受其供求关系的影响显著，其影响程度取决于劳动力市场的发育和完善程度即市场化程度，随市场化程度的提高而增强。随着我国社会主义市场经济的日益发展，劳动力市场的发育程度日益提高，农民工劳动力市场亦更加完善。在农民工市场，其工资水平理应受到其劳动力供求关系的显著影响。但无论是从理论上分析，还是就现实来看，农民工工资水平都与其劳动力供求存在脱节，其工资水平受其供求影响的程度并未随着农民工市场化程度的提高而增强。农民工的低水平工资与其市场化程度的提高相悖。

首先，从理论上看，农民工劳动力供求的变动对其工资水平的影响微弱。工资水平是劳动力供求均衡的结果，劳动力供求的变动将会引起均衡点的位移，从而产生新的工资水平。如前（5.2.2）所述，进入21世纪以来，我国农民工的劳动力供求发生了较大的变动，其供给经历了从“民工潮”到“民工荒”的巨大反差。改革开放以后，大量农村劳动力在远高于务农收入的务工收入刺激下，从务农转向务工或经商，从农村走向城市，从欠发达地区流向发达地区，并逐渐形成了声势浩大的“民工潮”。1989年，“民工潮”的人数高达3000万人，此后以每年平均800万人以上的规模递增。农民工劳动力供给十分充足。根据阿瑟·刘易斯的观点，即在落后的、传统的农业国家，农村劳动力几乎可以无限供给。但我国的农民工劳动力供给却并未完全照此观点发展，于2004年初出现了严重的“民工荒”现象。而“民工荒”的发生正是我国国民经济高速发展和国内投资增加对农民工需求扩大的结果。此后，农民工劳动力持续短缺，农民工劳动力出现了从供过于求到供不应求的逆转。这种转变有助于推动其工资水平实现高速增长，并直达实现其供需均衡的高度。但农民工工资并未达到应有的水平。

以图6－1来解释。该图为城市劳动力市场上农民工劳动力的供需曲线图[②]。横轴L为农民工劳动力供给数量，纵轴W为农民工工资水平（率）。SES’是农民工劳动力的供给曲线，E是其劳动力从无限供给到有限供给的转折点。从“民工潮”到“民工荒”，农民工劳动力供给正是经历了这样的变化。在E点以前，由于农民工劳动力供给弹性趋于无限，无论其需求如何扩大，其工资水平始终保

---

① 此部分参见《农民工工资市场决定失灵的原因及解决途径》一文，略有改动［彭红碧，李国政．农民工工资市场决定失灵的原因及解决途径［J］．城市问题，2011（4）：91－96.］。

② 蔡昉，王美艳．“民工荒”现象的经济学分析——珠江三角洲调查研究［J］．广东社会科学，2005（2）：5－10.

持在 W_1；而在E点以后，由于其供给弹性相对降低，需求的扩大则必然导致其工资水平的上升，例如，需求扩大至 D_3，其工资水平则相应地上升至 W_3。换言之，如果农民工工资从 W_1 上升至 W_3 将促进其劳动力的供给量从 L_1 增至 L_3。农民工劳动力的供求达到新的均衡，"民工荒"问题得到解决。但"民工荒"问题的长期存在则说明农民工的工资水平尚未上升到应有的高度。如图6－1所示，如果农民工的工资水平从 W_1 仅上升至 W_2，其劳动力供给量仅从 L_1 增至 L_2，其需求则仅满足至 D_2。相对于 D_3 的需求量，农民工劳动力供给仍然存在 L_2L_3 这个缺口，即"民工荒"的用工缺口，并造成了图中阴影部分的社会福利损失。因此，农民工劳动力供求的巨大变动并未带来其工资水平的相应提高。农民工的供求状态对其工资水平的影响并不显著。

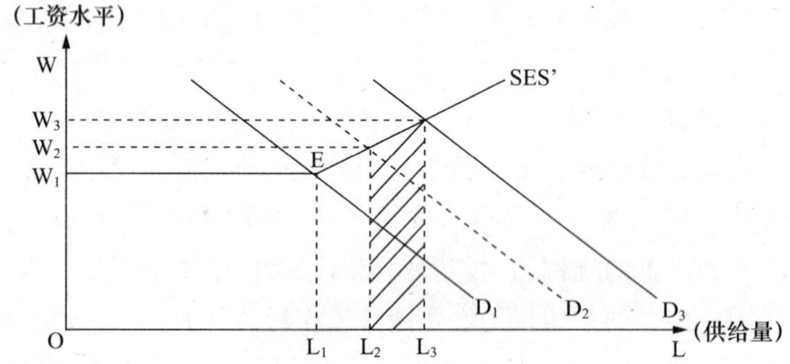

图6－1　城市劳动力市场农民工劳动力供需曲线

其次，从现实来看，农民工劳动力短缺与其工资水平严重偏低并存。农民工劳动力供给在经历了从"潮"到"荒"的巨大转变后，持续短缺。2004年后，我国每年春节都发生了"民工荒"，且呈现愈演愈烈之势[①]。2010年初的"民工荒"规模大、范围广。据统计，珠江三角洲缺工约200万人，长三角缺工约25万人[②]。缺工的种类从技工扩大到普工，缺工的区域也从沿海各省深入到了内地甚至边远的省份[③]。但与"民工荒"相伴的仍然是农民工持续的低水平工资，这

① 仅2009年春节因全球金融危机的影响例外。

② 目前，有关2010年"民工荒"的缺工数据仅为概数。参见其相关报道：明晀生，蔡早勤，周海滨．珠三角缺工超200万［N］．武汉晚报，2010－02－21（4）；民工荒解释的对与错［EB/OL］．网易新闻，http：//news.163.com/special/00012Q9L/mingonghuang100225.html，2010［2010－12－23］；等等。

③ 本刊编辑部，赵灵敏．用工荒，转型中国的节点［J］．南风窗，2010（8）：32－33.

还是统筹城乡时期的农民工工资水平仍然严重偏低的具体体现。

由此可知，在农民工劳动力出现短缺的情况下，其工资依然增长缓慢、水平偏低；农民工的供求状态对其工资水平的影响十分微弱。在社会主义市场机制日益完善的背景下，农民工劳动力市场却出现了其工资决定的市场失灵。农民工工资水平持续偏低与其劳动力市场化程度日益提高并存。

6.3.4 农民工工资的生存性实质

6.3.4.1 农民工工资属于生存工资

生存工资是指仅能维持劳动者基本生活需要的工资水平。威廉·配第（William Petty）最先提出生存工资理论。他把工资与生活资料的价值联系起来，提出了工资是维持工人生活所必需的生活资料的价值观点。这一见解，成为古典经济学派关于一般工资的理论基础。亚当·斯密、大卫·李嘉图等人发展了这一理论。斯密（Adam Smith）认为，工资应该等于劳动的自然价格，其观点奠定了西方经济学关于工资是劳动的价值或价格的思想基础。他还认为，“劳动工资有一定的标准，在相当长的期间内，即使最低级劳动者的普通工资，似也不能减到这一定标准之下”，这是对生存工资或最低工资的界定。法国资产阶级古典经济学家、重农学派的代表人物杜尔阁（Turgot）是工资生存理论的奠基人，他的主要论点是：在工业社会中，工人的工资必然处于维持生计的水平上。因为工人出卖其劳动的价格高低，不能完全由其本人决定，而是同购买其劳动的人双方协议的结果；由于有大量可以挑选的工人，当然购买者可以优先选用讨价最低的工人。因此，在彼此竞争的条件下，工人们不得不降低价格。李嘉图（David Richardo）提出了“工资铁则”。他认为，工资是由工人为维持其自身及家属的生存所必需的生活资料的价值决定的，工资始终等于工人必要的生活资料的价值，这是一个铁的规则。生存工资理论成为各国实施最低工资保障法律、协调劳资利益的理论基础。

发展经济学家也提出了流入到工业部门的农业劳动者的工资仅相当于生存工资的观点。如前所述，刘易斯认为，在发展中国家，城市工业部门的工资水平是由农业部门的平均收入水平决定的；农业维持最低限度生活水平的收入决定了城市工资水平的界限。这是由发展中国家资本稀缺、土地有限、人口增长快、劳动力资源丰富决定的。由于农业劳动力的边际生产率十分低下，其收入水平当然也很低，一般只能够维持自己和家庭最低限度的生活水平。这种生存收入决定了现代工业部门的工资界限。工业部门的工资水平一般会高于这个界限，但不会高出很多，否则，流入城市的农业劳动力就会大大超过工业部门的就业创造能力，其工资水平自然下降。

生存工资理论适用于中国农民工工资。根据本书对三个历史阶段的农民工工资水平的考察可知，无论是就工资水平的横向比较而言，还是从工资增幅的纵向对比来看，我国农民工工资水平都处于较低的位置，仅与维持农民工的基本生活资料价值相当，在实质上属于生存工资。这里将分别从理论、现实和制度安排三个方面来分析说明其理由。

（1）理论上，农民工工资构成内容单一。马克思经济学认为，工资由三部分构成，即维持劳动者自身生存所必需的生活资料价值、延续劳动者家属生存所必需的生活资料价值、劳动者为了自身发展接受教育和训练的费用。但农民工工资的构成仅包括维持其本人生存所必需的生活资料价值[①②]。这是因为：①农民工不需要支付赡养家属的生活费用。因为农民工的家属一般生活在农村，靠农业收入维持生活；有的农民工家属虽生活在城里，但能在农民工所主要从事的体力劳动中发挥一定的作用；还有的家属本身就是劳动力商品。②农民工接受教育和训练的费用很低。这与其从事的主要是制造、建筑、采掘、餐饮、环卫等对劳动者素质要求不高的体力劳动型工作有关；部分农民工之所以能够胜任对其有一定技术和技能要求的工作则得益于其在进城之前而非进城之后就已经拥有的一技之长[③]。

（2）现实中，农民工工资支付能力有限。主要是农民工的低水平工资无力承担再生产其劳动力所必需的全部生活资料价值。仅以2008年为例。城市居民和农村居民的衣食住消费支出分别为5443.9元和2489.4元[④]。按农村居民家庭户均3人计算（实际上远不止于此），其中，1人（即农民工本人）生活在城市，2人（即其家属）生活在农村，3人的生活消费总额为10422.7元。同期，农民工月均工资为1205元，以9个月计，年均10845元，仅略高于家庭总消费。若考虑到农民工因外出务工而产生的各种经济成本，农民工工资根本就不可能支撑其本人及家属的基本生活；若再考虑到本人的培训费用和子女的受教育费用，农

①③ 杨思远．试析农民工的廉价工资［J］．教学与研究，2004（7）：32-36.

② 孟艳春，董利群，甘玲．对农民工工资的马克思主义经济学分析［J］．河北师范大学学报（哲学社会科学版），2004（9）：16-18.

④ 城市居民的衣食住消费分别为食品4259.81元、服装839.07元和住房345.06元，合计5443.9元；农村居民的衣食住消费分别为食品1598.75元、服装211.80元和居住678.80元，合计2489.4元。

民工工资更无力支撑再生产其劳动力所需的全部费用①。

由于工资水平严重偏低，农民工的工资仅能维持其本人在城市的基本生活。而农民工之所以还能将自己的部分收入寄（带）回农村家乡，则是以其在城市节衣缩食、省吃俭用为前提的。以下资料直观地反映了农民工在城市的生活水平十分低下。

［资料一］1993 年佛山市等五城市农民工消费结构，如表 6－3 所示。

表 6－3　1993 年佛山市等五城市农民工消费结构　　单位：元,%

地区	人均年总收入	寄回家乡收入		食宿消费		娱乐消费		学习消费	
		金额	比例	金额	比例	金额	比例	金额	比例
广东省佛山市	4750	2137	45	1425	30	950	20	237.5	5
江苏省无锡市	4403②	2000 以下	45	2000 以下	45	50	1.1	150	3.4
黑龙江省七台河市	3500	2100	60	1300	37	70	2	12	0.3
新疆乌鲁木齐市	2918	1151	60	875	30	29	1	29	1
广东省惠川市	3600	2520	70	828	23	162	4.5	90	2.5

资料来源：中国农村剩余劳动力调查报告——流动地追踪之五［N］．中国青年报，1994－03－08（7）．

---

① 农民工的务工成本包括可以用货币计量的经济成本与不能用货币计量的非经济成本。前者包括务工的机会成本和务工的其他经济成本，其中，务工的其他经济成本包括因务工而产生的交通成本、城市生存成本（城市生活费高出农村生活费的部分）、就业成本（含求职成本、证件成本、培训成本）等。后者则以心理成本、风险成本和权利成本等为主［参见谌新民．劳动力资源流迁的动因与成本分析［J］．南昌大学学报（人文社会科学版），1999（2）：59－64；臧红玲，刘丽娟，郭美辰．从“民工潮”到“民工荒”——农民工城市就业的经济学分析［J］．长春工业大学学报（社会科学版），2006（4）：71－74；钱雪飞．我国农村劳动力城乡迁移中个人就业成本的构成［J］．南通大学学报（社会科学版），2006（4）：54－60.］。

② 该数据是根据“江苏省无锡市农民工寄回家乡的收入为 2000 元、占总收入的比例为 45%”计算而得［见中国农村剩余劳动力调查报告——流动地追踪之五［N］．中国青年报，1994－03－08（7）．］。

［资料二］珠江三角洲的农民工有82.98%住在由厂方提供的工人宿舍，15.8%的人自己租房，有1.3%的人住在亲友处。由厂方提供的宿舍又有几种：一是工厂的设施中有职工宿舍，如我们调查的深圳陆氏公司（港资），就有自己的职工生活区。区内有男工和女工两栋宿舍楼，还有食堂、存车处等，每间宿舍3张架子床（上下铺）住5个人，并有卫生间和阳台，这可以说是最好的条件了。二是企业出面租的宿舍租给工人，房主有房地产公司、某单位或私人。蛇口工业区在开发之初就兴建了成片的外来宿舍楼，单元式的，卫生间厨房设备齐全，颇似家属楼。在宝安、珠海、海南这样的宿舍楼很多，不过条件彼此间相差很远，这种楼房（包括厂区内、外宿舍）的共同特点是管得极严，定时开、关门，闲人免进。那些随意出入的宿舍楼，条件非常糟糕。比如，在广州市郊，一幢工厂宿舍，过去可能是大厂房，现用木板隔成两层楼，男工在下女工在上，楼梯之窄之险类似华山的"百尺幢"。所谓房间只是一个个隔断，到里面一间要从外面一间的床边擦过。没有阳台，工人洗的衣物要么晾在公用的浴室内，要么就挂在各自的床头。最差的也许算是那种铅皮顶房（当地叫"铁皮房"），在广东夏天，三十六七度的高温中，其闷热程度可想而知。在珠海，我们见到一排两层的宿舍，下层是村里原来的砖房，上层是工厂租来后加盖的铅皮顶房。10人一间，除上下铁架床外，只剩一过道。据说，在深圳，外来工中有20%～30%住的是类似铁皮房①。

［资料三］从农民工在城市的支出情况看，每月个人的平均支出为463元。农民工在城市打工大多居住在简陋的宿舍里。调查结果显示，有29.19%的农民工居住在集体宿舍，有20.14%的农民工居住在缺乏厨卫设施的房间里，7.88%的农民工居住在工作地点，6.45%的农民工居住在临时搭建的工棚里，还有12.54%的农民工在城里没有住所，只能往返于城郊之间，或回农家居住。在医疗方面，农民工生病时一般能撑则撑，撑不过去再到药店买药吃。调查结果表明，37.79%的农民工会自己根据病情到药店买点药吃，32.01%的农民工是去正规医院看病，20.45%的农民工是去个体诊所看病②。

［资料四］在东莞打工的吕莲娟一家4口挤在下敦村一个小单间里，儿子睡一张床，她和丈夫、小女儿挤一张。小女孩总是哭闹，鼻涕滴答。没有衣柜，衣服都挂在儿子的床尾。房租一直涨，她在村里辗转换了几个住处。这个几平方米

① 谭深，李银河，冯小双．何处栖身［N］．中国妇女报，1996－06－26（3）．
② 朱剑红．农民工平均月收入966元［N］．国际金融报，2006－10－25（2）．

的小单间，一个月要花去300块钱。

阳台用铁皮遮顶，铁皮挖出一个洞，让阳光透进这个潮湿的小房间。阳台一端用来做饭，一端是卫生间。下雨时，她就把小煤气炉拖进房子，在地上做饭①。

从上述资料可知，农民工在城市的生活条件非常恶劣，生活水平低下，生活消费因而很低。即便如此，农民工寄回农村家乡的金额也是十分有限的。例如，2000年，据重庆市农调队的调查，全年所剩收入不足1000元的农民工占12.2%，1000～2000元的占31.1%，2000～5000元的占45.0%，5000～10000的占9.7%，超过1万元的占2.0%，即高达43.3%的农民工一年寄带回家的全部收入仅在2000元以下；88.3%的农民工带回家的收入没有超过5000元②。

由此可知，农民工虽然可以通过节俭省出部分工资用于改善其农业生产条件和提高其农村生活水平，但实际上其工资是无力同时承担其本人及家属的生活费用、本人的培训费用以及子女的教育费用的。也就是说，农民工工资是无力支付再生产农民工劳动力所必需的全部生活资料价值的。因此，农民工工资仅属于生存工资。

（3）在制度安排上，农民工工资仅相当于最低工资标准。如前所述，我国实行最低工资保障制度，保障最低工资标准是其具体实施措施。而最低工资标准的确定一般考虑城市居民生活费用支出、职工个人缴纳社会保险费、住房公积金、职工平均工资、失业率、经济发展水平等因素。因此，最低工资标准是劳动者及其家属基本生活的保障工资，属于生存工资。

在最低保障工资实施的初期，许多企业没有严格地遵守最低工资制度，支付给农民工的工资水平往往低于最低工资标准。例如，《深圳经济特区劳务工条例》第三十六条规定："劳务工的工资由用人单位按其工作岗位、技术水平以及劳动成绩等与劳务工本人协商确定，但不得低于深圳市人民政府公布的当年最低工资标准。"但在1993年的劳务大检查中发现，深圳市部分企业的农民工工资水平大大低于最低工资标准③。随着最低工资制度执法力度的加强和农民工维权意识的提高，企业支付给农民工的工资低于最低工资标准的现象大幅度减少。尽管如此，最低工资标准却逐渐成为了农民工工资的指导线。我国的许多企业，特别

① 林珊珊．十年一觉打工梦［J］．南方人物周刊，2011（5）：93－99.

② 重庆市农村社会经济调查队．外出民工道甘苦——对重庆农民外出务工状况的调查［J］．调研世界，2001（10）：32－33.

③ "外来农民工"课题组．珠江三角洲外来农民工状况［J］．中国社会科学，1995（4）：92－104.

是私营企业往往以略高于最低工资标准的工资水平来支付农民工工资。例如，2007年，广东东莞农民工月均工资不到800元，而当年东莞市最低工资标准是690元/月；2007年初，广东省的农民工月均工资是853元，深圳市和广州市2007年的最低工资标准分别是850元/月和780元/月①。农民工工资仅略高于最低工资标准。部分企业甚至把最低工资作为支付标准，按其确定所有农民工的工资。最低工资标准竟成为了农民工工资水平的最高限额。这样做既不违法，又节省成本②。例如，在珠江三角洲，位于深圳市宝安区的先端精密公司是一家日资企业，年产值约3亿元，共有员工近600人。32岁的陈德林是先端精密的一名普通工人，2002年到先端精密工作时，每月工资700多元。据陈介绍，该公司正处于高速发展期，公司业绩每年都成倍增长，但公司一直参照当地最低工资标准来确定员工基本工资，加薪的范围窄、幅度低。到2009年底，已工作7年的陈德林月基本工资只有1000元左右③。

最低工资标准本来是农民工工资水平的保障线，却被企业或雇主反向使用，成了农民工工资水平的最高线。这样，农民工工资水平就被牢牢地锁定在了最低工资标准附近，仅能维持其基本生活，因而在本质上属于生存工资。

6.3.4.2 农民工接受生存工资的缘由

就劳动者而言，劳动者是否接受企业提出的工资水平需要考虑其保留工资。劳动者都有一个保留工资。当市场工资水平或企业支付的工资水平低于其保留工资时，劳动者宁肯选择闲暇带来的效用，也不愿接受比保留工资更低的工资水平而工作，但农民工似乎例外。如上所述，农民工工资仅为生存工资，其低下的工资水平无力支撑再生产其劳动力的全部费用，严重地抑制了其消费能力的提高和生活条件的改善。面对如此低下的工资水平，农民工为何仍然放弃闲暇而选择接受低工资呢？抑或，为何仍有数量巨大的农民工在城市工作呢？分析其原因，主要有以下几点：

（1）农民工工资属于生存工资是相对于城市居民的收入和生活水平而言的，相对于农村居民则不是。由于城乡居民福利待遇的差异性规定，农村居民的收入和消费水平均远低于城市居民。因此，来自农村的农民工在衡量其工资水平的高低时，其参照对象是农村居民的收入水平，而非城市居民的工资水平。如前所

①② 舒建玲，陈松．解读农民工工资偏低状况［J］．经济导刊，2008（6）：81－83.

③ 张朝祥，吴俊．珠三角调查：企业利润成倍增长　民工收入增长缓慢——珠三角部分农民工收入的调查［EB/OL］．中国政府网，http：//www.gov.cn/jrzg/2010－04/13/content_1579659.htm，2010［2010－12－23］.

述，在城乡二元结构的构筑过程中，人们已经形成了重城轻乡的基本城乡观念，即一方面是对工业、城市、城市居民的重视和偏爱；另一方面则是对农业、农村、农民的轻视和歧视。这种城乡观念不仅反映在制度安排上，也深入到民众心里，并形成了一种社会习惯，城市居民和农村居民都视之为当然。因此，在农民工的思想观念中，其工资水平低于城市职工是理所当然的事情。农民工之所以接受相对于城市居民收入和生活而言的生存工资则在于，其工资水平是高于农村居民的平均收入的。只要农民工在城市的劳动收入高于自己在农村的劳动收入，不管这种城市劳动收入比城市职工劳动收入低多少，农民工都是愿意接受的①。虽然农民工在城市获得的工资收入十分有限，难以支撑其达到城市居民的平均生活水平，仅属于生存工资，但这笔资金却能在农村发挥很大的作用，对农村居民而言是十分可观的。农民工因而愿意接受相对于城市居民而言的生存工资，这也是我国城乡二元结构的客观反映。

（2）农民工追求的是比较收入，而非边际收益率。虽然农民工所接受的低水平工资反映出其边际收益率严重偏低甚至为负，但农民工关注的并非是其边际收益率的大小而是其比较收入的多少。只要其在城市的总收入超过其在农村的收入与其务工的经济成本之和，其边际收益率或单位时间的劳动力价格偏低就不能阻止其做出在城市就业的抉择。

（3）农民工别无选择。这是城乡二元结构发展的必然结果。一方面，我国城市经济发展迅速，基础公共设施建设完善；另一方面，农业落后，农村发展停滞不前，两者形成极大的反差。由于我国农村的落后状况以及巨大的城乡差别，农民工归根结底只有接受低工资在城市工作的“自由”，没有不接受这种低工资返回农村的“自由”②。只要在城市的收入略高于农村收入与务工成本之和，农民工在比较收入、城市工作机会更多且前景更广、城市生活工作更为舒适等迁移利益的考虑下，就会做出接受低水平工资在城市就业的抉择。

6.4 农民工工资水平偏低的非公平性

实际上，农民工工资水平偏低包含了明显的歧视因素，体现了农民工工资水

① 逄军．城市农民工收入与就业矛盾及政策调整［J］．经济学动态，2004（5）：60－63.

② 邹树新．中国城市农民工问题［M］．北京：群言出版社，2007.

平的非公平性。劳动力市场差异是始终存在的，但这种差异未必一定是歧视的结果。一般来说，劳动者的人力资本禀赋及其个人特征，对个人的就业获得和报酬水平具有决定性影响作用。而仅仅由于劳动者归属于特殊的群体，上述常规因素所不能解释的劳动力市场表现差异的部分才找到原因，其是歧视作用的结果①。农民工与城市职工的工资差异因素不仅包含了常规因素，而且更多的是歧视因素。有学者专门对农民工工资所遭受的歧视因素进行了计量分析。例如，王美艳（2003）利用在北京、长春、南京、天津、武汉和西安六个城市的调查数据，运用 Oaxaca（1973）工资差异分解模型，对转轨时期农村迁移劳动力的工资歧视问题做了计量分析，认为他们和城市本地劳动力的工资差异中有76%是由歧视因素才能解释的②。也就是说，农民工与本地城市职工工资差异的大部分是由歧视因素引起的。谢嗣胜、姚先国（2006）也利用调查数据，运用彼德（Oaxaca，1973）、卡特（Blinder，1973）以及 Cotton（1988）等工资差异分解方法，对农民工的工资歧视程度进行了测量，认为农民工和城市职工的平均工资收入存在较大的差异，其中，55.2%归结于歧视性因素。而歧视性因素又包括对农民工的直接歧视和对城市职工的制度性保护两个方面，前者占工资差异的36.2%，后者占工资差异的19.0%③。

细究起来，农民工工资包含的歧视因素具体体现在以下几方面：

6.4.1 同工不同酬

从各行各业和具体的岗位来看，农民工的工资水平偏低主要表现为农民工与城市职工“同工不同酬”方面，即同样的工作岗位或工作内容，农民工的工资待遇、福利保障等与城市职工相去甚远，特别是农民工几乎没有各种岗位的发展机会。例如，据记者在南京的调查所得，某保洁公司共有600多名职工，其中“农民工”400多名，“市民工”100多名，工作内容都是清扫大街。“农民工”不管工龄长短，一律都是临时工，报酬全是一个“死制子”每月300元，且无周末、无节假日、无奖金、无加班费、无社会保险。而“市民工”不管工龄长短，一律都是正式工，有节假日，享受各项保险和福利待遇，月工资至少800多元，

① 王美艳．城市劳动力市场上的就业机会与工资差异——外来劳动力就业与报酬研究［J］．中国社会科学，2005（5）：36－46.

② 王美艳．转轨时期的工资差异：工资歧视的计量分析［J］．数量经济技术经济研究，2003（5）：94－98.

③ 谢嗣胜，姚先国．农民工工资歧视的计量分析［J］．中国农村经济，2006（4）：49－55.

一般都在千元以上，年终还有几千元奖金。农民进城务工，同工不同酬，并非南京一个地方，就笔者的调查，各地皆然，只是程度不同而已[①]。再如，据深圳市劳动局企业员工收入分配课题组1995年对114家国有企业调查得知，在相同的岗位上，外来工的月工资是800元左右，而有深圳户籍的员工工资则高达2500元。在非国有企业里，这种有城市户籍和有农民户籍不同身份的员工，每月工资至少要差600元以上[②]。而且，农民工极少有机会获得升迁，难以实现与“市民工”同等的发展权益。

6.4.2 福利内容的缺失

农民工工资的附加福利远少于城市职工工资的附加福利。一般来说，城市职工收入包括货币收入和非货币收入，前者以标准工资、津贴补贴、奖金等为主；后者包括了子女入学优待、食堂、医疗、文化娱乐等的劳保福利待遇，国家对粮油、肉蛋菜、水电煤、住房等的价格补贴和失业、工伤、养老等社会保障，其中，非货币收入是城市职工总收入的重要组成部分。例如，据调查，1995年，城市居民所享有的实物性福利，相当于其货币收入的72%[③]。而城市职工享有的大部分收入内容都是农民工没有的。实际上，农民工除获得基本的劳动报酬（即工资）以外，缺乏大部分收入内容，尤其是非货币收入。这样，如果考虑到两者的附加值，农民工与城市职工工资水平的悬殊远甚于上述差距。

6.4.3 其他内容的削弱

农民工工资水平还遭遇了许多城市职工工资所不具有因素的削弱。这些因素包括劳动强度、工作风险、工作环境、工资获取的保障性以及工作的稳定性等。

一般来说，农民工的劳动强度高、工作风险大、工作环境差、工作认同度低。农民工多从事建筑、装修、采掘、纺织、劳动密集型制造业等高强度、高风险的行业，或餐饮、环卫、安保等劳动时间较长且社会地位较低的一般性服务业，因而多集中于城市职工所不愿意或不屑于从事的“重、苦、脏、累、险、贱”岗位。因此，与城市职工相比较而言，其劳动强度更高、工作风险更大；由

① 石飞．农民工头顶一把刀：同工不同酬［EB/OL］．人民网，http：//www.people.com.cn/GB/guandian/30/20030320/947509.html，2003［2010－12－23］．

② 荀正金．农民工改革成果分享问题研究——以最低基本工资为中心［J］．中南民族大学学报（人文社会科学版），2010（1）：147－150．

③ 赵人伟，李实等．中国居民收入分配再研究［M］．北京：中国财政经济出版社，1999．

于缺乏基本的劳动保护，其工作环境十分恶劣；多不被社会所重视或尊重，社会认同度极低。这至少导致两个严重的后果：一是农民工的身体受到极大危害，并迫使其过早地退出工作，使其终身的收入受到影响；二是农民工个人需要承担更多的医疗费用[①]。因此，如果考虑到农民工所付出的以身心为代价的隐性成本，其工资水平更低。

就工资获取保障来看，农民工工资被恶意拖欠和任意克扣的现象十分严重。例如，1993年底，深圳市检查了全市7363家用工单位，查出拖欠工资总额达566万元[②]；1997年，农民工徐东在浙南某服装厂工作，约定月工资350元，结果月底被扣发了150元；苏北于内村10余名青年农民工在浙南一家水泥厂当装卸工……厂方三四个月不按时发工资，最后竟借口没钱发工资，只给每人5吨水泥自销，抵算工资[③]。就总体来看，农民工被拖欠的工资金额巨大、范围广泛、时间长久。据统计，2002年全国农民工被拖欠的工资高达400亿元，2003年更达1000亿元，被拖欠工资的农民工比例高至72.2%，有的企业欠农民工工资竟长达10年[④]。另据国家统计局2004年的抽样调查，有10%的农民工人均被拖欠工资7个月，遭遇克扣或变相克扣的现象也较为突出[⑤]。虽经强力整治，2012年，被雇主或单位拖欠工资的农民工仍占0.5%，涉及近82万人[⑥]。但随后，被拖欠工资的农民工比重重新上升，至2015年达1%，涉及近169万人[⑦]。这与城市职工工资具有保障的支付形成鲜明的对比，表明农民工工资获取的保障性极低。而且，许多雇主或单位甚至将拖欠或克扣农民工工资视为理所当然，甚至逐渐成为一种习惯。这无疑进一步加深了农民工工资被拖欠或克扣的程度。

就工作稳定性来看，农民工的工作是无保障的，稳定性极差，时常因失业而停止获得收入并付出新工作搜寻成本。由于农民工很少与企业或雇主签订正式的劳动合同，其工作是没有法律保障的。例如，1993年，深圳市进行过一次劳动执法大检查，在抽查的2055家企业28万员工中，没办任何劳动手续的占

---

① 赵振华．当前中国农民工收入分析［J］．党政干部学刊，2009（5）：35－38.

② 熏灵．打工妹的辛酸——中国劳务群体大写真之三［N］．中国信息报，1994－03－21（3）.

③ 青平．农民工的苦楚［J］．乡镇论坛，1997（8）：21.

④ 杨爱君，杨异．农民工劳动权益保护现状及对策［J］．沈阳农业大学学报（社会科学版），2010（1）：122－125.

⑤ 中国农民工问题研究总报告起草组．中国农民工问题研究总报告［J］．改革，2006（5）：5－30.

⑥ 国家统计局农村司．2012年农民工监测调查报告［R］.

⑦ 国家统计局．2015年农民工监测调查报告［R］.

17.9%；汕头和珠海没签劳动合同的企业，分别占外企总数的70%和90%[①]。这会导致两种情况出现：一是某些诚信度较低的企业或雇主为了不支付劳动报酬而任意解雇农民工，农民工因而随时面临着失业；二是当企业或雇主面临的经济发展形势出现困境而需要裁员时，农民工首当其冲[②]。当然，农民工群体本身流动性大也是其工作稳定性差的一个重要原因。但相比较而言，农民工工作不稳定更多的是来自外部因素的影响。而农民工工作不稳定对其工资水平产生了双重影响：一方面，其搜寻新工作期间没有收入，降低了其平均工资水平；另一方面，其搜寻新工作还会产生新的成本，从而再次降低了其工资水平。这样，农民工的工资水平被进一步削减。

总之，以上歧视因素在很大程度上降低了农民工的实际工资水平，从而进一步拉大了其与城市职工工资水平的差距，进一步体现了农民工工资的非公平性。农民工工资水平偏低的非公平性源于其工资形成机制，表面上，农民工工资水平是其市场机制作用的结果，似乎是一种公平的工资水平；实际上，其工资水平主要受制于以城乡关系为根源的制度因素。正是具有城市偏向特征的城乡关系决定了农民工工资水平带有明显的非公平性。

6.5 农民工工资水平偏低的负面效应

6.5.1 对农民工和农民的负面效应

农民工工资水平偏低对农民工和农民的负面效应有以下三方面：

6.5.1.1 阻碍了农民工基本生活水平的提高和农民生产生活条件的改善

一般来说，农民工的工资主要有两种用途：一是维持自己在城里的最低生活开销；二是寄回农村家中，以改善家属在农村的生活生产条件。例如，1993年12月至1994年1月，中国社会科学院农村发展研究所与中国农业银行的联合调查显示，被调查的3451名农民工，人均收入为2801.2元，人均消费为900.53元，人均带回农村家中的为1805.2元。他们将消费压到最低限度，将收入的2/3

① 熹灵．打工妹的辛酸——中国劳务群体大写真之三［N］．中国信息报，1994-03-21（3）．

② 2009年，因金融危机的影响，农民工被迫提前返乡正是此例。

带回家乡[①]。一项由中国社会科学院社会学研究所课题组所进行的调查也表明，农民工的工资中有相当一部分寄回了家中，其余的主要用于消费，而且，已婚者寄钱的比例和寄钱较多的比例要大大高于未婚者[②]。

农民工严重偏低的工资水平会导致两种情况：一是其低水平工资在兼顾支撑其城市消费和寄钱回家的同时，通常是农民工自己在城里的基本生活水平难以得到实质性的提高，农民工在农村的家属的生产生活条件也未得到有效的改善。例如，重庆市农调队的调查显示，2000年，农民工的衣、食、住、行月均生活消费为279元。在此有限的消费金额之下，农民工的生活十分清苦；但相对其收入而言，又显得生活消费偏高，致使大多数农民工一年的收入所剩无几。据统计，有43.3%的农民工一年内仅能带回家2000元以下，45.0%的能带回家2000～5000元，极少数人能带回家超过万元[③]。二是其农村家属生产生活条件的明显改善是以农民工在城市省吃俭用为代价的。由于大多数农民工的家属都生活在农村，而农村"（除了）有粮食吃，其余什么也没有"[④]。这样，农民工寄回家里的钱就显得格外重要：改善生活生产条件，维持子女的教育，支付家属的医疗、养老以及亲友间的请客送礼等开销。为了能省出更多的钱给农村家里，农民工在城市的生活十分节俭：住工棚或集体宿舍、吃最差的伙食，仅能勉强糊口。农民工的低工资保证不了其正常的生活需要[⑤]。

6.5.1.2　抑制了农民工劳动力素质的提高及其再生产的发展

市场经济条件下的工资具有补偿职能、激励职能、调节职能以及控制职能的作用[⑥]。即工资不仅能补偿劳动者本人劳作后的基本生活需求，还能对劳动者本人及其后代产生激励作用，促使其不仅增加自己参与继续教育、职业技能培训的投入，还要加强对后代的人力资本的提升，这些措施都将对劳动力素质及其再生产产生积极的影响。但严重偏低的农民工工资既无法保障农民工的基本生活需求，更无力支付其接受继续教育和培训等提高自身技能的费用，即无法提升农民

① 韩晓耘．收入、消费、行业特征——农村劳动力流动专题研究之三［J］．中国农村经济，1995（5）：40－44.

②④ 谭深，李银河．当代农村务工女（二）——省点钱寄回家［N］．中国妇女报，1996－06－26（3）.

③ 重庆市农村社会经济调查队．外出民工道甘苦——对重庆农民外出务工状况的调查［J］．调研世界，2001（10）：32－33.

⑤ 肖延方．马克思劳动力价值理论和农民工工资［J］．当代经济研究，2007（8）：8－11.

⑥ 许经勇，黄焕文．剖析制度性农民工工资福利待遇的正负效应［J］．经济纵横，2005（1）：39－41.

工劳动力的素质，更难以增加对其后代的人力资本投入。因此，农民工廉价劳动力的一个结果是因其收入太低，无法对自己和下一代进行有力投资，农民工劳动力的素质也无法提高，导致所谓的“盲流的孩子还是盲流，民工的孩子还是民工”的循环局面①。

6.5.1.3 妨碍了农民工和农民增收的实现

农民工工资不仅关系到农民工群体的收入水平，更关系到其母体，即占我国人口半数以上的农民的整体利益。我国农民的收入一直严重偏低，城乡收入差距巨大，而利用各种途径实现农民增收则成为解决农民收入问题的当务之急。由于农民收入来源多样化，具体考察各种来源的增长率和比例，可以找到解决农民收入问题最直接和最有效的方式。根据统计调查制度，农民纯收入在来源上可分为农业收入和非农业收入；或按产业分为第一产业、第二产业、第三产业收入。农业收入包括种植业、林业、牧业和渔业收入；非农业收入包括工资性收入、家庭经营第二产业、第三产业收入、财产性收入以及转移性收入，其中，工资性收入又包括在乡村政府或学校等非企业组织务工得到的收入、在本地（主要是本乡范围以内）企业务工收入、外出（本乡地域以外）务工收入及其他工资性收入（如图6-2所示）②。改革开放以来，农民收入增长结构已经发生了根本性变化。尽管家庭经营性收入仍是当前农民收入的重要组成部分，但农民收入增长的源泉发生了本质的变化：由过去靠家庭经营性收入增长转变为主要依赖劳动报酬性收入的增长③。盛来运（2005）的研究也表明，1997年以来农民收入增长主要依靠工资性收入增长的推动④。农民工资性收入增长已经成为农民收入增长的主要动力。而工资性收入增长主要是农民外出打工和在本地务工收入增长所致⑤。因此，提高农民务工收入水平无疑是实现农民增收的最有效途径之一。但在现实中，农民工的工资水平偏低，这不仅直接妨碍了农民工收入的增加，而且更是抑制了工资性收入对农民增收的作用，减缓了农民增收的速度，妨碍了农民增收愿望的实现及其收入问题的解决。

---

① 张鉴君，桂又华，贾健．当前农民工劳动力价格问题研究分析［J］．金融与经济，2006（1）：15－19.

②④ 盛来运．农民收入增长格局的变动趋势分析［J］．中国农村经济，2005（5）：21－25.

③ 张车伟，王德文．农民收入问题性质的根本转变——分地区对农民收入结构和增长变化的考察［J］．中国农村观察，2004（1）：2－13.

⑤ 国家统计局农村社会经济调查总队．农民收入调查与研究（2003）［M］．北京：中国统计出版社，2004.

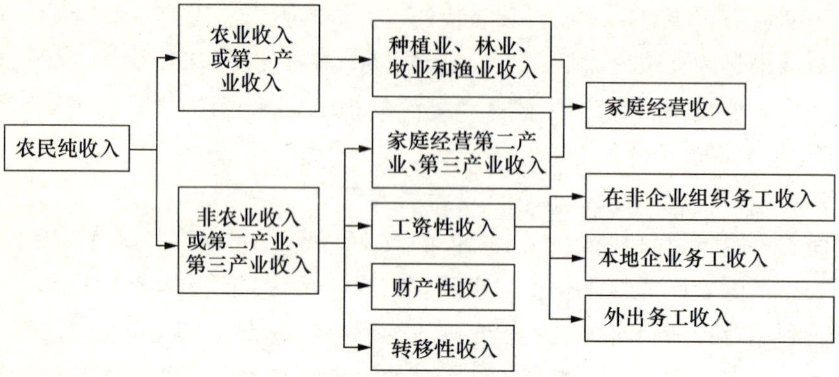

图6-2　农民纯收入来源构成

6.5.2　对企业发展的负面效应

农民工工资水平偏低对企业发展的负面效应有以下两方面：

6.5.2.1　不利于企业劳动力队伍的稳定

农民工工资水平严重偏低，必然驱使其流向工资水平更高的企业或地区，从而影响企业劳动力队伍的稳定性。许多调查资料已经证实了这一点。据能源部赴东煤公司的调查，在早期，由于工资低、福利待遇差、工作条件艰苦、生产环境差等原因，农民轮换工管理困难，流动性大，影响煤矿的正常生产；而且，被雇用、临时思想重，不钻研技术，不利于安全生产；大量使用农民轮换工，造成煤矿采掘一线技术业务骨干后继无人①。峰峰矿务局的农民轮换工全部在采掘生产一线，担负着煤炭生产的主要任务，工作时间长，劳动强度大，但他们的工资收入及劳动保险待遇既低于固定工，又低于劳动合同制工人。这种劳酬倒挂、分配不合理的现象正是使农民转换工产生短期行为和队伍不稳定的经济根源②。就近期而言，珠江三角洲的“民工荒”在很大程度上就是农民工群体在低水平工资的推动下“用脚投票”、不断做出就业新选择的必然结果。而“民工荒”的发生，不可避免地冲击着企业劳动力队伍的稳定性。

① 能源部赴东煤公司提高经济效益调查组．完善农民轮换工制度的意见——关于东煤公司提高经济效益的调查报告之三［J］．煤炭经济研究，1991（1）：1，12.

② 姚官祥，张培生，徐葆敏．招得进　留得住　用得好　送得出——关于峰峰矿务局完善农民轮换工制度的调查［J］．煤炭经济研究，1992（11）：18-23.

6.5.2.2 抑制了企业生产技术的改进

农民工工资水平偏低对企业生产技术进步的抑制作用主要表现在三个方面：一是低工资会抑制企业技术创新的主动性。原因是以农民工为劳动力主体的企业大多经营的是劳动密集型产业，低工资是这些企业实现降低产品成本、保持竞争优势的主要方式。当这些企业从低廉的劳动力价格中获取了巨大的经济利益以后，企业的发展模式往往会形成路径依赖，即企业更加依赖通过低廉的劳动力价格来获取经济效益，而懒于尝试通过技术改进甚或创新来增加经济效益，导致其缺乏技术创新的主动性。二是低工资会增加企业技术创新的难度。由于劳动要素较技术要素更为低廉，有些企业会故意降低其生产体系中的技术含量，通过追加劳动的方式来追求经济效益。这样，技术创新会因企业的要素偏好而陷入更加困难的境地。因此，农民工工资水平偏低的结果往往会使企业陷入“低技术、低素质陷阱”①，导致企业的生产技术难以提高。三是低工资会抑制劳动者技术创新的主动性。劳动者的工作主动性取决于企业的激励因素，其中，最主要的因素即为其工资。农民工工资水平偏低，不仅抑制其常规工作的主动性，更抑制其对技术创新等高难度工作的追求。以农民工为劳动力主体的企业即使有提高生产技术的意愿，但其提供的低水平工资也难以激励农民工有改进技术的主动性。

6.5.3 对经济发展的负面效应

农民工工资水平偏低对经济发展的负面效应有以下两方面：

6.5.3.1 不利于农民工劳动力的持续供给

一方面，我国农村剩余劳动力存量巨大，已成为我国实现农业现代化的一大障碍。而转移农村剩余劳动力则是缓解农村就业压力、实现农业现代化的一个重要条件。而农民进城转化为农民工正是转移农村剩余劳动力的一个现实途径。另一方面，随着农民进城、农民工大量增加，我国的劳动力结构已经发生了巨大的变化。从农村转移出来的农民工劳动力逐渐取代城市居民成为我国产业工人的主角②。因此，农民工劳动力的持续供给不仅是农村剩余劳动力转移的主要途径，更是城市劳动力供给的重要源泉。但农民工持续的低工资对其劳动力供给产生了严重的负面影响：一是低工资延缓了农民转化为农民工的进程；二是低工资降低

① 张鉴君，桂又华，贾健．当前农民工劳动力价格问题研究分析［J］．金融与经济，2006（1）：15－19.

② 周正平．农民工成为我国产业工人主角——每三个工人中有两个来自农村［N］．中国信息报，2003－08－24（1）．

了农民工，特别是新生代农民工的就业主动性。两者均影响了农民工的增量。这样，一方面是许多农民工，特别是新生代农民工因工资水平不符合其预期而没有就业；另一方面是大量的企业招工难，“民工荒”现象继续蔓延。而经过对农民工短缺问题的调查与分析可知，收入偏低是造成“民工荒”的根本原因①。

6.5.3.2 不利于经济增长方式的转变

一般而言，国内投资、国内消费和净出口是国民经济增长的“三驾马车”。其中，国内投资和净出口是我国传统的主要经济增长方式，两者在为我国的经济发展做出巨大贡献的同时，也不可避免地暴露出弊端。就国内投资来看，其主体主要是政府与民间（社会），但由于两大主体的投资空间划分不明，政府作为制度安排的主体往往会对民间投资形成“挤出效应”，这在一定程度上挤占了民间投资的空间。而政府投资又因缺乏产权的约束与激励措施，常常导致产出的低效率，影响其刺激经济增长的效应。就净出口而言，净出口容易受国际经济发展形势、国际政治关系以及双边或多边贸易关系的制约，从而导致其对经济增长的贡献具有很大的不稳定性。而且，在对外贸易中，资源稀缺性所决定的产品高成本不仅制约着净出口的经济效应，也制约着其持久性。因此，随着经济形势向纵深发展，国内需求逐渐成为转变经济增长方式的主要方向。但国内需求的程度取决于居民的收入水平，与其正相关。在我国，由于农民工人口数量众多，因而其工资水平影响着国内需求的程度。但其扭曲性偏低的工资水平不仅抑制了农民工群体本身的消费能力，也抑制了与之密切相连的广大农民的消费水平；不仅对城市消费能力有所限制，更对农村消费能力产生了不利影响。因此，农民工工资偏低的宏观效应为社会总有效需求不足②。这严重制约了我国经济增长方式实现以国内需求为主的转变。

6.5.4 对社会发展的负面效应

农民工工资水平偏低对社会发展的负面效应有以下两方面：

6.5.4.1 延缓了“三农”问题的解决

目前，严重的“三农”问题已经成为影响我国经济和社会良性发展的主要问题之一，解决“三农”问题已经成为保持国民经济健康发展和社会主义社会

① 盛来运，孙梅君，侯锐，张明梅．低工资是造成“民工荒”的根本原因［J］．调研世界，2005（9）：3－6.

② 白暴力．农民工工资收入偏低分析——现实、宏观效应与原因［J］．经济经纬，2007（4）：75－78.

长久稳定的重要任务。有关“三农”问题的解决方案存在诸多见解，如加速小城镇建设（刘恩才等，2003），财政对策（刘跃峰等，2004），人口城市化（李林杰，2005），建立“城乡联动”机制（蒋珊，2007），再合作化（孟庆莉，2012）等。但中国的“三农”问题是一个复杂的问题谱系，仅“农业、农村和农民”三个问题就包含着非常多的问题系统①。因此，对于这样一个复杂的问题谱系，并非简单的一招一式就能解决的，应当从其核心问题着手铺开。细究起来，“三农”问题的核心是农民问题，农民问题的核心又是农民收入问题。因此，增加农民收入对解决农民问题乃至“三农”问题都具有重要意义。如前所述，农民工工资与农民收入正相关，农民工工资水平的提高可以实现农民收入的增长，进而有利于上述问题的解决。反之，现实中农民工的低水平工资则会限制农民收入的增长，从而制约着农民问题乃至“三农”问题的解决。

6.5.4.2 不利于社会主义和谐社会的构建

不利于社会主义和谐社会的构建主要是由于农民工工资水平具有明显的非公平性。如前所述，农民工工资水平包含有较多的歧视因素，不仅与城市职工“同工不同酬”，也缺少城市职工所享有的各种福利待遇，还遭到劳动时间、工作强度、劳动环境等隐含因素的削弱，从而带有明显的非公平性。农民工工资水平的非公平性必然产生农民工与城市职工的收入差距，进而形成城乡居民的收入差距。而且，近年来，农民工与城市职工的收入差距呈“喇叭状”发展，城乡收入差距继续扩大。这表明，我国农民工工资水平的非公平性日益严重，反映出我国国民收入分配和居民国民待遇存在严重不公。这种不公限制了农民工工资水平的提高及其社会地位的改善。农民工被牢牢地束缚在城市社会较低的位置，其生存权益和社会地位受到冲击，势必引发其不满甚或对抗，进而危及到社会稳定，从而成为了构建社会主义和谐社会的一个桎梏。

6.6 本章小结

本章主要从总体上剖析了中国城乡关系的特殊性、农民工工资形成机制的扭

① 李文钊，谭沂丹，毛寿龙．中国农村与发展的制度分析：以浙江省湖州市为例［J］．管理世界，2011（10）：32-47，187.

曲性及由此决定的农民工工资水平偏低的扭曲性、非公平性及其负面效应，进一步分析了城乡关系对农民工工资形成机制及其工资水平的决定作用，说明了农民工工资水平偏低的基本事实及解决该问题的重要性和紧迫性。现将相关内容总结如下：

第一，分析了中国城乡关系的特殊性及由此决定的农民工工资形成机制的扭曲性。我国的城乡关系在本质上是一种剥夺关系，是工业和城市对农业和农村生产要素及发展权益的剥夺，制度安排是其形成路径。两者共同造成了城乡的严格分割和巨大差距。城乡关系的这种特殊性决定了其对农民工参与国民财富分配的强制性干预。农民工工资形成机制的构成包含了制度因素，而且，制度因素的作用大于市场机制的作用。

第二，解析了农民工工资水平偏低的扭曲性特征。主要是将农民工持续的低水平工资与我国经济增长的高速度、与其对国民经济发展的高贡献和其劳动力市场化的高程度之间进行了比较。通过对比发现，在三种背景之下，农民工工资水平长期处于较低的位置，且增长缓慢。农民工工资具有生存性实质。从理论上看，农民工工资构成十分单一，仅包含维持其劳动力生存的基本生活资料价值，而不包括维持其家属生存的生活资料价值和维持本人及其家属的教育培训费用。从现实来看，其支撑能力十分有限，仅能维持其在城市的基本生活，而无力同时支撑自己在城市和家属在农村的全部生活；其收入结余则是建立在降低其城市生活水平的基础之上的。从制度安排来看，农民工工资被束缚在最低工资标准附近。从整体上看，农民工工资呈现出一种扭曲式偏低的特征。而农民工之所以接受生存工资，则源于其在城市的收入高于在农村的收入；其收入总量在增长；况且，除此之外，别无选择。

第三，分析了农民工工资水平偏低的非公平性。这主要是指农民工工资包含有明显的歧视因素，具体表现在同工不同酬、缺少相关的福利待遇等方面，且遭遇了许多强制性因素的削弱。这些因素严重地降低了农民工的实际工资水平，进一步拉大了其与城市职工工资水平的差距。而农民工工资水平偏低的非公平性实际上透露的是城乡关系中对居民国民待遇的非公平性规定。

第四，阐述了农民工工资水平偏低的负面效应。这种负面效应具有广泛性，不仅对农民工群体本身，还对与之密不可分的农民具有重要影响；不仅对以农民工为主要劳动力的企业，还对整个国民经济和社会的发展产生了严重的负面效应。具体而言，对农民工来说，低水平工资既无法保障其基本生活，又限制了其劳动力素质的提升和再生产的发展，阻碍了农民工和农民增收愿望的实现；对企业来说，农民工的低水平工资冲击了其劳动力队伍的稳定性，阻碍了其技术水平的提升；对国民经济发展来说，农民工的低水平工资不利于我国经济增长方式的转变，不利于农民工劳动力的持续供给；对整个社会发展来说，农民工的低水平工资限制了农民增收的速度，延缓了“三农”问题的解决，且因其带有明显的非公平性，已成为社会主义和谐社会构建的一大桎梏。

7　政策建议与新的研究方向

7.1　结论与反思

7.1.1　结论

本书根据对农民工工资形成机制基本问题的分析，阐述城乡关系与农民工工资形成及其工资水平的相关性，建立其一般性分析框架；通过对农民工工资形成机制的历史考察，说明城乡关系的演变对农民工工资形成及其工资水平变动的影响，建立其历史性分析框架；通过对农民工工资形成的总体分析，再次阐明城乡关系与农民工工资形成及其水平的内在联系，强调农民工工资问题解决的重要性和紧迫性。现将本书的主要内容归纳如下：

7.1.1.1　关于农民工工资形成的基本问题

农民工工资形成是以农民工的产生为起点和依托的。我国农民工是历史的产物，是在工业化、城市化、现代化的过程中逐渐产生的，二元经济结构是其产生的主要环境背景；人口流动制度壁垒的松动是其产生的制度背景；农村剩余劳动力是其产生的源泉；迁移利益是其产生的动力。随着农民工的产生和发展，农民工工资问题随即而生。作为从农业部门流动到工业部门的劳动者，中国农民工工资形成既有其一般决定因素，即各种市场因素和制度因素，也有其特殊决定因素，即我国的城乡关系。农民工工资水平正是这两种决定因素共同作用的结果，其中，规定城乡居民国民福利待遇大小的城乡关系是其决定根源。农民工工资水平的高低取决于城乡关系关于农村居民福利待遇的规定和其他决定因素的基本状况。农民工工资水平的高低对国家、企业、农民工三方均具有重要影响，但判断其高低的结论因视角不同而各异。本书的判断依据主要是城市职工平均工资水平和农民工市场均衡价格。

7.1.1.2 关于城市改革时期的农民工工资形成（1985~1992年）

20世纪80年代中期，随着以城市为重心的经济体制改革的全面展开，国家利益的天平重新向城市倾斜，城乡二元结构再一次被强化，城乡分割更加严格、城乡差距更大。这种情况决定着农民工在国民财富的分配中获取的份额较少，导致农民工工资水平偏低。由城乡关系决定的农民工市场的次级属性也严重地制约了农民工工资水平的提升。在农民工市场内，市场机制决定着农民工工资的形成，其中，农民工与企业的合作需求共同推动着其工资的形成，但农民工强烈的生存需求削弱了其竞争力，从而降低了其工资水平；农民工供给超过其需求的供求关系，激烈的供给竞争和供求竞争同样决定了其工资水平偏低。经过历史考察可知，这一时期的农民工工资水平在50~300元。与城市职工平均工资和农民工市场均衡工资相比较，农民工工资水平是偏低的。这是其工资形成机制起作用的必然结果。

7.1.1.3 关于市场化改革时期的农民工工资形成（1993~2002年）

20世纪90年代初期，随着市场化改革的推进，城乡关系进一步失衡，城乡分割更为严格，城乡差距更大，农民工在国民财富分配中可以获取的份额更少，其工资水平因而更低。最低工资制度是这一时期新增的另一个制度因素，其标准偏低、执行力度偏弱制约着农民工工资水平的上升。城乡关系的演变推动着农民工工资形成市场机制某些构成要素的变动。在农民工市场内，农民工与企业的合作需求内容从生存利益转向了经济利益，需求程度依然强烈，供给总量因而继续增加，并超过其需求，其工资水平受到抑制；农民工供给的波动性冲击着农民工供求关系的稳定性，农民工工资水平因而上下波动；农民工的供给竞争因大量替代劳动力的产生而更为剧烈，其工资水平因而受到新因素的遏制。同样经过历史考察可知，这一时期的农民工工资水平在300~700元，仍然处于非常偏低的位置，增长缓慢且具有明显的波动特征。这是其工资形成机制演变后的必然结果。

7.1.1.4 关于统筹城乡时期的农民工工资形成（2003~2016年）

21世纪初，随着统筹城乡发展的提出和各种利农惠农政策的实施，传统的、重城轻乡的城乡关系开始出现历史性转折，以重农利农为原则的新型城乡关系开始构建，这决定着农民工在国民财富的分配中可以获取的份额有所增加，其工资水平因而得以提升。同时，在农民工市场内，农民工与企业的合作需求内容从经济利益转向了发展利益，需求层次提高、需求程度降低，农民工从而获得了一定的合作优势；“民工荒”的发生推动着供给关系转变为供不应求，竞争关系以需求竞争为主。这些决定因素的变化均有利于农民工工资水平的提升。经过历史考察，这一时期的农民工工资水平在700～3100元，实现了前所未有的高速增长。这是农民工工资形成机制中某些构成要素变动后的必然结果。但其工资水平仍然严重偏低，这是城乡关系依然失衡所决定的。

7.1.1.5　关于农民工工资形成的总体分析

（1）关于城乡关系的特殊性和农民工工资形成机制的扭曲性。我国的城乡关系在本质上是一种剥夺关系，是工业和城市对农业和农村生产要素及发展权益的剥夺，重城轻乡的制度安排是其形成路径。城乡关系因而带有明显的非公平性和扭曲性。重城轻乡的城乡关系的特殊性渗透到各个领域，包括对城乡居民可以获取的国民财富分配份额的强制性干预。重城轻乡的城乡关系决定了农村居民可以获取的国民财富份额必然少于城市居民，这种规定延及农民工。在城市劳动力市场，农民工是作为农村居民参与国民财富分配的，其份额必然偏少。

由于城乡关系的参与，因而农民工工资形成机制的构成既包括了市场机制，又包括了制度因素。农民工工资水平是两者共同作用的结果。城乡关系不仅直接决定着农民工国民财富份额配额的多少，还通过影响其他制度因素和各市场因素的基本状况，间接决定着农民工工资水平的高低。因此，在农民工工资形成机制中，制度因素的作用大于市场机制的作用。这是其扭曲性的主要表现。

（2）关于农民工工资水平偏低的扭曲性。农民工的低水平工资与企业经济效益和国民经济发展的高速增长严重不符，农民工对GDP的低分享率与其对社会经济发展的高贡献严重偏离，农民工工资水平的低增长速度与其劳动力市场化的高程度相悖，因而呈现出“三低”与“三高”的矛盾。而且，农民工的低水平工资构成十分单一，仅为维持其本人在城市的基本生活资料价值，而不包括其家属的基本生活资料价值、本人的培训费用及其子女的教育费用；其工资支付能力非常有限，不能完全承担再生产其劳动力所必需的生活资料价值；其工资水平基本上与最低工资标准相当。农民工工资具有生存性实质，其偏低程度十分严重。农民工工资水平带有严重的扭曲性。

（3）关于农民工工资水平偏低的非公平性。农民工工资包含有明显的歧视因素，主要是农民工与城市职工同工不同酬，缺少城市职工所拥有的各种福利待遇内容，同时还受到劳动强度、劳动风险、工资获取保障性和工作稳定性等因素的削弱。农民工工资水平因而具有鲜明的非公平性。而其非公平性实际上体现的是城乡居民国民待遇的非公平性。正是城乡关系的非公平性决定了农民工工资形成机制的扭曲性及其工资水平的扭曲性和非公平性。

（4）关于农民工工资水平偏低的负面效应。农民工工资水平偏低的扭曲性和非公平性及其所体现的城乡失衡格局具有严重的负面影响。对农民工和农民而言，农民工工资水平偏低不仅阻碍了农民工和农民生产生活条件的改善，抑制了农民工劳动力再生产的发展，还妨碍了农民工和农民增收的实现。就企业而言，农民工工资水平偏低不仅影响了企业劳动力队伍的稳定，还抑制了其生产技术的改进。就经济发展而言，农民工工资水平偏低不仅不利于农民工劳动力的持续供给，还制约了经济增长方式的转变。就社会发展来说，农民工工资水平偏低不仅延缓了“三农”问题的解决，还影响了社会主义和谐社会的构建。农民工工资水平问题亟待解决。

7.1.1.6 结论

通过对中国农民工工资形成机制及其工资水平的历史考察，本书主要得出如下结论：

（1）城乡关系是决定农民工工资形成的根本因素，是决定农民工工资水平高低的根源。城乡居民国民财富的分配关系存在着严格的分割和巨大的差距，农村居民可以获取的份额极其有限，其福利待遇内容很少、收入水平严重偏低。这种规定同样作用于虽在城市就业但拥有农村户籍的农民工。

城乡关系的这种格局通过四条途径决定着农民工工资形成机制及其工资水平。一是城乡关系关于农村居民国民待遇的强制性规定直接决定着拥有农村户籍身份的农民工可以获取的国民财富份额不可能太多，其收入水平是偏低的。由于城乡居民收入水平的差异性规定，进入城市劳动力市场的农民工并不能与城市职工享受同等待遇，其收入水平、福利内容和发展机遇均远逊于城市职工。二是严格的城乡分割将农民工排斥在了城市首要劳动力市场之外，只能蜷缩于次要劳动力市场。农民工市场的次级属性决定了其工资水平及相关福利必然远低于处于首要劳动力市场的城市职工。三是城乡居民福利待遇的分割和差距关系演化出城乡居民社会地位的分化，农村居民低于城市居民、农民工低于城市职工。农民工偏低的社会地位对最低工资标准及其执行力度具有负面效应，后者进一步削弱了农民工工资水平。四是城乡关系关于农村居民收入水平的强制性规定制约着各种市场因素，进而影响农民工工资水平的提升。首先，城乡关系决定着农民工的劳动力价值较低，较低的劳动价值作为农民工工资形成的基础因素制约其工资水平的上升。其次，城乡关系决定着农民工的机会成本较低，较低的机会成本作为农民工工资的主要构成部分也抑制其工资水平的增长。再次，巨大的城乡差距形成了现实的迁移利益，推动着农村劳动力产生外出并与企业合作的需求，这是农民工工资形成的动力因素。农民工强烈的合作意愿不仅激励其供给行为、影响其供给量，还削弱了农民工与企业的竞争力，从而抑制了工资水平。复次，巨大的城乡差距推动着农村劳动力不断从农村来到城市转化为农民工。农民工劳动力供给量因而巨大，并超过其需求总量。供过于求，其工资水平必然处于较低的位置。最后，巨大的城乡差距所推动形成的农民工供过于求的态势造成其劳动力供给竞争十分激烈；城乡差距所造成的农民工机会成本、人力资本等弱势性决定其在与企业的供求竞争中处于绝对弱势的地位。激烈的供给竞争和不利的供求竞争共同抑制着农民工工资水平的上升。

由上可知，城乡关系不仅是农民工工资形成机制的主要构成因素，还决定着农民工工资形成机制的其他构成因素；不仅直接规定着农民工工资水平，还间接地影响着农民工工资水平。因此，城乡关系是农民工工资形成的根本决定因素，是农民工工资水平的决定根源。由于城乡关系是一种制度安排，由其根本决定的农民工工资在本质上属于制度工资。而且，在农民工工资形成机制中，由于城乡关系起根本性决定作用，因而制度因素的作用大于市场因素的作用。

（2）城乡关系的演变推动着农民工工资形成机制及其工资水平处于不断的变动中。城市改革时期，城乡二元结构与农村改革时期相比较有所强化，农村居民可以获取的国民财富分配份额较少；农民工因户籍身份而囿于次要劳动力市场；农民工的劳动力价值偏低、强烈的生存需求、供给超过其需求、激烈的供给竞争和供求竞争等因素共同推动着农民工工资水平处于偏低的位置。市场化改革时期，城乡关系进一步失衡，农村居民可以获取的国民财富分配份额更少；农民工的经济需求，最低工资标准偏低、其执行力度偏弱，供求的波动性和更为激烈的供给竞争等因素推动着农民工工资水平处于更低的位置，增长缓慢且具有明显的波动特征。统筹城乡发展战略提出后，城乡关系开始了历史性转折，农村居民可以获取的国民财富分配份额有所增加；农民工的合作动力从经济需求转向了生存需求，需求层次更高但需求程度降低，其供求关系逆转为供不应求，竞争关系以需求竞争为主，供求竞争拥有一定的优势，这些因素的转变共同推动着农民工工资水平实现了高速增长；但由于城乡关系的失衡格局，农民工工资水平仍处于偏低的位置。

（3）农民工市场机制的作用在根本上取决于城乡关系的规定，农民工工资形成因而存在“市场失灵”。在农民工市场内，其工资是在其劳动力价值的基础上，在劳资双方合作需求的推动下，供求关系和竞争关系共同作用的结果。而农民工工资形成市场机制的构成要素均取决于城乡关系。具体来说，农民工劳动力价值取决于城乡关系对农村居民国民待遇的规定；农民工的合作动力源于城乡分割和城乡差距所决定的生存需求，或经济需求，或发展需求；农民工的供求关系，特别是农民工的供给状况同样取决于城乡分割和城乡差距所决定的对迁移利益的追求；而农民工的竞争关系则在很大程度上取决于其供求状态。由于在根本上受制于城乡关系，农民工工资形成的市场机制因而难以发挥其有效作用，农民工工资形成存在“市场失灵”。“民工荒”发生以后，农民工工资水平虽实现了很大程度的增长，但并未上升到应有的高度，农民工劳动力短缺或不足与其工资水平严重偏低并存正是其“市场失灵”的具体表现。由此可知，在农民工工资形成机制中，以城乡关系为主体的制度因素的作用远大于市场机制的作用。

（4）农民工工资水平在根本上取决于城乡关系，城乡关系的特殊性决定了农民工工资水平的扭曲性和非公平性。在农民工市场内，其工资水平表面是市场机制作用的结果，具有市场竞争下的公平性。但农民工工资不仅取决于市场机制的作用，还取决于以城乡关系为主的制度因素的作用。城乡关系不仅直接规定了农民工工资水平，还通过影响其他制度因素和市场机制的各构成要素间接决定着其工资水平。因此，农民工工资在根本上是取决于城乡关系的。而城乡关系关于城乡居民收入水平的规定是强制性的、非均衡和非公平的，农民工工资水平在本质上具有非公平性，并决定了其扭曲性的特征。农民工工资水平偏低的扭曲性和非公平性不仅对农民工和农民，而且对企业发展、国家经济发展和社会发展均具有很大的负面效应。因此，矫正农民工工资形成机制，消除农民工工资水平的扭曲性和非公平性是解决农民工工资问题的一项重要而紧迫的任务。

7.1.2 反思

经过一般性分析和历史考察，本书关于中国农民工工资形成机制的反思主要包括以下几点：

7.1.2.1 农民工工资形成机制是制度因素对市场机制干预的结果

农民工工资形成机制的制度因素反映了制度安排对劳动者参与国民财富分配的强制性规定。经过一般分析和历史考察可知，农民工工资形成机制是城乡关系作用于各个市场因素的结果。同时，农民工市场的次级属性和最低工资制度也在不同程度地影响着市场机制的作用。而且，农民工工资形成的市场机制还因制度因素的演变而发生相应的变动。因此，农民工工资形成机制虽是制度因素和市场机制共同作用的结果，但实际上是制度因素干预市场机制的结果，是具有某种偏向的制度安排对农民工劳动者参与国民财富分配的强制性规定的具体反映，其中最主要的是城乡居民国民财富分配份额关系的制度安排。

7.1.2.2 农民工工资形成的“市场失灵”反映了农民工市场存在严重的发育缺陷

农民工工资形成市场机制的运行是以其劳动力市场为环境背景的；健全、成熟的农民工劳动力市场是其工资水平真正成为市场机制作用结果的前提。而农民工工资水平不以其供求为导向而一味处于偏低的位置则反映了农民工市场存在诸多发育缺陷。实际上，农民工劳动力市场作为改革开放后的产物虽具有市场化特征，但还处于比较低级的阶段，市场机制的众多方面还很不健全，甚至可以说还只是处于市场体制的一种萌芽状态①。因此，农民工劳动力市场存在诸如供给的季节性与需求的非季节性的矛盾、典型的需求垄断性、严重的信息非对称性等发育缺陷②。这些缺陷在很大程度上制约了市场机制对农民工工资形成的作用。

7.1.2.3 由城乡关系决定的农民工工资水平严重偏低反映了城乡居民国民财富分配关系的严格分割和严重失衡

由于农民工工资水平在根本上取决于城乡关系关于城乡居民国民财富分配或福利待遇份额的规定，作为农村居民，农民工工资水平的高低，特别是其工资水平与城市职工工资水平的关系反映了城乡关系的基本格局。经过对农民工工资水平的历史考察可知，农民工与城市职工的工资水平完全不等，其工资水平不仅严重偏低，且远低于后者。这是城乡居民在国民财富的分配中存在分割与差距的具体体现，表明农村居民可以获取的国民财富分配份额远远少于城市居民。

7.1.2.4 农民工工资水平严重偏低也反映了农民工自身所存在的弱势性

在农民工工资形成机制中，农民工机会成本是其工资水平的底线，其人力资本构成、组织程度、谈判能力、维权意识与能力则是决定其与企业竞争力的重要因素。经过历史考察可知，农民工的上述因素均偏低或偏弱，从而削弱了农民工的竞争力：农民工机会成本偏低直接导致其与企业竞争“底气不足”，其人力资本构成偏低、组织程度、谈判能力、维权意识与能力偏弱则抑制了农民工竞争力的增强，导致农民工在其工资形成的竞争中处于更加不利的地位，其工资水平必然处于较低的位置。当然，农民工的这些弱势性仍根源于城乡关系所规定的农村

① 李强．中国城市农民工劳动力市场研究［J］．学海，2001（1）：110－115.

② 彭红碧，李国政．我国农民工工资市场决定失灵研究［J］．城市问题，2011（4）：91－96.

居民可以获取的国民财富分配份额非常有限。因此，扭转农民工的弱势性必须以调整城乡关系、增加农村居民的国民福利待遇份额为前提。

7.2 政策建议

如上所述，农民工工资形成机制包含了以城乡关系为主的制度因素和市场因素，农民工工资水平是两者共同作用的结果，其中，制度因素的作用远大于市场机制的作用。由于制度因素的偏向性或非公平性，农民工工资形成机制具有明显的扭曲性特征，其工资水平因而扭曲性地偏低，包含了诸多的非公平性因素。因此，矫正农民工工资形成机制，提高其工资水平，应以降低并消除制度因素的影响，还农民工工资形成于市场机制，培育和完善农民工劳动力市场为主要方向。

7.2.1 改革相关制度，调整城乡关系，平衡城乡利益

城乡关系是农民工工资形成机制的主要制度因素，是决定农民工工资形成机制其他构成要素的根本因素，是决定农民工工资水平的根源。正是城乡关系对市场机制的干预导致农民工工资形成的“市场失灵”，进而决定了农民工工资水平不以其需求为导向而持续偏低；正是城乡关系的非公平性决定了农民工工资水平的扭曲性和非公平性。因此，矫正农民工工资形成机制的首要任务是调整城乡关系、平衡城乡利益，进而消除城乡分割和差距，从根本上降低或消解城乡关系对农民工工资形成市场机制的影响。为此，应主要从改革居民福利待遇的制度安排方面展开，具体有以下几点：

首先是改革福利制度安排的基础——户籍制度。我国实行的城乡分治的户籍制度是实施“重工业优先发展”经济战略的产物，但在实施的过程中却逐渐成为构建城乡分割和重城轻乡格局的制度基础①。虽然最初形成工业剥夺农业、城市剥夺农村的计划经济体制及其相应的若干福利制度都已经发生了很大程度的变革，某些制度甚至已经废除，但固化城市偏向的制度基础——户籍制度并未发生根本性变化。因此，必须先从改革户籍制度入手改革城市偏向的福利制度安排，以平衡城乡居民国民财富分配关系。改革的方向主要是要消除居民的户籍身份差

① 刘应杰．中国城乡关系与中国农民工人［M］．北京：中国社会科学出版社，2000.

异，以此消除农村居民获取更多国民财富份额的制度壁垒。具体措施：取消城乡户籍差别，以行政区划为界限、以实际居住地为依据进行户籍登记和管理，实行统一的户籍制度；取消户籍身份与居民福利挂钩的制度安排，将居民福利从户籍身份上剥离出来，还原户籍制度户口管理的基本功能。

其次是改革居民福利待遇的相关制度，还农村居民以国民待遇。这些制度主要包括城乡就业制度、工伤制度、医疗制度、养老保险制度、失业制度等。如前所述，这些制度以户籍分割为依据，对城乡居民实行分而治之、区别对待的政策，即城市居民的上述福利制度内容丰富且完善，而农村居民相关待遇的保障范围和保障力度却极其有限，某些福利内容甚至严重缺失。因此，在城乡户籍制度尚未统一之前，改革居民福利制度的主要方向是要完善农村居民的福利保障体系，扩大保障范围、增加保障内容和强化保障力度，以此提升其国民财富分配的份额。具体来说，要以城市居民福利制度为参照，建立农村居民就业制度，构建其非农就业的制度保障；完善农村居民的工伤、医疗、养老、失业等制度，逐步实现全民参保，并实行其与城市居民同等的社会保障内容；加强监督农村居民福利制度的执行力度，确保其能真正享受相应的国民待遇。待户籍制度统一之后，改革居民福利制度的主要方向是统筹城乡福利制度，以统一的户籍登记为依据，给予所有居民以相同的福利权益，逐渐达到消除居民福利待遇的城乡分割和差距的目的。

实际上，改革户籍制度及附加其上的各种福利制度，就是要取消以户籍身份为依据来规定居民国民福利待遇的制度安排，还居民以国民身份和以劳动贡献来确定其福利待遇。通过上述制度改革，城乡居民国民财富分配关系将不再存在，无从再规定居民国民福利待遇的多少，也就不能再干预农民工工资的形成，城乡关系对农民工工资形成的直接影响就消除了。同时，根源于城乡关系的劳动力市场属性和最低工资制度也将随其消失而实现趋于公平的调整，从而消除了两者对农民工工资形成的强制性和非公平性干预。以城乡关系为主的制度因素从而也就退出了农民工工资形成机制。

7.2.2　增加制度供给，完善农民工市场，消解其发育缺陷

农民工市场是其工资形成的主要市场，是各种市场因素发挥作用的具体环境。完善的农民工市场可以为实现农民工工资真正成为市场机制的作用结果提供

环境保障①。为此，可以从以下几方面着手：

7.2.2.1 增加制度供给，解除农民工劳动力市场的制度困境

由于农民工劳动力市场的不完善、不健全、不成熟和不发达是相关劳动管理或劳动保障制度的约束或缺失所致，因此，矫正农民工工资形成机制，必须调整相关劳动制度安排并增加农民工劳动力市场的制度供给，保障其劳动权益，包括其就业权，就业中的健康权、安全权、休息权，就业后的报酬权和社会保障权，以此消解其市场发育的制度壁垒。

（1）规范现行的就业制度，为农民工劳动提供有力的制度保障。制度保障包括用工程序规范，实施按劳动合同用工和支付劳动报酬，确保农民工劳动权益有据可依；用工方式规范，严格执行国家关于劳动时间的规定，保障农民工的休息权益或获得加班报酬的权益；用工环境规范，实施劳动卫生条件等级制度，确定各个等级的具体标准，确保农民工的工作环境安全，并保证其获得与工作环境相应的工资水平；用工监管规范，建立企业用工行为检举制度、清查制度和通报制度，建立农民工权益保障奖惩制度，严惩用工中的违法违纪行为，并奖励遵守就业制度的企业，保证企业真正按照就业制度来用工。

（2）将农民工纳入城市职工社会保障体系当中，全面保障其劳动权益。农民工的相关社保制度缺失或不健全，直接将其纳入城市职工的社保体系当中，既增加了农民工劳动力市场的制度供给，又消除了农民工与城市职工的福利区别，从而可以有力地保护其社会保障权。以就业单位为依据实施农民工享受城市职工社会保障制度，相同项目、相同标准。建立农民工社保权益转移机制，保证其就业单位变更后继续享受社保权益。

（3）建立农民工权益诉求机制以及诉求反应机制，为其提供通畅的权益需求和权益保障表达渠道以及便捷的信息处理和反馈途径。以农民工权益需求为导向增加制度供给，为农民工劳动力市场的弱势方提供制度支持，可以更加有效地缓解其制度困境，疏通其发育桎梏，从而推动其市场化程度的提升。

7.2.2.2 培育农民工劳动力市场，消解其发育缺陷

目前，培育农民工劳动力市场的主要任务：与农村对口部门合作，定期转移农村剩余劳动力至城市，保障其持续供给，缓解其供给的季节性与其需求的非季节性的矛盾，确保其供求在时间上的对称性，从而增强农民工劳动力供求关系及其市场的稳定性，为农民工工资形成机制的正常运行创造稳定的市场环境；提高

① 彭红碧，李国政．我国农民工工资市场决定失灵研究［J］．城市问题，2011（4）：91-96.

农民工的受教育程度，增加其技能培训，建立专门的农民工组织和农民工援助组织，增强其供给力量，从而平衡其劳动力市场的供求关系，削弱其需求垄断特征，进而巩固农民工的议价后盾，提升其议价能力，逐渐形成由供求双方讨价议价的农民工工资形成机制；建立农民工就业和工资交流平台，提供最新的企业招聘信息和农民工求职信息，解决农民工市场中的信息非对称性问题，培育规范、健全的信息传导机制，为农民工工资形成机制的正常运行疏通信息渠道。

7.2.2.3 转变政府职能，推进农民工劳动力市场的发育

制度的完善、市场的培育离不开政府这个制度供给的“第一行为主体”的推动①。在此过程中，政府必须做到既要完善制度、推动市场发育，又要避免对市场的过度干预，不足或不当干预，转变政府职能则是其关键。在农民工市场培育的治理中，政府首先要确立自己的主体地位，积极参与农民工劳动力市场的培育，避免因主体缺位而弱化其培育功能；其次要准确定位，政府是市场培育主体但不是市场活动主体，要以政策引导、制度规范、关系协调等宏观方式来培育农民工劳动力市场和完善相关制度，充分尊重市场规律，避免因直接参与市场活动即主体越位、代位而强制性干预市场机制；最后要严格正位，即要端正自己的行为，严格按照相应的制度规定来培育农民工劳动力市场，避免主体为寻租而践位，即以自己的利益为导向来培育市场、扭曲市场机制。

7.2.3 培育市场因素，健全农民工工资形成机制，形成正常工资水平

消除制度因素的影响后，农民工工资形成实际上就是农民工市场机制的作用。讨价议价机制是其工资形成市场机制的具体形式。在农民工市场，农民工与企业围绕农民工工资进行讨价还价。一般由企业提出一个工资水平，农民工做出选择。农民工若接受此工资水平，其工资形成，讨价议价过程结束；若不接受，农民工将与企业进行议价，提出一个更高的工资水平，企业若接受，其工资则形成，若不接受，企业将再次提出一个比自己第一次提出的高，但比对方提出的低的工资水平，农民工将就此工资水平或接受或重新议价。如此反复，直至形成一个双方都接受的工资水平或放弃此次议价②。

在农民工与企业议价的过程中，诸多市场因素在发挥作用，包括其工资形成

---

① 姚作为，王国庆．制度供给理论述评——经典理论演变与国内研究进展［J］．财经理论与实践（双月刊），2005（1）：3－8.

② 彭红碧．农民工与企业的博弈——我国农民工工资水平形成研究［J］．经济与管理研究，2010（7）：116－122.

的基础，即农民工的劳动力价值；形成动力，即劳资双方的合作需求；决定因素，即农民工劳动力的供求关系和劳资双方的竞争力。合作需求推动着农民工与企业以农民工的劳动力价值为基础进行讨价议价，并在此过程中做出一定的让步，最终形成农民工工资。工资水平受其供求关系的影响而围绕其劳动力价值上下波动，但不低于其机会成本。至于双方让步的程度和速度则取决于各自的竞争力。因此，在农民工工资形成市场机制中，合作需求推动其工资的形成；农民工劳动力价值是其工资水平的中心线，其供求关系推动着农民工工资水平围绕着这条中心线上下波动，农民工机会成本则是其工资水平波动的底线①。

要培育农民工工资形成的市场因素以健全其工资形成机制。劳动力价值的培育在于增加农村居民及其家庭成员的生活资料价值、本人的教育和培训费用，以改变其劳动力价值扭曲性偏低的现实，推动形成正常的农民工工资水平中心线；机会成本的培育与劳动力价值的培育相同，增加其在农村家乡的平均收入，提高农民工工资水平的底线及其与企业竞争的“底气”；合作需求的培育在于提升农村居民的经济状况和劳动状况，改变其合作需求过于强烈的现实，形成正常的合作需求状态；供给状态的培育在于适度、持续地转移农村剩余劳动力，形成适量的和稳定的供给状态；竞争力的培育则取决于上述因素的调整，改变农民工的竞争弱势，形成正常的竞争力。总的来说，市场因素的调整和培育取决于农村居民境遇的改善，其具体路径则是实施农村改革，实现农业和农村发展、农民增收。

同时，建立农民工工资增长机制，保障其工资水平正常上升。农民工工资增长的依据：农民工人力资本禀赋的提升，包括其受教育程度、培训情况、技术水平、工作经验等；农民工的特殊贡献；企业收益的增加；同行业工资水平的上涨；最低工资标准的提高；物价水平的上升；等等。农民工工资水平随这些因素的提升而增加，其中，特殊贡献工资可终身享受。农民工工资增长的方式包括定期增长与机动增长，两者相结合。一是定期考察上述因素的变动情况，并相应地增加农民工工资；二是如遇最低工资标准调整，或物价水平急速上升，或国家政策要求等特殊情况，随即就要调整农民工工资水平。农民工工资增长的执行主体为各企业，由各企业参照国家政策和行业规定自行制订增长细则，包括增长的内容、方式和标准等，以此构建和健全农民工工资增长机制。当然，地方政府或社会组织对各企业的监管则是建立和实施农民工工资增长机制的助推器。

① 彭红碧．农民工工资决定的圈层结构：一般性分析框架［J］．经济论坛，2014（4）：119－122.

7.2.4 加大公共财政投入，支持“三农”发展，增强农民工竞争力

增强农民工的竞争力、提升其与企业的竞争水平是改变农民工竞争力扭曲性偏弱、矫正其工资形成机制、提高其工资水平的重要途径。如前所述，农民工的竞争力主要取决于其供给状况、劳动力价值和机会成本、人力资本禀赋、组织程度、谈判能力、维权意识与能力等。农民工工资水平扭曲性偏低的直接原因就是上述因素过低或过弱导致其竞争力非常低下，无力在与企业的议价中提升自己的工资水平。而这些因素过低均根源于城乡二元结构下“三农”发展的严重落后。实际上，“三农”只有在发展程度上与城市基本相当，农民工上述因素的逆境才可能得到根本改变。为此，除了要消除强加在“三农”身上的不平等因素外，还应加大对其的保护和支持力度。众所周知，农业是具有自然风险与市场风险相互交织特征的弱质产业，农村是难以抵抗这些风险的弱势区域，农民是难以抵抗这些风险的弱势群体，尤其需要得到保护与支持。而且，我国经济经过30多年的持续高速增长，已经有能力实施反哺农业和支持农村的战略①。同时，保护和支持“三农”也符合工农业发展和经济增长规律的客观要求。因此，提升上述因素、增强农民工的竞争力，其主要途径是保护和支持“三农”，实施“工业反哺农业、城市支持农村”战略，以此促进农业的发展、农业生产率的提高和农民受教育水平的提升，从而提高农业和农村收益及农民人力资本禀赋。

“工业反哺农业”和“城市支持农村”的战略首先应围绕提高农业和农村收益展开，这是扭转农民工在其工资形成中的供给弱势和机会成本弱势，增强其竞争力的基础。要完善农业生产补贴机制，以此激励农民积极从事农业生产，并增加其农业收益；要加强农业基础设施建设，以此改善农业基础生产条件，提高农业生产收益；要提高农业科研水平，促进农业生产技术的改进和农业生产收益的提高。其次应围绕提升农民受教育水平展开，这是改变农民工的人力资本等弱势、进一步增强其竞争力的重要内容。细究可知，农民工的诸多竞争弱势，包括组织程度、谈判能力、维权意识与能力等，均源于其人力资本弱势，其中，最主要的原因是其受教育程度偏低。因此，要提高农村教育水平。这不仅可以提升农业从业人员的素质，提高农业生产效率和农业收益；而且还可以为提升农民工的人力资本禀赋奠定基础，有助于推动其竞争力的提高。

为此，一是要大量增加支农资金。一方面，要在经济总量和国家财力总量许

① 武力．1949～2006年城乡关系演变的历史分析［J］．中国经济史研究，2007（1）：23－31，76.

可的范围内尽可能增加财政支农的总量，特别是增加对农村教育、农业科研等“软”公共产品的财政投入；另一方面，要重新塑造财政和金融体制，为金融资源从非农产业和城市向农业和农村流动构造机制、疏通渠道①。二是要完善农村公共产品供给制度。就其现状来看，我国农村公共产品供给主要存在数量不足和结构不合理等问题。因此，完善农村公共产品供给制度的主要内容是要增加供给数量和优化供给结构。前者的实现以农村公共财政总量的增加为基础，后者的实现则有赖于供给主体的行为优化，即构建以农民需求为导向的供给结构。

7.3 新的研究方向

关于农民工工资问题研究需要继续关注的第一个方向是农民工工资形成机制及其工资水平演变的新方向。经过历史考察可知，农民工工资形成机制是处于不断变动中的；外部环境的变化必然引起农民工工资形成机制及其工资水平的相应变动。2010 年，随着农民工供给出现新的形势，其工资形成机制及其工资水平也发生了新的变动。2010 年初，“民工荒”重新蔓延，且规模更大、范围更广。为了解决劳动力不足问题，各企业纷纷主动提高其工资水平，各地方政府也大幅度调整最低工资标准，以吸引农村劳动力进城务工。当年，农民工的工资水平实现了较大幅度的提高。2011 年初，当农民工尚未结束“虎”年的工作回乡过春节之际，北京、重庆、江苏、广东等地已经调整了最低工资标准以稳定来年企业用工，其他许多地区也在酝酿提高最低工资标准，农民工工资水平因而有望在“兔”年实现新的提升。这种由资方企业或作为第三方的政府主动调资的机制实际上是新的因素“倒逼”农民工工资形成机制的变动②。

是什么因素倒逼农民工工资水平形成机制发生这种变化的？表面上，“民工荒”，即农民工劳动力的供不应求是促使企业和地方政府提高农民工工资水平的主要原因。但是，“民工荒”并非新鲜事物，缘何在这之前没能推动农民工工资水平形成机制的这种演变？农民工工资形成机制的这种变化究竟是市场经济自动

① 蔡昉．“工业反哺农业、城市支持农村”的经济学分析［J］．中国农村经济，2006（1）：11－17.

② 兰方．薪资博弈［EB/OL］．http：//magazine. caing. com/2010－06－12/100152120. html，2010［2010－12－23］．

调节的结果，还是某种制度干预的效果？是国民经济发展的必然产物，还是企业经济效益提高的催生物？是农民工供求结构改变的结果，还是其劳动力价值和机会成本提升的必然，或是其人力资本禀赋、组织程度、谈判能力、维权意识与能力提升的表现？甚或仅仅是农民工工资水平本身过于偏低所致？

这种新形成机制的具体构成是怎样的？一个完整的机制包含具体的构成要素，如逻辑起点、具体过程、最终结果、运行动力及影响因素等。那么，农民工工资决定的这种新机制的起点、过程、结果和动力又分别是什么？是什么因素推动着该机制的运行？

这种新机制能够在多大程度上实现农民工工资水平的提升？如前文所述，农民工工资水平因城乡关系的严重失衡、劳动力市场分割及农民工市场的次级属性、最低工资标准偏低及其执行力度偏弱、市场因素远离农民工利益等而一直处于偏低的位置。那么，这种由资方或第三方主动提价的机制是否意味着市场因素状况的改变，或最低工资制度的强化，或农民工市场次级属性的弱化，或城乡关系决定作用的减弱？是否能够在很大程度上提升农民工的工资水平？是否能够改变农民工工资水平一直以来偏低的逆境，从而缩小与城市职工工资水平的差距？

关于农民工工资问题研究需要继续关注的第二个方向是农民工与城市职工工资水平差距的扩大化问题。如前所述，两者工资水平的差异有一个变化过程：在城市改革前期，农民工的月均工资并未低于城市职工的月均工资，只是由于农民工缺少后者所享有的各种福利待遇内容而在实质上低于后者；在市场化改革时期，农民工的月均工资逐渐从高于到低于城市职工月均工资，且占后者的比例逐渐减少；统筹城乡时期，农民工月均工资完全低于城市职工月均工资，且占后者的比例更加减少。这表明，农民工与城市职工工资水平的差距是在逐渐扩大的。在农民工劳动力供给和国家“三农”政策朝着有利于其工资水平增长的方向发展的同时，为何农民工与城市职工的工资差距仍在继续扩大？这种扩大是否是农民工工资形成市场机制进一步失灵的表现？以城乡关系为主的制度因素在农民工工资形成中的作用是在削弱，还是在增强？在国民财富的增长和分配中，究竟是农民工工资水平的增长幅度太小，还是城市职工工资水平增长太快？这些问题的回答都有待于对农民工工资水平问题做进一步研究。

实际上，在国民经济的发展过程中，随着国家“三农”政策的调整、城乡格局的演变、“民工荒”的新形势，农民工工资形成机制将会发生新的变动，其工资水平将呈现出新的特征，关于农民工工资问题研究的新方向将不断转变，研究的新内容将不断增多。农民工工资问题研究还将得到进一步的深化。

参考文献

[1] A. B. Deolalikar. Nutrition and Labor Productivity in Agriculture: Estimates for Rural South India [J]. *The Review of Economics and Statistics*, 1988, 70 (3): 406 –413.

[2] Alain de Janvry, Elisabeth Sadoulet. Income Strategies Among Rural Households in Mexico: The Role of Off – farm Activities [J]. *World Development*, 2001, 29 (3): 467 –480.

[3] Alejandro Portes. Economic Sociology and the Sociology of Immigration: A Conceptual Overview [A]. *In The Economic Sociology of Immigration*, Edited by Alejandro Portes [C]. New York: Russell Sage Foundation, 1995.

[4] Barry Chiswick. The Effects of Americanization on the Earnings of Foreign – born Men [J]. *Journal of Political Economy*, 1978, 86 (5): 897 –921.

[5] Dong Xiao – yuan, Bowles Paul. Segmentation and Discrimination in China's Emerging Industrial Labour Market [J]. *Chinese Economic Review*, 2002, 13 (2 –3): 170 – 196.

[6] D. S. Massey, L. P. Goldring, J. Durand. Continuities in Transnational Migration: An Analysis of 19 Mexican Communities [J]. *American Journal of Sociology*, 1994 (99): 1492 – 1533.

[7] Gary Becker. Investment in Human Capital a Theoretical Analysis [J]. *Journal of Political Economy*, 1962, 70 (5): 9 –49.

[8] James B. Larriviere, Charles O. Kroncke. A Human Capital Approach to American Indian Earnings: The Effects of Place of Residence and Migration [J]. *The Social Science Journal*, 2004, 41 (2): 209 –224.

[9] Jimmy Sanders, Wictor Nee. Immigrant Self – employment: The Family as Social Capital and the Value of Human Capital [J]. *American Sociological Review*, 1996

(61): 231 -249.

[10] J. Knightand, L. Yueh. The Role of Social Capital in the Labor Market in China [C]. *Oxford University*, Discussion Paper of Department of Economies, 2002.

[11] J. Mincer. Schooling, Experience and Earnings [M]. New York: Columbia University Press, 1974.

[12] J. Strauss. Does Better Nutrition Raise Farm Productivity? [J]. *The Journal of Political Economy*, 1986, 94 (2): 297 -320.

[13] Julio A. Berdegué, Eduardo Ramírez, Thomas Reardon, Germán Escobar. Rural Nonfarm Employment and Incomes in Chile [J]. *World Development* , 2001, 29 (3): 411 -425.

[14] Kenneth Roberts. The Determinants of Occupational Choice of Labor Migrants to Shanghai [J]. *China Economic Review*, 2001, 12 (1): 15 -39.

[15] Lawrence J. Haddad, Howarth E. Bouis. The Impact of Nutritional Status on Agricultural Productivity: Wage Evidence from the Philippines [J]. *Oxford Bulletin of Economics and Statistics*, 1991, 53 (1): 45 -68.

[16] Mark Granovetter. The Strength of Weak Ties [J]. *American Journal of Sociology*, 1973, 78 (78): 1360 -1380.

[17] Peter Doeringer, Michael Piore. Internal Labor Markets and Manpower Analysis [M]. Lexington, MA: D. C. Heath, 1971.

[18] R. Barro, X. SalaMiartin. Convergence [J]. *Journal of Political Economy*, 1992, 100 (2): 223 -251.

[19] S. Canagarajah, C. Newman, R. Bhattamishra. Non - farm Income, Gender, and Inequality: Evidence from Rural Ghana and Uganda [J]. *Food Policy*, 2001, 26 (4): 405 -420.

[20] Stein Holden, Bekele Shiferaw, John Pender. Non - farm Income, Household Welfare, and Sustainable Land Management in a Less - Favoured Area in the Ethiopian Highlands [J]. *Food Policy*, 2004, 29 (4): 369 -392.

[21] Sylvie Démurger, Marc Gurgand, Shi Li, Ximing Yue. Migrants as Second - class Workers in Urban China? A Decomposition Analysis [J]. *Journal of Comparative Economics*, 2009, 37 (4): 610 -628.

[22] Wim P. M. Vijverberg, Lester A. Zeager. Comparing Earnings Profiles in Urban Areas of an LDC: Rural - to - urban Migrants vs. Native Workers [J]. *Journal*

of Development Economics, 1994, 45 (2): 177 – 199.

[23] Xin Meng, Junsen Zhang. The Two – Tier Labor Market in Urban China: Occupational Segregation and Wage Differentials between Urban Residents and Rural Migrants in Shanghai [J]. *Journal of Comparative Economics*, 2001, 29 (3): 485 – 504.

[24] Zhigang Lu, Hunfeng Song. Rural – urban Migration and Wage Determination: The Case of Tianjin, China [J]. *China Economic Review*, 2006, 17 (3): 337 – 345.

[25] 阿瑟·刘易斯. 二元经济论 [M]. 北京: 北京经济学院出版社, 1989.

[26] 蔡建文. 中国农民工生存纪实 [M]. 北京: 当代中国出版社, 2006.

[27] 曹鹏. 按劳分配理论探索 [M]. 贵阳: 贵州人民出版社, 1993.

[28] 陈安民. 中国农民工: 历史与现实的思考 [M]. 北京: 华龄出版社, 2006.

[29] 陈锡文. 中国农村公共财政制度: 理论、政策、实证研究 [M]. 北京: 中国发展出版社, 2005.

[30] 程连升. 中国反失业政策研究 [M]. 北京: 社会科学文献出版社, 2002.

[31] 董辅礽. 中华人民共和国经济史（下卷） [M]. 北京: 经济科学出版社, 1999.

[32] 发展研究所综合课题. 改革面临制度创新 [M]. 上海: 上海三联书店, 1988.

[33] 高鸿业. 西方经济学（上册微观部分） [M]. 北京: 中国经济出版社, 1998.

[34] 国家统计局. 新中国 55 年统计资料汇编 [M]. 北京: 中国统计出版社, 2005.

[35] 国家统计局农村社会经济调查总队. 农民收入调查与研究（2003） [M]. 北京: 中国统计出版社, 2004.

[36] 国家统计局社会统计司. 中国劳动工资统计资料（1978 ~ 1987）[M]. 北京: 中国统计出版社, 1989.

[37] 郭书田, 刘纯彬等. 失衡的中国 [M]. 石家庄: 河北人民出版社, 1990.

［38］国务院办公厅法制局．中华人民共和国法规汇编（1984年1~12月）［M］．北京：法律出版社，1985.

［39］国务院研究室课题组．中国农民工调研报告［M］．北京：中国言实出版社，2006.

［40］韩俊．跨世纪的难题：中国农业劳动力转移［M］．太原：山西经济出版社，1994.

［41］胡学勤．劳动经济学（第二版）［M］．北京：高等教育出版社，2007.

［42］姜渔，党晓捷，姜洪．中国就业结构研究［M］．太原：山西人民出版社；北京：中国社会科学出版社，1986.

［43］劳动和社会保障部劳动科学研究所编．中国劳动科学研究报告集（1997~1999）［M］．北京：中国劳动社会保障出版社，2008.

［44］李炳坤．工农业产品价格剪刀差问题［M］．北京：农业出版社，1981.

［45］林毅夫，蔡昉，李周．中国的奇迹：发展战略与经济改革［M］．上海：上海人民出版社，1999.

［46］刘应杰．中国城乡关系与中国农民工人［M］．北京：中国社会科学出版社，2000.

［47］陆学艺．“三农”新论［M］．北京：社会科学文献出版社，2005.

［48］陆学艺，李培林．中国社会发展报告［M］．北京：社会科学文献出版社，2007.

［49］聂华林，李泉．中国西部城乡关系概论［M］．北京：中国社会科学出版社，2006.

［50］R. 纳克斯．不发达国家的资本形成问题［M］．北京：商务印书馆，1966.

［51］盛来运，彭丽荃．专题报告三：当前农民外出务工的数量、结构及特点［A］．蔡昉，顾宝昌．人口转变的社会经济后果［C］．北京：社会科学文献出版社，2006.

［52］王建民，胡琪．中国流动人口［M］．上海：上海财经大学出版社，1996.

［53］邬沧萍．中国经济开发区外来人口研究［M］．上海：华东师范大学出版社，1996.

［54］谢识予．经济博弈论（第二版）［M］．上海：复旦大学出版社，2002.

[55] 张培刚. 发展经济学教程 [M]. 北京: 经济科学出版社, 2004.

[56] 张培刚. 新发展经济学 [M]. 郑州: 河南人民出版社, 1999.

[57] 张象枢等. 中国农业巨变与战略抉择 [M]. 北京: 中国物价出版社, 1993.

[58] 赵曼, 杨海文等. 21世纪中国劳动就业与社会保障制度研究 [M]. 北京: 人民出版社, 2007.

[59] 赵人伟, 李实等. 中国居民收入分配再研究 [M]. 北京: 中国财经出版社, 1999.

[60] 中共中央马克思恩格斯列宁斯大林著作编译局. 马克思恩格斯选集 (第一卷) [M]. 北京: 人民出版社, 1972.

[61] 中共中央文献研究室. 新时期经济体制改革重要文献选编 (上册) [M]. 北京: 中央文献出版社, 1999.

[62] 中共中央文献研究室. 新时期农业和农村工作重要文献选编 [M]. 北京: 中央文献出版社, 1992.

[63] 中华人民共和国农业部计划司. 中国农村经济统计大全 (1949~1986) [M]. 北京: 农业出版社, 1989.

[64] 邹树新. 中国城市农民工问题 [M]. 北京: 群言出版社, 2007.

[65] 佐藤宏. 外出务工、谋职和城市劳动力市场——市场支撑机制的社会网络分析 [A]. 李实, 佐藤宏. 经济转型的代价——中国城市失业、贫困、收入差距的经验分析 [C]. 北京: 中国财政经济出版社, 2004.

[66] 国家统计局. 2010年农民工监测报告 [A]. 2011中国发展报告 [C]. 北京: 中国统计出版社, 2011.

[67] 白暴力. 农民工工资收入偏低分析——现实、宏观效应与原因 [J]. 经济经纬, 2007 (4): 75-78.

[68] 柏娜. 劳动力价值理论视角下的农民工工资问题探析 [J]. 长江师范学院学报, 2011 (2): 101-104.

[69] 白万平. 农民工流入地劳动市场均衡工资与价格歧视实证研究——基于贵州农民工调查数据 [J]. 贵州财经学院学报, 2009 (3): 75-79.

[70] 白雪瑞. 中国城乡关系与经济发展 [J]. 北方论丛, 2007 (2): 145-148.

[71] 本刊编辑部, 赵灵敏. 用工荒, 转型中国的节点 [J]. 南风窗, 2010 (8): 32-33.

［72］蔡昉，王美艳．“民工荒”现象的经济学分析——珠江三角洲调查研究［J］．广东社会科学，2005（2）：5－10.

［73］蔡昉．“工业反哺农业、城市支持农村”的经济学分析［J］．中国农村经济，2006（1）：11－17.

［74］蔡昉，杨涛．城乡收入差距的政治经济学［J］．中国社会科学，2000（4）：11－22.

［75］蔡禾，李超海．农民工工资增长背后的不平等现象研究［J］．武汉大学学报（哲学社会科学版），2015（3）：108－125.

［76］陈安民．农民工群体的弱势特征分析［J］．山东省农业管理干部学院学报，2005（6）：15－17，62.

［77］陈技伟，江金启等．社会网络、求职方式与新生代农民工的工资决定［J］．南方人口，2015（5）：25，69－80.

［78］陈技伟，江金启等．农民工就业稳定性的收入效应及其性别差异［J］．人口与发展，2016（3）：54－62.

［79］陈亮，苏建宁，张然．新生代农民工人力资本投资与工资收入研究——基于劳动力市场分割的调节作用［J］．调研世界，2014（5）：34－37.

［80］陈培勇．信息不对称、城乡二元制度与农民工收入——基于交易成本的视角的分析［J］．山西农业大学学报（社会科学版），2011（5）：478－482.

［81］陈珣，徐舒．农民工与城镇职工的工资差距及动态同化［J］．经济研究，2014（10）：74－88.

［82］陈媛媛．工作转换对农民工收入的影响——基于珠三角两代农民工的调查［J］．南方经济，2013（3）：1－12.

［83］陈云松．农民工收入与村庄网络　基于多重模型识别策略的因果效应分析［J］．社会，2012（4）：68－92.

［84］程诚，边燕杰．社会资本与不平等的再生产　以农民工与城市职工的收入差距为例［J］．社会，2014（4）：67－90.

［85］程名望，王莉．我国农民工进城务工收入的调查分析：2000～2008［J］．当代经济管理，2009（2）：54－57.

［86］程名望，王娜，史清华．语言对外来农民工收入的影响——基于对上海外来农民工情况的调查［J］．经济与管理研究，2016（8）：70－77.

［87］程业炳，张德化，沈庆荣．城市二元结构背景下城市居民与农民工收入差异探究［J］．安徽科技学院学报，2015（2）：82－86.

［88］重庆市农村社会经济调查队．外出民工道甘苦——对重庆农民外出务工状况的调查［J］．调研世界，2001（10）：32－33.

［89］崔祥民．农民工人力资本对收入影响的实证研究［J］．企业经济，2010（7）：68－70.

［90］戴建春．影响农民工收入增长的主观因素探思［J］．吉林农业科技学院学报，2009（3）：39－41.

［91］戴建春．影响农民工收入提高的客观因素探究［J］．农业科学研究，2010（3）：74－78，90.

［92］邓大才．农民打工：动机与行为逻辑——劳动力社会化的动机—行为分析框架［J］．社会科学战线，2008（9）：83－93.

［93］邓曲恒．城镇居民与流动人口的收入差异——基于 Oaxaca－Blinder 和 Quantile 方法的分解［J］．中国人口科学，2007（2）：8－16，95.

［94］邓曲恒，王亚柯．农民工的工作条件与工资收入：以补偿性工资差异为视角［J］．南开经济研究，2013（6）：134－147.

［95］邓永辉．新生代农民工工资收入影响因素的实证分析［J］．统计与决策，2016（13）：103－105.

［96］丁守海．农民工工资与农村劳动力转移：一项实证分析［J］．中国农村经济，2006（4）：56－62.

［97］董立新．农民轮换工制度的问题与对策［J］．煤炭经济研究，1991（6）：9－10.

［98］杜妍冬，刘一伟．职业流动对农民工收入的影响及其代际差异——基于我国七城市的调查数据［J］．南京农业大学学报（社会科学版），2015（4）：43－52.

［99］峰峰矿务局工资处．关于改进农民轮换工制度的调查和建议［J］．煤炭经济研究，1986（8）：18－19.

［100］高峰．我国农民工工资决定、项目剩余分配与经济权力动态一致性解读——兼论有效委托人机制设计及政府“作为”［J］．数量经济技术经济研究，2005（6）：43－53.

［101］高嵩，焦宝松，王建．农民工收入决定的实证分析——以北京市为例［J］．经济问题，2006（10）：62－64.

［102］高强，孔祥智．“工资剪刀差”及外出农民工的隐性贡献研究［J］．中州学刊，2014（9）：55－61.

[103] 高文书．进城农民工就业状况及收入影响因素分析——以北京、石家庄、沈阳、无锡和东莞为例［J］．中国农村经济，2006（1）：28－34，80.

[104] 苟正金．农民工改革成果分享问题研究——以最低基本工资为中心［J］．中南民族大学学报（人文社会科学版），2010（1）：147－150.

[105] 郭凤鸣，张世伟．教育和户籍歧视对城镇工和农民工工资差异的影响［J］．农业经济问题，2011（6）：35－42，110.

[106] 郭继强．中国农民工城乡双锁定工资决定模型［J］．中国农村经济，2007（10）：13－22.

[107] 国家统计局综合司课题组．农民工对经济增长贡献及成果分享的定量测量［J］．调研世界，2007（3）：22－26.

[108] 中共中央国务院．关于发布《矿山企业实行农民轮换工制度试行条例》的通知［J］．中国劳动，1984（4）：5－7.

[109] 韩靓，原新．我国农民工收入增长因素的实证分析［J］．人口学刊，2009（1）：37－43.

[110] 韩晓耘．收入、消费、行业特征——农村劳动力流动专题研究之三［J］．中国农村经济，1995（5）：40－44.

[111] 韩秀华，陈雪松．论我国劳动力市场分割［J］．当代经济科学，2008（7）：118－123.

[112] 贺芳，张晓川，李冠生．农民轮换工制度是利工利农的好制度——煤矿井下使用农民轮换工的调查［J］．中国劳动，1984（10）：15－18.

[113] 何国俊，徐冲，祝成才．人力资本、社会资本与农村迁移劳动力的工资决定［J］．农业技术经济，2008（1）：57－66.

[114] 何力武，罗瑞芳．农民工工资决定的微观行为机制研究［J］．经济纵横，2010（1）：120－122.

[115] 河南省农村社会经济调查队．农民外出务工的成本收益及存在问题［J］．调研世界，2004（2）：20－21.

[116] 侯风云．农村外出劳动力收益与人力资本状况相关性研究［J］．财经研究，2004（4）：88－100.

[117] 胡伟清，张宗益，张国俊．农民工的贡献与分享：差距到底多大［J］．探索，2008（5）：109－112.

[118] 胡雪萍．提高农民收入的一种有效途径：外出务工［J］．农业经济问题，2004（8）：63－66.

［119］黄春燕．择业渠道、就业经历对农民工工资影响分析［J］．求索，2010（4）：58－60.

［120］黄乾．城市农民工的就业稳定性及其工资效应［J］．人口研究，2009（5）：52－62.

［121］黄宗智．制度化了的“半工半耕”过密型农业（上）［J］．读书，2006（2）：30－37.

［122］姜励卿．心理资本对农民工与城镇职工工资差异的影响——来自浙江省的调查数据［J］．特区经济，2014（11）：53－56.

［123］金成武．城镇劳动力市场上不同户籍就业人口的收入差异［J］．中国人口科学，2009（4）：32－41，111.

［124］金晓彤，杨潇．差异化就业的新生代农民工收入影响因素分析——基于全国31省（市）4268个样本的实证研究［J］．青年研究，2015（3）：20－29.

［125］蒯鹏州，王明华，张丽丽．“民工荒”视角下的农民工工资决定机制及其影响研究［J］．农业现代化研究，2015（3）：432－437.

［126］劳动保障部课题组．关于民工短缺的调查报告［J］．中国劳动保障，2004（11）：37－38.

［127］乐章，刘苹苹．人力资本与收入水平——关于外出务工农民的一个实证分析［J］．中南财经政法大学学报，2007（2）：8－13.

［128］李长安．农民工职业流动歧视及对收入影响的实证分析［J］．人口与经济，2010（6）：27－32，46.

［129］李国正．户籍制度对农民工工资性收入的影响机制研究［J］．广西社会科学，2016（1）：159－163.

［130］李建民．中国劳动力市场多重分隔及其对劳动力供求的影响［J］．中国人口科学，2002（2）：1－7.

［131］李萌．劳动力市场分割下乡城流动人口的就业分布与收入的实证分析——以武汉市为例［J］．人口研究，2004（11）：70－75.

［132］李强．中国城市农民工劳动力市场研究［J］．学海，2001（1）：110－115.

［133］李强．“双重迁移”女性的就业决策和工资收入的影响因素分析——基于北京市农民工的调查［J］．中国人口科学，2012（5）：104－110.

［134］李睿，田明．进城农民工工作稳定性对收入变化的影响［J］．北京师范大学学报（社会科学版），2013（5）：124－132.

［135］李树茁，杨绪松，任义科，靳小怡．农民工的社会网络与职业阶层和

收入：来自深圳调查的发现［J］. 当代经济科学，2007（1）：25－33.

［136］李晓峰，王晓方，高旺盛. 北京市农民工工资差异分解分析［J］. 农业经济问题，2010（2）：33－37.

［137］李晓宁，马启民，昝梦莹. 我国农民工工资形成机制的不公平性研究［J］. 西北农林科技大学学报（社会科学版），2012（9）：1－6.

［138］李文钊，谭沂丹，毛寿龙. 中国农村与发展的制度分析：以浙江省湖州市为例［J］. 管理世界，2011（10）：32－47，187.

［139］林珊珊. 十年一觉打工梦［J］. 南方人物周刊，2011（5）：93－99.

［140］吕晓兰. 工作转换、流动与农民工收入增长［J］. 农业经济问题，2013（12）：40－49.

［141］刘凯. 劳动供给：一个社会性的视角——兼对农民工工资状况的解释［J］. 中国劳动经济学，2007（1）：120－132.

［142］刘林平，张春泥. 农民工工资：人力资本、社会资本、企业制度还是社会环境？——珠江三角洲农民工工资的决定模型［J］. 社会学研究，2007（6）：114－137.

［143］刘晓丽，邓晓云. 新生代农民工收入状况及其影响因素分析［J］. 南方农村，2013（9）：52－55.

［144］刘养卉，龚大鑫. 新生代农民工收入状况及影响因素分析——基于兰州市的调查［J］. 西北人口，2015（3）：113－117.

［145］刘逸. 农民工工资的形成及应对之策［J］. 中国物价，2009（12）：25－29.

［146］栾敬东. 流动人口的社会特征及其收入影响因素分析［J］. 中国人口科学，2003（2）：66－71.

［147］路小昆. 新中国城乡关系 60 年——历程、特征与启示［J］. 中共成都市委党校学报，2009（5）：64－67.

［148］陆学艺. 统筹城乡发展，农村要进行第二次改革［J］. 经济学家，2008（2）：5－10.

［149］陆正芳，李国正，李帆. 新型城镇化视阈下农民工收入变迁的实证分析及对策研究［J］. 广西社会科学，2016（3）：154－160.

［150］卢志刚，宋顺锋. 农民工收入微观影响因素统计分析［J］. 现代财经，2006（10）：77－81.

［151］罗正月. 劳动收入的最优化——农民工工资增长的新思路［J］. 西北

农林科技大学学报（社会科学版），2013（1）：6－11.

［152］马宏．社会资本、民间借贷及农民工收入的关系研究［J］．经济问题，2016（10）：67－72.

［153］孟凡新．城市职工与农民工工资收入差异及原因分析——以北京市劳动力工资收入为例［J］．价格理论与实践，2010（10）：37－38.

［154］孟宪生，关凤利，唐哲一．农民工参与就业培训的决定因素及对收入影响的实证分析［J］．东北师大学报（哲学社会科学版），2011（4）：52－55.

［155］孟艳春．农民工工资与资本增值［J］．农村经济，2004（8）：13－15.

［156］孟艳春，董利群，甘玲．对农民工工资的马克思主义经济学分析［J］．河北师范大学学报（哲学社会科学版），2004（9）：16－18.

［157］明娟，张建武．人力资本积累、搜寻渠道与农民工工资水平——基于微观调查数据的区间回归分析［J］．西北人口，2011（3）：48－52.

［158］能源部赴东煤公司提高经济效益调查组．完善农民轮换工制度的意见——关于东煤公司提高经济效益的调查报告之三［J］．煤炭经济研究，1991（1）：1，12.

［159］聂丹．农民工低工资率与国民福利损失的经济学分析［J］．财经研究，2007（10）：95－103.

［160］潘烜，程名望，史清华．工资收入、消费支出与农民工城镇就业——基于上海市 1446 个调查样本的实证分析［J］．理论导刊，2013（2）：85－88.

［161］逄军．城市农民工收入与就业矛盾及政策调整［J］．经济学动态，2004（5）：60－63.

［162］彭红碧．我国农民工工资水平非公平性的实质与根源［J］．现代经济探讨，2010（6）：77－80.

［163］彭红碧．农民工与企业的博弈：我国农民工工资水平形成研究［J］．经济与管理研究，2010（7）：116－122.

［164］彭红碧，杨峰．我国农业国内支持存在的问题及对策——基于历史演变的考察［J］．前沿，2010（15）：91－94.

［165］彭红碧，李国政．我国农民工工资市场决定失灵研究［J］．城市问题，2011（4）：91－96.

［166］彭红碧．“农民工”称谓的变迁及释义［J］．农业现代化研究，2012（2）：187－190.

［167］彭红碧．农民工工资决定的圈层结构：一般性分析框架［J］．经济论坛，2014（4）：119－122.

［168］靳薇．生活在城市的边缘——流动农民的生存状态［J］．广西民族学院学报（哲学社会科学版），2001（5）：2－8，77.

［169］钱雪飞．我国农村劳动力城乡迁移中个人就业成本的构成［J］．南通大学学报（社会科学版），2006（4）：54－60.

［170］秦立建，陈波，秦雪征．健康对农民工外出务工收入的影响分析［J］．世界经济文汇，2013（6）：110－119.

［171］青平．农民工的苦楚［J］．乡镇论坛，1997（8）：21.

［172］任锋，杜海峰．社会关系再构建、职业阶层与农民工收入［J］．人口与发展，2011（5）：14－23，64.

［173］沈汉溪，林坚．农民工对中国经济的贡献测算［J］．中国农业大学学报（社会科学版），2007，24（1）：114－121.

［174］沈洁．新生代农民工收入影响因素实证分析——以郑州市为例［J］．青年学报，2015（1）：43－48.

［175］谌新民．劳动力资源流迁的动因与成本分析［J］．南昌大学学报（人文社会科学版），1999（2）：59－64.

［176］谌新民，袁建海．新生代农民工就业稳定性的工资效应研究——以东莞市为例［J］．华南师范大学学报（社会科学版），2012（5）：94－101.

［177］盛来运．农民收入增长格局的变动趋势分析［J］．中国农村经济，2005（5）：21－25.

［178］盛来运，孙梅君，侯锐，张明梅．低工资是造成“民工荒”的根本原因［J］．调研世界，2005（9）：3－6.

［179］胜利油田劳资处．扬长避短　发挥优势　进一步巩固发展农民轮换工制度［J］．中国劳动科学，1989（6）：30－32.

［180］舒建玲，陈松．解读农民工工资偏低状况［J］．经济导刊，2008（6）：81－83.

［181］宋月萍，马腾．同乡会对农民工劳动收入的影响［J］．中国人民大学学报，2015（2）：107－113.

［182］孙月梅．当前我国农民工工资偏低问题研究［J］．河南社会科学，2011（2）：215－217.

［183］陶怀颖．解决农民工工资问题的思考与对策［J］．中国农业资源与区

划，2006（3）：6－8.

［184］田丰．城市工人与农民工的收入差距研究［J］．社会学研究，2010（2）：87－105.

［185］田丰．职业分层视野下的城镇人口与农民工收入差距研究［J］．河北学刊，2016（3）：152－158.

［186］田明．农民工工作更换及更换方式对其工资变化的影响［J］．山东社会科学，2016（4）：39－46.

［187］田元甲．基于马克思劳动力价值理论探析中国农民工工资［J］．大庆社会科学，2014（1）：99－101.

［188］完世伟．当代中国城乡关系的历史考察及思考［J］．贵州师范大学学报（社会科学版），2008（4）：14－20.

［189］万向东，孙中伟．农民工工资剪刀差及其影响因素的初步探索［J］．中山大学学报（社会科学版），2011（3）：171－181.

［190］汪勇．“农民工”称谓的历史演变及其启示［J］．南京社会科学，2007（11）：89－93.

［191］王春超，何意銮．社会资本与农民工群体的收入分化［J］．经济社会体制比较，2014（4）：26－44.

［192］王春超，荆琛．中国城市化进程中农民工对经济产出的贡献与收益分享［J］．经济社会体制比较，2015（2）：144－153.

［193］王春超，张呈磊，周先波．社会关系网、朋友圈效应与农民工收入［J］．经济社会体制比较，2015（5）：65－80.

［194］王春超，周先波．社会资本能影响农民工收入吗？——基于有序响应收入模型的估计和检验［J］．管理世界，2013（9）：55－68，101.

［195］王德文，蔡昉，张国庆．农村迁移劳动力就业与工资决定：教育与培训的重要性［J］．经济学（季刊），2008（7）：1131－1148.

［196］王广慧，张世伟．基于倾向分匹配法的农民工培训收入效应实证研究——以吉林省为例［J］．统计与信息论坛，2009（9）：81－85.

［197］王国华．农村公共产品供给与农民收入问题研究［J］．中央财经大学学报，2004（1）：1－3，39.

［198］王建国，李实．大城市的农民工工资水平高吗？［J］．管理世界，2015（1）：51－62.

［199］王解静．西方劳动力市场歧视理论与我国农民工就业歧视问题［J］.

兰州商学院学报，2006（6）：41－44.

[200] 王美艳．城市劳动力市场上的就业机会与工资差异——外来劳动力就业与报酬研究［J］．中国社会科学，2005（5）：36－46.

[201] 王美艳．转轨时期的工资差异：工资歧视的计量分析［J］．数量经济技术经济研究，2003（5）：94－98.

[202] 王荣明．农民工社会网络中的弱关系对务工收入的影响研究——基于北京市农民工的调查［J］．调研世界，2015（8）：159－163.

[203] 王胜利．基于马克思劳动力价值理论对农民工工资的分析［J］．经济问题，2008（4）：3－7.

[204] 王维，朱强．关于农民工研究综述［J］．安徽农业科学，2007，35（9）：2798－2799.

[205] 王毅杰，倪云鸽．成都市在城农民现状调查与分析［J］．四川大学学报（哲学社会科学版），2001（5）：42－49.

[206] 王毅杰，童星．流动农民工职业获得途径及其影响因素［J］．江苏社会科学，2003（5）：86－91.

[207] 王振．发达地区乡镇企业的劳动力供求与工资决定［J］．中国农村观察，1999（4）：30－38.

[208] 王志刚，金京淑，许晓源．营养健康水平对农民工工资收入影响的调查研究［J］．人口学刊，2009（3）：24－30.

[209] 王子，叶静怡．农民工工作经验和工资相互关系的人力资本理论解释——基于北京市农民工样本的研究［J］．经济科学，2009（1）：112－125.

[210] 魏众．健康对非农就业及其工资决定的影响［J］．经济研究，2004（2）：64－74.

[211] 魏万青．自选择、职业发展与农民工同乡聚集的收入效应研究［J］．社会学研究，2016（5）：164－188.

[212] “外来农民工”课题组．珠江三角洲外来农民工状况［J］．中国社会科学，1995（4）：92－104.

[213] 文军．从生存理性到社会理性选择：当代中国农民外出就业动因的社会学分析［J］．社会学研究，2001（6）：19－30.

[214] 武力．1949～1978年中国“剪刀差”差额辨正［J］．中国经济史研究，2001（4）：3－12.

[215] 武力．1949～2006年城乡关系演变的历史分析［J］．中国经济史研

究，2007（1）：23－31，76.

［216］武力．论改革开放以来中国城乡关系的两次转变［J］．教学与研究，2008（10）：12－18.

［217］吴炜．干中学：农民工人力资本获得路径及其对收入的影响［J］．农业经济问题，2016（9）：53－60.

［218］吴伟东．新生代农民工的收入影响因素：基于社会交换理论的实证研究［J］．城市观察，2015（1）：155－165.

［219］吴义刚．刘易斯模型、劳动力价值与农民工工资决定［J］．内蒙古社会科学（汉文版），2009（3）：102－107.

［220］夏芳，王雅林．基于生产函数模型的农民工对经济增长贡献率的测量［J］．中国管理科学，2008（10）：587－591.

［221］肖延方．马克思劳动力价值理论和农民工工资［J］．当代经济研究，2007（8）：8－11.

［222］谢嗣胜，姚先国．农民工工资歧视的计量分析［J］．中国农村经济，2006（4）：49－55.

［223］谢勇．农民工就业流动的工资效应研究——以南京市为例［J］．人口与发展，2009（4）：12，32－36.

［224］谢勇．就业流动、人力资本与农民工工资［J］．中南财经政法大学学报，2015（5）：142－149.

［225］辛逸，高洁．从"以农补工"到"以工补农"——新中国城乡二元体制述论［J］．中共党史研究，2009（9）：15－24.

［226］邢春冰．农民工与城市职工的收入差距［J］．管理世界，2008（5）：55－64.

［227］许经勇，黄焕文．剖析制度性农民工工资福利待遇的正负效应［J］．经济纵横，2005（1）：39－41.

［228］徐建役，姜励卿，谢海江．心理资本与农民工工资收入的相互影响——以浙江省为例［J］．浙江社会科学，2012（9）：83－90，157.

［229］徐文婷，张广胜．人力资本对农民工工资性收入决定的影响：代际差异的视角［J］．农业经济，2011（8）：60－61.

［230］徐永新．农民工工资水平偏低的原因及对策［J］．改革与战略，2011（9）：171－174.

［231］许晓军，汤金诗．农民工问题——社会公平面临的新挑战——某造船

厂农民合同工状况调查［J］. 工会理论与实践—中国工运学院学报，1993（2）：21－23.

［232］严于龙，李小云. 农民工对经济增长贡献及成果分享的定量测量［J］. 统计研究，2007（1）：22－26.

［233］杨爱君，杨异. 农民工劳动权益保护现状及对策［J］. 沈阳农业大学学报（社会科学版），2010（1）：122－125.

［234］杨娟，李实. 最低工资提高会增加农民工收入吗？［J］. 经济学（季刊），2016（4）：1563－1580.

［235］杨金风，史江涛. 外出劳动力工资及收入决定的实证分析——基于山西省的调查［J］. 中国农业大学学报（社会科学版），2005（4）：20－25.

［236］杨明洪. 压力与创新：农业税免除后中国乡村治理结构改革分析［J］. 南京社会科学，2006（5）：17－22.

［237］杨明洪. 社会主义新农村建设：从公共产品供给角度的分析［J］. 理论视野，2006（6）：23－26.

［238］杨思远. 试析农民工的廉价工资［J］. 教学与研究，2004（7）：32－36.

［239］杨竹，陈鹏. 转型期农民工外出就业动机及代际差异——来自珠三角、长三角及中西部地区农民工的实证调查分析［J］. 农村经济，2009（9）：15－19.

［240］姚官祥，张培生，徐葆敏. 招得进　留得住　用得好　送得出——关于峰峰矿务局完善农民轮换工制度的调查［J］. 煤炭经济研究，1992（11）：18－23.

［241］姚先国，赖普清. 中国劳资关系的城乡户籍差异［J］. 经济研究，2004（7）：82－90.

［242］杨晓军. 农民工对经济增长贡献与成果分享［J］. 中国人口科学，2012（6）：66－74.

［243］姚作为，王国庆. 制度供给理论述评——经典理论演变与国内研究进展［J］. 财经理论与实践（双月刊），2005（1）：3－8.

［244］叶静怡，薄诗雨，刘丛，周晔馨. 社会网络层次与农民工工资水平——基于身份定位模型的分析［J］. 经济评论，2012（4）：31－42.

［245］叶静怡，衣光春. 农民工社会资本与经济地位之获得——基于北京市农民工样本的研究［J］. 学习与探索，2010（1）：143－147.

［246］叶静怡，周晔馨. 社会资本转换与农民工收入——来自北京农民工调

查的证据［J］. 管理世界，2010（10）：34－46.

［247］苑会娜. 进城农民工的健康与收入——来自北京市农民工调查的证据［J］. 管理世界，2009（5）：56－66.

［248］袁兴意. 家庭因素与农民工职业收入：一个实证分析［J］. 新疆农垦经济，2013（10）：60－64.

［249］臧红玲，刘丽娟，郭美辰. 从"民工潮"到"民工荒"——农民工城市就业的经济学分析［J］. 长春工业大学学报（社会科学版），2006（4）：71－74.

［250］臧旭恒. 建设新农村与农民工工资水平问题［J］. 改革，2006（7）：64－65.

［251］曾旭晖. 非正式劳动力市场人力资本研究——以成都市进城农民工为个案［J］. 中国农村经济，2004（3）：34－38.

［252］战鸽. 中国出口贸易对农民工收入与农民工数量的影响研究［J］. 淮海工学院学报（人文社会科学版），2014（11）：99－101.

［253］张车伟，王德文. 农民收入问题性质的根本转变——分地区对农民收入结构和增长变化的考察［J］. 中国农村观察，2004（1）：2－13.

［254］张春泥，谢宇. 同乡的力量：同乡聚集对农民工工资收入的影响［J］. 社会，2013（1）：113－135.

［255］张丹丹，徐敏. 农民工工资水平的影响因素及对策浅析［J］. 经济视角（下），2011（8）：45－48.

［256］张泓骏，施晓霞. 教育、经验和农民工收入［J］. 世界经济文汇，2006（1）：18－25.

［257］张鉴君，桂又华，贾健. 当前农民工劳动力价格问题研究分析［J］. 金融与经济，2006（1）：15－19.

［258］张建武，李楠，王子成. 农村外出劳动力工资水平影响因素研究——基于广东企业用工调查数据的实证分析［J］. 中国劳动经济学，2006（4）：113－128.

［259］张建武，明娟. 农村外出劳动力工资决定机制研究［J］. 经济问题探索，2008（9）：60－65.

［260］张玲. 新生代农民工工资水平的现状、原因及对策分析［J］. 科学·经济·社会，2012（4）：9－12.

［261］张世伟，杨正雄. 最低工资标准提升是否影响农民工就业与工资［J］. 财经科学，2016（10）：100－109.

［262］张霞．城市劳动力市场二元分割与外来农业户籍劳动者社会保障权益缺失［J］．中国社会科学院研究生院学报，2007（2）：90－97.

［263］张新岭．社会资本、人力资本与农民工工作搜寻和保留工资［J］．人口与发展，2010（5）：60－69.

［264］张兴华．农民工市场失灵及其矫正［J］．经济与管理，2006（11）：24－27.

［265］张旭青．农民工工资决定的宏观作用机制研究［J］．商业时代，2014（25）：52－53.

［266］张学志，才国伟．社会资本对农民工收入的影响研究——基于珠三角调查数据的证据［J］．中山大学学报（社会科学版），2012（5）：212－220.

［267］张永丽，杨志权．劳动力市场分割对农村流动劳动力收入水平的影响——来自甘肃省十个样本村的调查与分析［J］．西北人口，2008（2）：22－26.

［268］张永丽，杨志权．影响农村外出劳动力收入水平的因素分析［J］．甘肃社会科学，2009（3）：9－12.

［269］章元，李锐，王后，陈亮．社会网络与工资水平——基于农民工样本的实证分析［J］．世界经济文汇，2008（6）：73－84.

［270］章元，陆铭．社会网络是否有助于提高农民工的工资水平？［J］．管理世界，2009（3）：45－54.

［271］赵亮，张世伟．人力资本对农民工就业、收入和社会保险参与的影响［J］．重庆大学学报（社会科学版），2011，17（5）：48－52.

［272］赵宁．代际差异视角下人力资本对农民工工资收入的影响分析［J］．西北人口，2015（4）：29－34.

［273］赵显洲．人力资本、市场分割与农民工的工资决定［J］．农业经济问题，2012（4）：49－54.

［274］赵显洲．农民工与城市工的工资差异及其分布效应——基于CGSS2013调查数据的经验研究［J］．调研世界，2016（3）：42－46.

［275］赵显洲．农民工与城市职工的工资差异及其分解——人力资本与歧视的贡献［J］．商业经济与管理，2016（6）：44－52.

［276］赵延东，王奋宇．城乡流动人口的经济地位获得及决定因素［J］．中国人口科学，2002（4）：8－15.

［277］赵振华．当前中国农民工收入分析［J］．党政干部学刊，2009（5）：35－38.

[278] 中国农民工问题研究总报告起草组．中国农民工问题研究总报告[J]．改革，2006（5）：5－30.

[279] 钟怀宇．农业比较收益与农地流转根本性制约因素［J］．经济与管理研究，2009（3）：87－91.

[280] 钟卫华．农民工低水平工资对和谐社会构建的负面影响［J］．湖北师范学院学报（哲学社会科学版），2009（3）：73－75.

[281] 周菲．城市农民工收入与健康：职业地位的影响［J］．经济论坛，2009（11）：49－52.

[282] 周庆行，王莉莉，罗丛生．不完全竞争市场条件下农民工工资的决定问题［J］．经济论坛，2007（21）：49－52.

[283] 周小刚，李丽清．区域分割、职业背景、户籍特征与城市农民工收入水平差异分析——来自全国106个城市的证据［J］．软科学，2012（2）：52－56，64.

[284] 周应恒，赵文，张晓敏．近期中国主要农业国内支持政策评估［J］．农业经济问题，2009（5）：4－11.

[285] 周韵．教育信息不对称下农民工劳动力市场工资水平的研究［J］．金卡工程·经济与法，2009（7）：213.

[286] 朱秋莲，高志仁．农民工收入分配遭遇的制度困境［J］．湖南社会科学，2008（6）：135－138.

[287] 卓玛草，孔祥利．农民工收入与社会关系网络——基于关系强度与资源的因果效应分析［J］．经济经纬，2016（6）：48－53.

[288] 宗成峰，李茜．农民工收入影响因素的计量分析——以北京市建筑业为例［J］．中国农业大学学报（社会科学版），2008（4）：164－169.

[289] 宗成峰．社会资本对农民工工资决定的调查分析——以北京市建筑业为例［J］．首都经济贸易大学学报，2012（3）：36－41.

[290] 邹淼．农民工收入问题的形成机理［J］．学习与探索，2012（4）：102－104.

[291] 邹淼．农民工收入问题的形成机理：基于博弈论的分析视角［J］．成都行政学院学报，2013（6）：24－29.

[292] 卞智勇．社会资本对农村劳动力非农就业及工资决定的影响［D］．扬州大学硕士学位论文，2008.

[293] 胡放之．中国经济起飞阶段的工资水平研究［D］．华中科技大学博

士学位论文，2004.

［294］姜彦坤．“回流”背景下的农民工工资水平分析［D］．东北师范大学硕士学位论文，2007.

［295］李伟．农民工工资水平测定及保障机制研究［D］．河海大学硕士学位论文，2007.

［296］林杰．新时期我国农民工工资水平偏低研究［D］．湖南师范大学硕士学位论文，2009.

［297］罗强．农民工工资水平影响因素及拖欠问题研究［D］．中国农业大学硕士学位论文，2005.

［298］马军显．城乡关系：从二元分割到一体化发展［D］．中国社会科学院博士学位论文，2008.

［299］冉宏伟．人力资本定价与农民工工资分析［D］．西南财经大学硕士学位论文，2006.

［300］王子成．农村外出劳动力工资决定机制及其影响因素分析［D］．华南师范大学硕士学位论文，2007.

［301］陈花芬．外来劳动力进城务工的正负效应［N］．中国劳动保障报，1998－04－15（3）．

［302］范小玉．农村劳动力转移速度趋缓［N］．中国信息报，1997－05－30（1）．

［303］付小强．外来流动人口流动何时休［N］．中国信息报，1997－10－29（3）．

［304］李银河，谭深．今日又加班［N］．中国妇女报，1996－06－26（3）．

［305］李忠等．你拿到了最低工资吗［N］．经济日报，1994－03－22（5）．

［306］刘向红．八百万农民转入非农产业　农业劳动力仍有三点四亿［N］．经济日报，1994－04－26（7）．

［307］明眺生，蔡早勤，周海滨．珠三角缺工超200万［N］．武汉晚报，2010－02－21（4）．

［308］孙君梅．“劳务经济”已成农民增收一大亮点——人均纯收入中10.7%是打工所得［N］．中国信息报，2001－08－31（1）．

［309］谭深，李银河．当代农村务工女（二）——省点钱寄回家［N］．中

国妇女报，1996－06－26（3）.

［310］谭深，李银河，冯小双．何处栖身［N］．中国妇女报，1996－06－26（3）.

［311］唐平．我国农村外出劳动力继续增加［N］．中国信息报，2007－04－18（1）.

［312］王飞，崔清新．去年农村外出就业劳动力月均工资首次突破千元［N］．经济日报，2008－08－29（5）.

［313］熹灵．打工妹的辛酸——中国劳务群体大写真之三［N］．中国信息报，1994－03－21（3）.

［314］谢新吾，罗玉林，夏任平，胡江，庞华．劳务经济让郴州发了［N］．中国劳动保障报，2003－02－25（1）.

［315］新信．“农民工”将成为城市化的主流群体［N］．中国信息报，2005－02－24（3）.

［316］杨海波，哈晓斯，阿欣．“失衡”的工资——某些三资企业工资分配问题透析［N］．中国劳动保障报，1993－09－21（1）.

［317］阳俊雄．去年我国农村外出务工劳动力1.1亿人［N］．中国信息报，2004－05－10（1）.

［318］中国农村剩余劳动力调查报告——流动地追踪之五［N］．中国青年报，1994－03－08（7）.

［319］钟欣．去年农民工赚回了3274亿［N］．中国改革报，2003－01－17（1）.

［320］周卫国，罗玉林，谢新吾．湖南打工者一年赚回300亿［N］．中国劳动保障报，2002－01－19（1）.

［321］周正平．农民工成为我国产业工人主角——每三个工人中有两个来自农村［N］．中国信息报，2003－08－24（1）.

［322］朱剑红．农民工平均月收入966元［N］．国际金融报，2006－10－25（2）.

［323］兰方．薪资博弈［EB/OL］．http：//magazine.caing.com/2010－06－12/100152120.html，2010［2010－12－23］.

［324］劳动保障部培训就业司，国家统计局农调队课题组．中国农村劳动力就业及流动状况［EB/OL］．中国就业网，http：//www.lm.gov.cn/gb/faqs/2002－05/14/content_ 682.htm，2002［2010－12－26］.

[325] 廖志明．工人工资12年都没涨 穷人能不仇富吗 [EB/OL]. http://finance.sina.com.cn/review/zlhd/20051116/09202123050.shtml，2005 [2010-11-28].

[326] 民工荒解释的对与错 [EB/OL]．网易新闻，http://news.163.com/special/00012Q9L/mingonghuang100225.html，2010 [2010-12-23].

[327] 石飞．农民工头顶一把刀：同工不同酬 [EB/OL]．人民网，http://www.people.com.cn/GB/guandian/30/20030320/947509.html，2003 [2010-12-23].

[328] 张朝祥，吴俊．珠三角调查：企业利润成倍增长 民工收入增长缓慢——珠三角部分农民工收入的调查 [EB/OL]．中国政府网，http://www.gov.cn/jrzg/2010-04/13/content_1579659.htm，2010 [2010-12-23].

[329] 赵长保，武志刚．专题报告二：农民工工资收入问题分析 [A]．蔡昉．刘易斯转折点及其政策挑战——2007中国人口与劳动问题报告 [EB/OL]．中国网，http://www.china.com.cn/aboutchina/zhuanti/rkyld/2007-08/02/content_8620896.htm，2007 [2010-05-17].

[330] 驻农业部纪检组监察局．2009年农村外出就业劳动力总量扩大 农民工收入快速增长 [EB/OL]．中国农业信息网，http://www.agri.gov.cn/lzjs/gzdt/t20100114_1416817.htm，2010 [2010-12-27].

[331] 国家统计局．中华人民共和国2008年国民经济和社会发展统计公报 [R].

[332] 国家统计局．中华人民共和国2011年国民经济和社会发展统计公报 [R].

[333] 国家统计局农村司．2009年农民工监测调查报告 [R].

[334] 国家统计局．2011年我国农民工调查监测报告 [R].

[335] 国家统计局．2012年全国农民工监测调查报告 [R].

[336] 国家统计局．2013年全国农民工监测调查报告 [R].

[337] 国家统计局．2014年全国农民工监测调查报告 [R].

[家统计局．2015年农民工监测调查报告 [R].